KB114773

시장과 정책에 흔들리지 않는
부동산 세금의 완벽한 사용설명서

부동산 절세백서

신방수 지음 · 유진한 카툰

WINNER'S BOOK

부동산
절세백서

부동산 규제시대 투자자인
당신을 위한 똑 부러지는 절세법!

세금 1등 저자 신방수가 알려주는
스마트한 절세법!

시장과 정책에 흔들리지 않는 부동산 세금의 71가지 사용법!

하나 〈스포츠동아〉 유진한 기자의 유머 가득한 카툰!
재미와 재치로 똘똘 뭉친 만화 콘텐츠!
복잡하고 어려운 부동산 세금문제를 만화책 보듯 쉽게 이해하자!

둘

생생한 현장 사례
부동산 투자자들이 직접 겪는
세무 내용을 사례로 소개해
부동산 세금문제를 쉽게 파악하도록 구성했다!

지금은 세금 의사결정 시대다!

무엇보다도 주어진 상황에 맞게 세금과 관련된 의사결정을 잘 해내야 한다. 그래야 수익률이 쭉 올라간다. 사례를 들어 이에 대해 좀 더 알아보자.

> **[사례]**
> 서울 강서구에 거주하고 있는 김영홍 씨는 40대 직장인이다. 그는 현재 다음과 같은 상황에 봉착해 있다.
>
> ※ 김 씨의 상황
> • 2018년 3월 현재 서울 강서구에 거주하고 있다.
> • 이 주택에서 거주한지는 1년이 안되었지만 보유기간은 5년이 되었다.
> • 지방으로 발령을 받았다.

이러한 상황에서 보유한 주택을 양도하면 세금이 나올까?

세금문제가 발생할 때는 먼저 상황을 파악해야 한다. 그리고 상황에 맞는 세법제도에는 어떤 것들이 있는지 파악하고 과세되는 경우 얼마의 세금이 나오는지, 그리고 세금이 과도하게 나오면 어떤 대안이 있는지 등을 검토한다.

이 같은 내용을 바탕으로 김 씨의 문제를 해결해 보자. 현재 김 씨가 보유한 강서구 주택은 1주택으로 보유기간은 5년이 되었지만, 이 집에서 1년 밖에 거주하지 못했다. 이러한 상태에서 이 집을 팔면 양도소득세가 나올까?

이를 해결하기 위해서는 양도소득세 비과세제도를 이해하고 있어야 한다. 1세대 1주택에 대한 양도소득세 비과세의 내용은 다음과 같다. 비과세 판단은 '양도일(잔금일)' 현재 를 기준으로 한다.

19

의사결정이 필요한 상황들

재산을 취득과 양도하는 행위들은 모두 의사결정 범주에 포함한다. 그런데 이러한 과정에 반드시 세금문제가 뒤따르므로 미리 이에 대한 검토가 되어 있어야 한다. 그래야 손해를 보지 않거나 이익을 극대화할 수 있다. 우리가 앞으로 해결해야 할 주요 의사결정 문제들은 아래와 같다.

• 세대분리는 언제 해야 할까?
• 같은 해에 두 번 이상 양도하면 어떻게 될까?
• 조정지역의 주택을 팔까, 다른 지역의 주택을 팔까?
• 일반매입임대주택단기, 4년으로 등록할까, 준공공임대주택장기, 8년으로 등록할까?
• 오피스텔 주거용으로 등록할까, 업무용으로 등록할까?
• 배우자에게 증여한 후 양도하면 세금이 진짜 줄어들까?
• 개인이 좋을까, 법인이 좋을까?
• 상속이 좋을까, 증여가 좋을까?

> **발 | 품 | 발 | 품 | 세 | 금 | 팁**
>
> **복잡한 세금문제 이렇게 해결하자**
> 세금 일반인들이 생각할 때 매우 복잡해 보인다. 내용도 방대하고 세법이 수시로 바뀌다 보니 따라가기도 버겁다. 그렇다고 해서 손 놓고 있을 수는 없다. 이럴 때는 아래와 같이 접근해 보자.
>
> • STEP1 사안에 대한 쟁점 분석하기 : 우선 상황을 파악하고 쟁점이 무엇인지를 정리한다.
> • STEP2 세법규정 확인하기 : 위 상황과 쟁점에 대해 세법은 어떤 식으로 규정하고 있는 지를 정리한다. 이때 세법해석이 힘든 경우 관련 예규나 판례 등을 수집한다. 세법은 법제처 에서 검색이 가능하다.
> • STEP3 결론 및 대안 만들기 : 쟁점에 대해 세법을 적용하면 그 결과가 나온다. 이 결과를 그대로 수용할지 아니면 다른 대안이 있는지 등을 검토한다.

21

셋

알쏭달쏭 세금 Tip
본문에 있는 각종 팁만 챙겨도
당신은 이미 부동산 세금 박사!

비과세, 감면세, 중과세제도의 이해

앞으로 부동산 세금에 대한 절세 대안을 찾기 위해서는 비과세와 감면, 그리고 중과세제도에 대한 파생들을 잘 이해해두는 것이 좋다. 각 세법에서 이들에 대해 각기 다른 요건을 두어 과세방식 등을 정하고 있기 때문이다.

1. 비과세제도

비과세제도는 국가나 지방자치단체가 과세권을 포기한 것을 말한다. 비과세가 적용되면 원칙적으로, 신고의무가 없다. 비과세는 세금이 전혀 없기 때문에 투자수익률을 올리는 데 매우 중요한 역할을 한다. 따라서 부동산거래 시 비과세를 먼저 검토하는 것이 올바른 자세다. 만약 과세되는 경우 어떻게 하면 비과세를 받을 수 있는지에 대한 방법도 알아두면, 수익률이 좋을 것이다. 대략적인 세목별 비과세 유형은 아래와 같다.

구분	내용	비고
취득세	국가 등이 취득한 경우	
재산세		
종합부동산세	기준시가 6억 원 이하	합산배제 신청을 해야 함
종합소득세	주택임대소득 연간 2,000만 원 이하	한시적 비과세
양도소득세	1세대 1주택 등	
법인세	−	
상속세	공제금액에 미달 시 사실상 비과세 효과	10억 원, 5억 원
증여세	상동	6억 원, 5,000만 원 등

34

부동산 세금의 완벽한 사용설명서
부동산 절세백과

 돌발퀴즈

Q 8년 재촌·자경한 농지는 1년간 1억 원, 5년간 2억 원을 감면받을 수 있다. 이 경우 재촌·자경의 요건은 어떤 식으로 입증해야 할까?

A 재촌 요건→농지 소재지와 관할 시·군·구, 이와 연접한 시·군·구 농지 소재지와 직선거리(로 보아 km 이내에 거주해야 한다. 통상 주민등록으로 이를 통해 입증한다.
자경 요건→소유자가 자기의 노동력으로 경작해야 한다. 농지원부, 비료, 농약구입 영수증, 농작물 판매확인서, 조합원 증서 등, 인우보증서 등으로 입증한다. 참고로 수십 년 동안 자경한 경우에는 이장이나 주민들의 확인서(인우보증서)로 갈음할 수 있다.

자경을 해도 감면이 제한되는 경우들

휴경농지 외에도 자경해도 양도소득세 감면이 제한되는 경우들이 있다. 이들에 대해 정리해 보자.

① 재촌·자경기간이 부족한 경우

자경한 농지에 대해 감면을 받기 위해서는 기본적으로 8년 이상 재촌·자경을 해야 한다. 따라서 이 기간을 충족하지 못하면 감면을 받을 수 없다. 참고로 상속농지의 경우 피상속인의 재촌·자경기간을 승계받을 수 있는데 이에 대해서는 다음을 참조하기 바란다.

297

넷

BOOK IN BOOK
베테랑 세무사 신절세의 고급 절세노트

주택 중과세제도, 비과세 요건 정리
공동명의 vs 단독명의 등
신방수 세무사의 절세노트 소개!

다섯

돌발퀴즈!

세금 내용을 잘 이해했는지
돌발퀴즈를 통해 알아보자!

부록

나 혼자 계산한다!

부동산 세금 계산방법

부동산과 관련된 세금의 종류는 매우 다양하다. 따라서 부동산 세금을 잘 다루기 위해서는 모든 세목에 대한 이해가 선행되어야 한다. 이하에서는 실무에서 중요하게 다루는 취득세, 보유세, 양도소득세, 종합소득세, 법인세에 대한 산출세액을 어떤 식으로 도출하는지 정리해 보자.

여섯

부동산 세금 계산방법
부동산 세금, 이제 나 혼자 계산한다!
사람들이 궁금해하는
부동산 세금 계산방법 정리!

---

②토지와 건축물 등을 일괄 취득함으로 인하여 토지 또는 건축물에 대한 취득가격이 구분되지 않는 경우에는 일괄취득가격을 「지방세법」상의 시가표준액 비율로 안분한 금액을 토지, 건축물, 기타물건의 취득가격으로 한다.

③ 제2호의 경우에 시가표준액이 없는 기타물건이 포함되어 있는 경우에는 토지, 건축물 및 기타물건의 감정가액등을 고려하여 시장, 군수가 결정한 비율로 안분한 금액을 토지·건축물 및 기타물건의 취득가격으로 한다.

※ 시가표준액

구분	시가표준액
1. 부동산 가격공시 및 감정평가에 관한 법률에 따라 가격이 공시되는 토지 및 주택	· 토지 : 개별공시지가 · 주택 : 개별주택가격 또는 공동주택가격
2. 위 이외의 건축물과 선박ㆍ항공기 등 과세대상	거래가격, 신축ㆍ제조가격 등을 참작하여 정한 기준가격에 과세대상별 특성을 고려하여 지방자치단체의 장이 결정한 가액 · 건물 : 시가표준액=건물신축가격기준액×면적× 구조지수×용도지수×위치지수×경과연수별 잔가율×면적가×기감산율

3) 사실상으로 결정되는 금액으로 하는 경우

다음의 경우는 취득가격에 대한 신뢰성이 높다고 판단되므로 취득자의 신고가액과 관계없이 그 사실상으로 결정되는 금액을 취득가액으로 한다.

· 국가 · 지방자치단체 및 지방자치단체조합으로부터 취득
· 외국으로부터의 수입에 의한 취득
· 민사소송 및 행정소송에 의하여 확정된 판결문에 의해 입증된 취득
· 법인의 장부에 의하여 입증된 취득

보유세

보유세는 부동산을 보유했을 때 발생하는 세금을 말한다. 이의 계산구조는 아래와 같다.

구분	재산세	종부세
과세 대상	토지분리과세, 별도합산, 종합합산토지 건물, 선박, 항공기	종합합산(토지/나지 등) 별도합산(상가부속토지) 주택(주거용 오피스텔 포함)
납부 의무자	6월 1일 현재 사실상 소유자	
과세 표준	공시가격×공정시장가액비율	· 주택 : (공시가격-6억, 단-1세대1주택은 9억)×공정시장가액비율 · 나대지 등 : (공시가격-5억) 원×공정시장가액비율 · 상가부속토지 : (공시가격-80억) 원×공정시장가액비율
기초공제	-	1세대 1주택자는 현재 기초공제 3억원 추가 적용
공정시장 가액비율	주택 : 60%±20% 토지 및 건물 : 70%±20%	주택 및 토지 : 80%±20%
세율	과세표준별 차등(주택, 토지 등)	
세 부담 상한율	3억 이하 주택 : 105% 3억~6억 미만 주택 : 110% 6억 초과 : 130%	150%
세액 공제		1세대 1주택 단독명의자 연령별 장기보유공제 : 5년 20%, 10년 40% 고령자공제 : 60세 15%, 65세 이상 30% 납세의무자 연령별 공제
납부방식	관할 시·군·구청에서 고지	관할 세무서에서 고지
납부 기한	7월 말 : 주택의 1/2, 기타건물 등 9월 말 : 주택의 1/2, 토지	12월 1일~15일

들어가는 글

부동산에 대한 관심이 뜨겁습니다. 여기저기서 부동산으로 돈을 벌었다고 하는 사람들이 많기 때문입니다. 그런데 부동산으로 돈을 벌려면 이를 시장에다 내다 팔아야 합니다. 가지고만 있으면 이익이 실현되지 않기 때문이죠. 여기서 문제는 이 이익이 모두 내 것이 아니라는 것입니다. 아시다시피 국가와 지방자치단체의 몫이 있기 때문이죠. 그것은 다름 아닌 세금입니다. 국가는 양도소득세 같은 세금을, 지방자치단체는 양도소득세의 10%인 지방소득세 등을 거두어 갑니다.

그런데 말입니다. 새 정부가 들어온 이후를 보면 부동산 세제정책이 점점 강화되는 한편 그 복잡성이 이루 말할 수 없게 바뀌었습니다. 부동산시장이 심상치 않게 흘러가자 이를 규제하는 차원에서 여러 가지 제도를 동시다발로 선보인 까닭입니다. 그래서 어떤 이는 복잡한 법 규정 속에서 해법을 찾기 위해서라도 "내가 세무사시험을 봐야 하는 거 아냐? 로스쿨에 들어가야 하는 거 아냐?"라는 자조 섞인 농담을 하기도 합니다. 실무에서 잔뼈가 굵은 저도 헷갈리는 항목이 많은데 일반인들이야 오죽할까요?

그렇다면 이제 어떻게 해야 할까요? 이 책《부동산 절세백서》는 이러한 배경 아래 독자 여러분 스스로 상황을 파악하고 해법을 찾을 수 있도록 도와주는 것을 목표로 집필하였습니다. 그렇다면 어떤 점들이 뛰어난지 형식과 내용 측면에서 살펴보겠습니다.

먼저, 형식적인 측면을 살펴보겠습니다.

실전에 가장 적합한 핵심적인 주제를 선정했습니다

《부동산 절세백서》는 모든 부동산 세금문제를 해결하기 위해 부동산 관련 세제와 부동산 종류 그리고 사업주체 등을 고려하여 투자자의 관점에서 가장 중요한 주제 71가지를 선정하여 심도 있게 분석했습니다. 그리고 좀 더 심화학습이 필요한 주제 15가지를 골라 별도로 북인북 코너를 마련해 실었습니다. 이 코너는 책 속의 책이라는 의미를 가지는데, 이것 자체만으로도 다양한 정보를 얻을 수 있을 것이라 생각합니다. 이외 각 주제의 말미에는 팁을 넣어 최대한 정보를 제공하기 위해 노력했습니다. 그리고 취득세, 보유세, 양도소득세, 종합소득세, 법인세 등 부동산 관련 세제의 기본원리를 부록에 실어 최종적으로 정리할 수 있게 했습니다.

읽는 재미를 위해 카툰을 실었습니다

지금까지 수십 권의 책을 집필한 저자가 늘 고민하는 것이 있습니다. 그것은 독자들에게 어떻게 하면 세금지식을 재미있고 쉽게 전달할 수 있을까 하는 것입니다. 그래서 어떤 책들은 스토리텔링 기법을 사용하기도 하고, 또 다른 책들은 사례 중심으로 집필하는 경우가 있습니다. 하지만 이러한 책들 대부분이 텍스트로 구성되다 보니 약간 무미건조해져 읽는 재미가 반감되기도 했습니다. 그래서 고심한 끝에 카툰과 함께 텍스트를 구성하면 어떨까 하는 생각으로 이 책을 편집했습니다. 물론 카툰은 아무런 의미가 없는 것이 아닙니다. 그 주제에 맞게 핵심적인 내용을 함축하므로 본문과 함께 살펴본다면 내용을 훨씬 쉽게 이해할 수 있을 것이라 생각합니다. 처음부터 끝까지 주제마다 재미있는 카툰이 있어 다음 페이지가 기다려진다는 점도 이 책의 큰 장점 중의 하나가 아닌가 싶습니다.

사례를 중심으로 내용을 전개하였습니다

부동산 세금은 생각보다 쉽지 않습니다. 그리고 부동산 세금도 세법에 기초하여 부과되므로 독자 여러분은 어쩔 수 없이 법률용어를 접해야 할 때가 있습니다. 그래서 책을 집필할 때에는 어려운 용어를 최대한 쉽게 풀어쓰는 것이 중요합니다. 하지만 이렇게 한다고 해서 바로 문제가 해결되지 않습니다. 법 규정과 독자 여러분이 부닥치는 상황이 일치가 안 된 경우가 많기 때문입니다. 이렇게 해서야 문제가 해결되겠습니까?

이에 저자는 책의 가치를 높이기 위해 실무 중심의 사례를 최대한 반영하여 독자 스스로 문제를 해결할 수 있도록 고심에 고심을 더했습니다. 책은 철저히 실무 중심으로 독자를 만나야 한다는 평소의 소신이 있기 때문입니다.

다음으로, 내용 측면을 살펴보겠습니다.

정부의 세제정책을 심도 있게 분석했습니다

부동산 세금에 관한 다양한 연구를 진행한 저자로서는 부동산 세금에서 가장 중요한 것의 하나가 바로 정부의 세제정책이라고 생각합니다. 세제정책이 강화되느냐 완화되느냐가 시장에 다른 영향을 주기 때문입니다. 대표적으로 2018년 4월 1일부터 적용되는 주택에 대한 중과세제도가 있습니다. 이 제도는 최근까지도 적용되지 않다가 부동산 시장의 활황기에 맞춰 재등장하는 케이스에 해당합니다. 이러한 제도가 시장에 부정적인 영향을 주다 보니 이에 해당하는 분들이나 부동산업 등에 종사하는 분들이 이 제도를 등한시할 수는 없을 것입니다. 그래서 이 제도의 원리는 물론이고 어떤 식으로 대처해야 하는지 등을 심층 분석했습니다. 이외에도 실수요자들을 대상으로 한 거주 요건 도입, 주택임대등록요건의 변경 등에 따른 효과 등을 다각도로 분석했습니다. 또한 2018년 9월 13일에 발표한 9 · 13 주택시장 안정대책 중 세제정책 부분을 추가했습니다.

고급스러운 절세정보를 최대한 실었습니다

부동산 세금이 부동산 투자수익률을 낮춘다는 것은 이미 다 아는 사실입니다. 따라서 합법적으로 세금을 줄이는 절세정보에 관심이 있는 경우가 많습니다. 이에 저자는 독자들의 요구에 부응하기 위해 다양한 절세정보를 실었습니다. 예를 들어 다주택자들이 어떤 식으로 전략을 세워 중과세제도에 대응할 것인지 4가지 방법을 제시하였습니다. 또한, 주택 실수요자들이 비과세를 받기 위해 지켜야 할 거주 요건이 도입되더라도 이 요건이 주택취득에 대한 변수가 되지 못한 이유를 분석했습니다. 또한 준공공임대주택으로 임대사업을 하는 것이 유리한지, 부동산매매업이나 주택신축판매업을 할 때 법인으로 하는 것이 유리한지 등을 분석했습니다. 이외에도 부동산의 상속이나 증여 시에 알아두면 좋을 절세방법들을 제시했습니다.

스스로 세금 관련 의사결정을 할 수 있도록 했습니다

이 책《부동산 절세백서》를 집필한 동기는 독자 여러분들이 자신과 관련된 부동산 세금문제를 스스로 해결할 수 있도록 다양한 정보를 제공하기 위함이었습니다. 이에 따라 저자는 독자 여러분이 부닥치는 세금문제에 대한 해답을 찾는 과정을 존중하고 최종적인 의사결정을 도울 수 있도록 기초부터 실전까지 모든 상황을 찾아 맞춤별 해법을 드리기 위해 심혈을 기울여 집필했습니다. 다만, 독자에 따라서는 책을 통해 해결책을 찾기가 힘들 수도 있을 텐데, 이럴 때는 저자가 운영하는 네이버 카페(신방수세무사의 세테크-http://cafe.naver.com/shintaxpia)와 함께 하면 문제를 쉽게 해결할 수 있습니다.

《부동산 절세백서》는 부동산에 관심 있는 일반인은 물론이고 부동산을 주업이나 부업으로 하는 모든 분을 위해 집필된 책입니다. 다만, 기초가 약한 독자들이 있을 수 있는데, 이때에는 이 책의 자매서인《NEW 세금 생활백서》와 많은 독자로부터 사랑을 받아온《합법적으로 세금 안 내는 110가지 방법-부동산 편》등을 먼저 읽어보면 많은 도움을 얻을 수 있다고 확신합니다. 또한, 책에 대한 궁금한 점이 있다면 언제든지 저자가 운영하는 카페를 찾아오기 바랍니다. 이

곳에는 수많은 고급 절세정보와 양도소득세 등 세금을 자유롭게 계산할 수 있는 서식이 게시되어 있습니다. 물론 실시간으로 세무상담도 가능합니다.

이 책은 많은 분의 도움을 얻어 집필되었습니다.

우선 이 책이 살아 움직일 수 있도록 카툰 제작을 해주신 유진한 작가님께 감사의 말씀을 드립니다. 그리고 긴 시간 동안 편집을 해주신 출판사 관계자분들께 감사의 말씀을 드립니다. 또한, 늘 저자에게 힘이 되어 주는 카페 회원여러분들께도 감사의 말씀을 드립니다. 이외에도 저자가 몸담은 세무법인 정상의 임직원 여러분과 가정의 안녕을 위해 늘 기도하는 아내 배순자와 이제는 고등학생이 된 큰딸 하영이 그리고 우리 집 귀염둥이 작은딸에게도 사랑한다는 말을 전합니다.

아무쪼록 이 책이 독자 여러분의 소중한 재산을 지키는 데 조금이라도 도움이 되었으면 합니다.

감사합니다.

역삼동 사무실에서

세무사 신방수

01

세금 의사결정을 잘해야 하는 이유

위의 주택 중 어느 주택을 먼저 팔아야 세금이 없을까?

정답은 아버지가 지목한 일반주택이다. 왜 그럴까?

일단 아버지가 보유한 2주택 중 1채가 상속받은 주택인데, 이러한 상속주택이 있는 경우에는 세법을 일반규정과 다르게 적용한다. 상속은 어쩔 수 없이 받은 것에 해당하기 때문이다. 세법을 적용하는 방법은 아래와 같다.

- 일반주택을 먼저 양도하는 경우→양도소득세 비과세를 적용한다. 상속받은 주택은 부득이한 사유에 의해 취득한 것이므로 거주자의 보유 주택 수에서 제외해주기 때문이다.
- **상속주택을 먼저 양도하는 경우**→덤으로 얻은 주택이므로 이를 먼저 양도하면 양도소득세를 과세하는 것이 원칙이다.

지금은 세금 의사결정 시대다!

무엇보다도 주어진 상황에 맞게 세금과 관련된 의사결정을 잘 해내야 한다. 그래야 수익률이 쑥 올라간다. 사례를 들어 이에 대해 좀 더 알아보자.

| 사례 |

서울 강서구에 거주하고 있는 김영출 씨는 40대 직장인이다. 그는 현재 다음과 같은 상황에 봉착해 있다.

※ 김 씨의 상황

• 2018년 9월 현재 서울 강서구에 거주하고 있다.

• 이 주택에서 거주한지는 1년이 안되었지만 보유기간은 5년이 되었다.

• 지방으로 발령을 받았다.

이러한 상황에서 보유한 주택을 양도하면 세금이 나올까?

세금문제가 발생할 때는 먼저 상황을 파악해야 한다. 그리고 그 상황에 맞는 세법제도에는 어떤 것들이 있는지 파악하고 과세되는 경우 얼마의 세금이 나오는지, 그리고 세금이 과도하게 나오면 어떤 대안이 있는지 등을 검토한다.

이 같은 내용을 바탕으로 김 씨의 문제를 해결해 보자. 현재 김 씨가 보유한 강서구 주택은 1주택으로 보유기간은 5년이 되었지만, 이 집에서 1년 밖에 거주하지 못했다. 이러한 상태에서 이 집을 팔면 양도소득세가 나올까?

이를 해결하기 위해서는 양도소득세 비과세제도를 이해하고 있어야 한다. 1세대 1주택에 대한 양도소득세 비과세의 내용은 다음과 같다. 비과세 판단은 '양도일(잔금원칙) 현재'를 기준으로 한다.

- 1세대가 1주택을 2년(2019년은 3년 연장 예정. 109페이지 참조) 이상 보유할 것
- 1세대가 2년 이상 거주할 것
- 양도가액이 9억 원을 초과하지 않을 것

위와 같이 세법의 내용을 확인했다면 이를 본인의 상황에 맞춰 본다.

세법의 내용	김 씨의 상황(당초)		결과
1세대 1주택	○		2년 이상 거주 요건을 충족하지 못했으므로 과세가능성 있음
2년 이상 보유	○	◐	
2년 이상 거주	×		
9억 원 이하	○		

이상과 같이 검토한 결과 거주 요건이 문제가 된다. 그렇다면 김 씨는 이 거주 요건을 무조건 적용받을까? 이를 이해하려면 거주 요건이 어떤 식으로 적용되는지 알아야 한다. 1주택자에 대한 비과세 요건 중 거주 요건은 아래와 같이 적용된다.

2017년 8월 2일 전 취득	2017년 8월 3일 이후 취득
거주 요건 적용하지 않음.	거주 요건 적용함 단, 청약조정대상지역(조정지역)* 내의 주택에 한함.

* 청약열기가 과열된 지역으로 2018년 9월 현재 서울 전 지역 등 43개 지역이 고시되어 있음.

즉 취득시점과 어느 지역에 소재하는지에 따라 이 거주 요건의 적용 여부가 달라진다. 이러한 정보를 바탕으로 이에 대한 결론을 내리면 다음과 같다.

세법의 내용	김 씨의 상황(수정)		결과
1세대 1주택	○		2년 이상 거주 요건과 무관하게 양도소득세 비과세가 가능함
2년 이상 보유	○	◐	
2년 이상 거주	−(적용하지 않음)		
9억 원 이하	○		

의사결정이 필요한 상황들

재산을 취득하고 양도하는 행위들은 모두 의사결정 범주에 포함한다. 그런데 이러한 과정에 반드시 세금문제가 뒤따르므로 미리 이에 대한 검토가 되어 있어야 한다. 그래야 손해를 보지 않거나 이익을 극대화할 수 있다. 우리가 앞으로 해결해야 할 주요 의사결정 문제들은 아래와 같다.

- 세대분리는 언제 해야 할까?
- 같은 해에 두 번 이상 팔면 어떻게 될까?
- 조정지역의 주택을 팔까, 다른 지역의 주택을 팔까?
- 일반매입임대주택(단기, 4년)으로 등록할까, 준공공임대주택(장기, 8년)으로 등록할까?
- 오피스텔! 주거용으로 등록할까, 업무용으로 등록할까?
- 배우자에게 증여한 후 양도하면 세금이 진짜 줄어들까?
- 개인이 좋을까, 법인이 좋을까?
- 상속이 좋을까, 증여가 좋을까?

알 | 쏭 | 달 | 쏭 | 세 | 금 | 팁

복잡한 세금문제 이렇게 해결하자!

세금, 일반인들이 생각할 때 매우 복잡해 보인다. 내용도 방대하고 세법이 수시로 바뀌다 보니 따라가기도 바쁘다. 그렇다고 해서 손 놓고 있을 수는 없다. 이럴 때는 아래와 같이 접근해 보자.

- **STEP1 사안에 대한 쟁점 분석하기** : 우선 상황을 파악하고 쟁점이 무엇인지를 정리한다.
- **STEP2 세법규정 확인하기** : 위 상황과 쟁점에 대해 세법은 어떤 식으로 규정하고 있는지를 점검한다. 이때 세법해석이 힘든 경우 관련 예규나 판례 등을 수집한다. 세법은 법제처에서 검색이 가능하다.
- **STEP3 결론 및 대안 만들기** : 쟁점에 대해 세법을 적용하면 그 결과가 나온다. 이 결과를 그대로 수용할지 아니면 다른 대안이 있는지 등을 검토한다.

02

정부의 세제정책을 주시하라!

돌발퀴즈! 앞으로 조정지역에서는 반드시 거주 요건을 지켜야 비과세를 적용받는가?

정답 : 그렇다. 거주 요건이 도입되었기 때문이다.

이제 주택에 대해 비과세를 받으려면 거주 요건을 지켜야 하고, 비과세가 필요 없는 경우에는 이 요건을 갖출 필요가 없다. <u>그렇다면 이를 지키는 것과 지키지 않는 것의 실익은 어떻게 될 것인가?</u> 이러한 내용을 이해하는 것은 많은 차이를 가져다줄 것이다.

그림의 부부가 걱정하는 것에 대해 알아보자.

이를 위해서는 기본적으로 알아야 할 것이 있다. 그것은 다름 아닌 조정지역이라는 개념이다. 이 지역 내에서 1주택자가 비과세를 받고자 하는 경우 '2년'의 거주 요건이 적용되기 때문이다.

조정지역은 뭘까?

조정지역은 청약 과열현상이 빚어진 지역으로 「주택법」 제63조의 2에 따라 수시로 고시된다. 2018년 3월 현재 고시된 조정지역은 아래와 같다.〈표1〉

이 지역의 거주 요건은 어떻게 적용될까?

이 지역에서 주택을 취득하는 경우 아래와 같이 거주 요건이 적용된다.〈표2〉

〈표 1〉 조정지역

서울특별시	
경기도	과천시 · 광명시 및 성남시
	고양시 · 남양주시 · 하남시 및 화성시(반송동 · 석우동, 동탄면 금곡리 · 목리 · 방교리 · 산척리 · 송리 · 신리 · 영천리 · 오산리 · 장지리 · 중리 · 청계리 일원에 지정된 택지개발지구에 한함) · 구리시 · 안양시 동안구 · 광교택지개발지구
부산광역시	해운대구 · 연제구 · 동래구 · 남구 · 부산진구 및 수영구
	기장군 일광면
「신행정수도 후속대책을 위한 연기 · 공주지역 행정중심복합도시 건설을 위한 특별법」 제2조 제2호에 따른 예정지역	

〈표 2〉 거주 요건

구분	2017년 8월 2일 이전 취득	2017년 8월 3일 이후 취득
무주택자의 취득	×	○
1주택자의 취득(일시적 2주택)	×	○

이 거주 요건에 따르면 주택을 취득한 이후부터 양도할 때까지의 기간 중 언제든지 2년 이상 거주하면 된다. 그런데 중도에 이 요건이 삭제될 수도 있다. 따라서 실수요자의 관점에서 거주 요건이 도입되었다고 해서 이를 가지고 취득 불가 판정을 내리면 기회비용 측면에서 오류가 발생할 가능성이 높다. 나중에 거주해도 되기 때문이다. 물론 거주하지 않았다고 해서 세금이 많이 나오지는 않는다. 다만, 2020년 이후부터는 2년 미만 거주 시 장기보유 특별공제를 30%만 적용할 예정이다.(9·13대책)

거주 요건을 충족하지 않으면 세금이 얼마나 나올까?

분석을 좀 더 진행해 보자. 조정지역에서 주택을 취득했으나 거주하지 못한 경우 세금은 얼마나 나올까? 보유기간은 3년, 5년, 10년을 상정한다. 양도차익은 1억 원, 세율은 6~42%를 적용하기로 한다. 단, 기본공제 250만 원은 적용하지 않는다.

〈표3〉 표의 결과를 보면 보유기간이 늘어나면서 세금이 점점 줄어든다. 왜 이런 현상이 발생할까? 이는 다름이 아닌 장기보유 특별공제 때문이다. 1세대 1주택에 대한 이 공제율이 다른 일반부동산과는 달리 최대 80%까지 적용된다.

〈표 3〉 분석결과

구분	3년 보유	5년 보유	10년 보유
양도차익	1억 원	1억 원	1억 원
−장기보유 특별공제 (24%, 40%, 80%)	2,400만 원	4,000만 원	8,000만 원
=과세표준	7,600만 원	6,000만 원	2,000만 원
×세율	24%	24%	15%
−누진공제	522만 원	522만 원	108만 원
=산출세액	1,302만 원	918만 원	192만 원

물론 10년이 안 된 경우에는 해마다 8%씩 적용된다. 분석한 결과 조정지역에서 당장 거주하지 못하더라도 향후 거주하면 되는 것이며, 거주할 수 없는 상황이 되더라도 1주택자가 부담하는 세금은 미미하다.

조정지역, 투기과열지역, 투기지역은 무엇을 위해 지정될까?

2017년 8월 2일에 발표된 정부의 8 · 2부동산대책을 보면 정책을 효과적으로 집행하기 위해 전국을 조정지역, 투기과열지역, 투기지역 등으로 지정하여 해당 지역마다 각각 다른 제도를 적용하고 있다. 따라서 정부의 정책을 이해하기 위해서는 해당 지역이 어떤 제도를 적용받는지 정확하게 이해하는 것이 중요해졌다. 〈표 4〉의 내용을 보면 세제정책은 특히 조정지역이 주요 타깃이 되고 있음을 알 수 있다.

〈표 4〉 세제정책

구분	조정지역	투기과열지역	투기지역
지역	43개 지역(서울 전역, 성남, 과천, 고양, 하남, 광명 · 남양주 · 동탄(2), 구리, 안양시 동안구, 광교택지개발지구, 부산 해운대 · 연제 · 동래 · 부산 진 · 남 · 수영구 · 기장군, 세종시)	31개 지역(서울 전역, 경기과천, 성남 분당구, 광명시, 하남시, 대구 수성구, 세종시)	16개 지역(서울 강남 · 서초 · 송파 · 강동 · 용산 · 성동 · 노원 · 마포 · 양천 · 영등포 · 강서 · 종로 · 중 · 동대문 · 동작구), 세종시
공급정책	• 청약 1순위 자격제한, 분양권 전매제한 • LTV, DTI 10%p 하향 등	• 분양권 전매제한 • 재건축 조합원지위 양도 금지 • LTV, DTI 40% 등	• 주택담보대출 세대당 1건으로 축소 등 • LTV, DTI 30% 등
세제정책	• 양도소득세 중과세 적용(3주택자+20%p, 2주택자+10%p)* • 1세대 1주택자 2년 거주 요건 적용** • 분양권 전매 시 50% 적용	• 거래 시 자금조달계획서 및 입주계획서 제출(3억원 이상 거래 시)	• 3주택자의 투기지역 내의 3주택 중과세(+10%p)***

* 2018년 4월 1일 이후 조정대상지역 내의 주택양도분에 대해 적용한다.
** 2017년 8월 3일 이후 조정대상지역 내에서 취득한 주택에 대해 적용한다.
*** 2017년 8월 3일 이후부터 2018년 3월 31일까지 투기지역 내의 주택양도분에 대해 적용한다.

03

세금 모르면 바보가 되는 시대!

세금을 빼놓고 부동산 시장을 논한다?

그렇게 해서는 곤란한 시대가 되었다. 2018년 4월 1일부터 주택에 대한 중과세제도가 부활되었기 때문이다. 알다시피 중과세는 투자수익률의 절반 이상을 앗아가므로 투자자의 심리에 큰 영향을 주게 된다. 그렇게 되면 시장은 당연히 위축된다.

이보다 더 큰 변수가 또 있을까? 이제 세금을 모르면 낭패를 당할 수밖에 없는 세상이 된 것이다. 세금공부를 많이 한 사람이 승리할 것임은 두말할 필요가 없다.

부동산에서 세금은 후행변수가 아니라 선행변수다. 이는 취득이나 처분 전에 반드시 세금문제를 고려하고 행동에 나서야 한다는 것을 의미한다.

왜 그럴까? 그 이유 중 하나는 세금이 투자수익률에 지대한 영향을 미치기 때문이다. 특히 새롭게 선보이는 주택에 대한 중과세카드는 세금을 크게 올리게 되므로 이에 관심을 둘 수밖에 없다.

그렇다면 중과세는 얼마나 위력적일까?

주택을 취득해서 처분할 때 양도소득세라는 세금을 내게 된다. 이때 일반적으로 보유기간에 따른 세율이 적용된다. 즉 주택의 보유기간이 1년 미만이면 40%의 단일세율이 적용되며, 1년을 넘어가면 6~42%의 기본세율이 적용된다. 그런데 중과세율은 이 기본세율에 10~20%가 가산된다. 이외 장기보유 특별공제제도는 적용되지 않는다. 이를 요약하면 다음과 같다.

구분	장기보유 특별공제	세율
2주택 중과세	적용배제	16~52%(=6~42%+10%p)
3주택 중과세	상동	26~62%(=6~42%+20%p)

☞ 이외 지방소득세가 산출세액의 10%만큼 추가된다.

예를 들어 어떤 사람에게 1억 원 상당의 양도차익이 발생했을 시 중과세가 적용되기 전과 후의 세금차이를 비교해 보자. 보유기간은 5년이며, 3주택 중과세가 적용된다고 하자. 기본공제 250만 원과 지방소득세 등은 감안하지 않는다. 〈표1〉

구분	중과세 적용 전	중과세 적용 후
양도차익	1억 원	1억 원
−장기보유 특별공제	1,500만 원	0 원
=과세표준	8,500만 원	1억 원
×세율	24%	55%*
−누진공제	522만 원	1,490만 원
=산출세액	1,518만 원	4,010만 원

* 35%+20%=55%

중과세가 적용되면 우선 장기보유 특별공제가 적용되지 않으므로 과세표준이
상승하고 그에 따라 더 높은 단계의 세율에 20%p가 가산되므로 세금이 크게
상승한다.

왜 중과세가 2018년 4월 1일 이후부터 적용될까?

위의 중과세는 2017년 8월 3일부터 적용된 이후, 다주택자들로 하여금 정리할
수 있는 시간을 주기 위해서 2018년 4월 1일 이후부터 적용된다. 당사자들의
대책에는 다음과 같은 것들이 있다.

① 처분하여 주택 수를 줄이는 방법

② 주택임대사업을 통해 장기간 보유하는 방법

③ 시장상황 등을 고려하여 단순보유하는 방법

④ 자녀 등에게 증여를 하는 방법 등

참고로 중과세를 적용받는 다주택자들은 조정지역의 주택을 먼저 양도하면 중과세를 적용받기 때문에 비조정지역의 주택부터 처분할 가능성이 높다. 이때 주의할 것은 같은 해에 2회 이상 부동산을 양도하면 합산과세를 적용받을 가능성이 높다는 것이다. 이에 대해서는 뒤에서 자세히 분석한다.

 알 | 쏭 | 달 | 쏭 | 세 | 금 | 팁

부동산 세금에 정통하려면

부동산 세금의 체계뿐만 아니라 부동산의 이전수단인 상속과 증여, 양도 등이 결합한 경우의 세금관계 등도 알아야 한다. 이를 대략 정리하면 다음과 같다.

구분		1차 과세	2차 과세
무상이전	상속	상속세	–
	증여	증여세	• 증여받은 후 5년 이내 양도 시 : 취득가액을 증여자의 것으로 하여 양도소득세 부과(이월과세)
유상이전	양도	양도소득세	• 유상대가 없이 양도 시 : 증여세 부과(증여추정) • 저가로 양도 시 : 양도소득세 시가로 부과(부당행위계산부인), 저가 양수자는 증여세 부과

세금, 스스로 계산할 수 있어야 한다!

이 책을 읽는 독자들뿐만 아니라 부동산 세금에 관심 있는 사람들은 스스로 세금을 계산하고 신고도 하고 싶어 한다. 하지만 뜻대로 되지 않는 경우가 많다. 왜 그럴까?

첫째, 최근에 변화된 세제내용을 놓치는 경우가 있다.
둘째, 과세방식을 이해하지 못하는 경우가 있다.
셋째, 실제 과세표준과 세율 적용방법 등을 잘 모르는 경우도 많다.

세금, 어떻게 하면 잘 계산할 수 있을까?

실무를 다양하게 경험하지 못한 일반인들은 아래와 같은 절차들을 이해해두면 실전에서 많은 도움이 될 것이다.

1. 소득종류에 따른 세금항목을 이해하자

우선 부동산 관련 소득의 종류를 정확히 이해하는 것이 중요하다. 부동산을 임대하면 임대소득이 발생하고, 이를 처분하면 양도소득이 발생한다. 물론 이외에 수익형 부동산은 부가가치세가 발생하기도 한다.

그런데 이러한 소득은 누가 투자주체가 되는지에 따라 종합소득세나 법인세 등으로 세목이 달라진다. 이렇게 세목이 달라지면 그 과세방식도 달라져 궁극적으로 세금의 크기에도 영향을 준다.

구분	임대소득	양도소득
개인	종합소득세	양도소득세(매매업은 종합소득세)
법인	법인세	법인세

2. 소득종류에 따른 과세방식을 이해하자

부동산을 처분하여 양도소득이 발생했다고 하자. 이때 아래와 같이 비과세와 감면이 적용되는지 검토하고, 이와 무관한 경우 중과세가 적용되는지 등도 검토해야 한다.

비과세		감면		중과세
1세대 1주택 등	➡	감면주택, 8년 자경농지 등	➡	다주택, 비사업용 토지 등
신고할 필요없음		감면 신청해야 함		중과세 판정이 중요함

☞ 비과세와 감면 그리고 중과세는 무조건 적용되는 것이 아니라, 법에서 정한 요건을 정확히 갖추어야 한다. 따라서 실무에서는 요건을 제대로 확인해야 사후에 문제가 없다.

3. 산출세액을 계산하는 구조를 이해하자

이제 과세가 된다고 하자. 이런 상황에서는 구체적으로 산출세액을 어떤 식으로 계산하는지를 알아야 한다. 양도소득세의 경우로 살펴보자. 〈표1〉

세금을 정확히 계산하기 위해서는 각 항목들에 대한 검토를 제대로 해야 한다. 이 부분이 제대로 해결되지 않으면 세금이 정확하게 계산되지 않는다. 특히 장기보유 특별공제와 세율 적용법에 유의해야 한다.

〈표 1〉 산출세액 계산구조(양도소득세의 경우)

구분	금액	비고
양도가액		실제양도가액, 부가가치세 제외
−취득가액		실제취득가액, 환산취득가액 등
−기타필요경비		실제경비, 개산공제
=양도차익		
−장기보유 특별공제		0~80%까지 다양
=양도소득금액		
−기본공제		양도한 해에 1회만 적용
=과세표준		
×세율		일반세율, 중과세율 등 다양
−누진공제		
=산출세액		
−감면세액		「조세특례제한법(조특법)」에서 규정
=결정세액		
+가산세		신고불성실가산세 10~40%, 납부불성실가산세 일 3/10,000
=납부할 세액		지방소득세가 별도 부과됨

사례를 들어보자.

K씨는 아래와 같이 부동산을 처분할 계획을 하고 있다. 이 경우 세금은 얼마나 나올까?

구분	양도예상가액	취득가액	수리비	보유기간	비고
주택	4억 원	3억 원	1,000만 원	5년	일반과세

양도대상 주택에 대한 자료가 확보되었다면 앞에서 본 계산구조에 대입해 쉽게 세금을 계산할 수 있다.〈표 2〉

세금의 크기를 결정하는 변수들은 다양하다. 따라서 세금을 적게 내기 위해서는 이들 변수를 잘 정리하는 것이 중요하다. 부록으로 최종 정리를 하기 바란다.

참고로 양도소득세 등 모든 세금에 대한 시뮬레이션을 하고 싶다면 저자가 운영하고 있는 카페를 방문하면 된다.

〈표 2〉 사례_계산방법

구분	금액	비고
양도가액	4억 원	
−취득가액	3억 원	
−기타필요경비	0원	다만, 수리비가 자본적 지출인 경우에는 필요경비에 해당함. 여기서는 이와 무관한 것으로 함
=양도차익	1억 원	
−장기보유 특별공제	1,500만 원	일반과세가 적용되므로 15%(5년×3%) 적용함
=양도소득금액	8,500만 원	
−기본공제	250만 원	양도한 해에 1회만 공제함
=과세표준	8,250만 원	
×세율	24%	세율구조를 이해하고 있어야 함 부록 등을 참조하부기 바람
−누진공제	522만 원	
=산출세액	1,458만 원	
−감면세액*	0원	
=결정세액	1,458만 원	
+가산세	0원	
=납부할 세액	1,458만 원	지방소득세 10% 별도로 부과됨

* 감면세액의 20%가 농어촌특별세로 부과될 수 있음.

베테랑 세무사 신절세의
고급 절세노트 ❶

비과세, 감면세, 중과세제도의 이해

앞으로 부동산 세금에 대한 절세 대안을 찾기 위해서는 비과세와 감면, 그리고 중과세제
도에 대한 특징들을 잘 이해해두는 것이 좋다. 각 세법에서 이들에 대해 각기 다른 요건을
두어 과세방식 등을 정하고 있기 때문이다.

1. 비과세제도

비과세제도는 국가나 지방자치단체가 과세권을 포기한 것을 말한다. 비과세가 적용되면
일반적으로 신고의무가 없다. 비과세는 세금이 전혀 없기 때문에 투자수익률을 올리는
데 매우 중요한 역할을 한다. 따라서 부동산거래 시 비과세를 먼저 검토하는 것이 올바른
자세다. 만약 과세되는 경우 어떻게 하면 비과세를 받을 수 있는지에 대한 방법도 알아두
자. 수익률이 껑충 뛸 것이다. 대략적인 세목별 비과세 유형은 아래와 같다.

구분	내용	비고
취득세	국가 등이 취득한 경우	
재산세		
종합부동산세	기준시가 6억 원 이하	합산배제 신청을 해야 함
종합소득세	주택임대소득 연간 2,000만 원 이하	한시적 비과세
양도소득세	1세대 1주택 등	
법인세	–	
상속세	공제금액 이하는 사실상 비과세 효과	10억 원, 5억 원
증여세	상동	6억 원, 5,000만 원 등

2. 감면제도

감면제도는 조세 정책의 목적으로 산출된 세액 일부나 전부를 경감하는 것을 말한다. 감면이 적용되는 경우에는 여전히 신고의무가 있다. 신고의무가 없는 비과세와 대조적이다. 주택감면제도의 경우 두 가지 관점에서 검토가 되어야 한다. 첫 번째는 다른 주택의 비과세와 과세 판단 시 감면주택이 어떤 역할을 하는지이며, 두 번째는 감면주택을 양도할 때 어떤 식으로 감면받는지다. 대략적인 세목별 감면 유형은 아래와 같다.

구분	내용	비고
취득세	주택임대사업자의 신규분양주택 · 오피스텔	전용면적 60㎡ 이하
재산세	주택임대사업자의 2호 이상의 공동주택	전용면적 85㎡ 이하
종합부동산세	–	
종합소득세	일반주택임대사업자 30%, 준공공임대주택사업자 75%	1호 이상 임대
양도소득세	「조특법」상의 감면주택과 자경농지 등	
법인세	일반주택임대사업자 30%, 준공공임대주택사업자 75%	1호 이상 임대
상속세	–	
증여세	–	

3. 중과세제도

중과세제도는 조세정책의 목적으로 세금을 무겁게 과세하는 것을 말한다. 중과세는 투자수익률을 절반 이상 줄이므로 이를 적용받지 않게 하는 것이 중요하다. 대략적인 세목별 중과세 유형은 아래와 같다.

구분	내용	비고
취득세	법인의 취득, 사치성 재산의 취득 등	8%(4%+4%) 등
재산세	사치성 건물 등	
종합부동산세	–	
종합소득세	매매업은 비교과세	Max[①종합소득세, ②양도소득세]
양도소득세	1세대 2주택 이상, 비사업용 토지	주택 중과세제도 : 2018.4.1. 이후
법인세	일반법인세 외 10% 추가과세	주택과 비사업용 토지에 한함
상속세	–	
증여세	–	

세금이 투자수익률에 미치는 영향

초보자의 관점에서 부동산 세금을 알아야 한다. 왜 그럴까?

첫째, 부동산거래와 관련된 세금이 많다. 부동산을 거래하면 취득세, 보유 및 임대하면 보유세와 임대소득세, 양도하면 양도소득세, 법인세 등이 줄줄이 발생한다. 이외에도 곳곳마다 부가가치세가 불쑥불쑥 튀어나온다. 이러한 세금들은 모두 현금지출을 의미하므로 투자자의 입장에서는 매우 중요한 요소가 될 수밖에 없다.

둘째, 세금은 임대수익률을 하락시킨다. 부동산을 임대목적으로 구입하는 경우 세금이 과도하게 발생하며 임대수익률을 낮게 된다. 따라서 이에 대한 절세지식이 필요하다.

셋째, 세금은 부동산 투자수익률도 하락시킨다. 부동산을 투자목적으로 구입하는 경우 처분이익에 대해 과도한 세금이 발생하면 투자가치가 많이 떨어질 것이다. 따라서 이러한 상황을 맞이하지 않기 위해서는 세금공부가 절실하다.

세금과 수익률의 관계

세금은 무엇보다도 투자수익률에 영향을 준다. 사례를 통해 세금과 수익률의 관계를 파악해 보자.

| 사례 |

부산에서 거주하고 있는 K씨는 주택을 양도하면서 1억 원의 차익을 올렸다. 비과세와 중과세, 일반과세, 그리고 감면이 적용되는 경우의 세금은 얼마나 되는지 알아보자. 장기보유 특별공제는 30%, 기본공제는 미적용하기로 한다. 중과세율은 2주택 중과세율(+10%p)을 적용한다.

구분	비과세	중과세	일반과세	감면
양도차익	1억 원	1억 원	1억 원	1억 원
−장기보유 특별공제	−	0	3,000만 원	3,000만 원
=과세표준		1억 원	7,000만 원	7,000만 원
×세율		45%	24%	24%
−누진공제		1,490만 원	522만 원	522만 원
=산출세액	0원	3,010만 원	1,158만 원	1,158만 원
−감면세액				1,158만 원
=결정세액	0원	3,010만 원	1,158만 원	0원
+지방소득세		301만 원	115만 원	0원
+농특세		0원	0원	231만 원
=계	0원	3,311만 원	1,273만 원	231만 원

투자수익률의 관점에서 보면 비과세를 받는 것이 가장 중요하며, 그다음은 감면을 적용받는 경우다. 가장 안 좋은 과세형태는 중과세가 적용되는 경우다. 결국, 부동산 투자자들은 비과세를 받는 노력을 하되 중과세는 피하는 전략을 수행하는 것이 중요함을 알 수 있다. 세금, 부동산에서 매우 중요하다. 주택, 토지, 오피스텔시장을 위주로 세금이 어떤 역할을 하는지 살펴보자.

주택시장

주택시장은 취득단계부터 양도단계까지 다양한 모습으로 세제가 적용되고 있다. 이 중 중요한 단계는 양도단계다. 투자수익률과 직접적인 관계가 있기 때문이다.

- **취득단계 :** 주택의 취득단계에서는 실수요자들의 취득세 부담을 줄여주기 위해 일반취득세율인 4%에 비해 낮은 1~3%로 취득세가 부과되고 있다. 취득세를 낮춰주면 주택을 취득할 때에 진입장벽을 낮추는 구실을 한다. (2013년 8월 28일 이후부터 인하되어 적용)
- **임대단계 :** 임차인들을 보호하기 위해 연간 2,000만 원 이하의 주택임대소득에 대해서는 2018년까지 한시적으로 비과세를 적용한다.
- **양도단계 :** 양도단계에서는 실수요자를 위해 다양한 방법으로 비과세를 적용하고, 투자수요자들을 대상으로는 중과세카드를 도입한다. 중과세제도가 들어오면 실제 수익률이 50% 이상 떨어질 가능성이 높으므로 거래가 단절될 수 있다.

토지시장

토지시장의 경우 취득 및 임대단계에서는 일반적인 과세를 하고 있으나 양도단계에서는 감면과 중과세제도 등을 동시에 적용하고 있다.

- **양도단계 :** 8년 자경농지 등을 양도하면 양도소득세를 감면하나 비사업용 토지에 대해 중과세를 적용한다. 특히 중과세의 경우 세금이 많으므로 어떤 토지가 비사업용 토지인지를 먼저 확인하는 것이 중요하다.

오피스텔시장

오피스텔은 업무용 또는 주거용으로 사용이 가능하다. 따라서 두 임대유형에 따라 달라지는 세금관계에 유의해야 한다.

- **보유단계** : 오피스텔을 주거용으로 사용하면 주택에 해당한다. 따라서 당초 업무용으로 부가가치세를 환급받았다면 추징문제가 발생한다.
- **양도단계** : 주거용 오피스텔을 양도하는 경우 주택세제를 적용하게 되고, 업무용 오피스텔을 양도하면 일반건물로 보아 과세방식이 정해진다.

알 | 쏭 | 달 | 쏭 | 세 | 금 | 팁

부동산종류별 세제 이슈

부동산종류별로 본 주요 세제 이슈를 점검하면 다음과 같다.

구분	취득단계	보유 · 임대단계	양도단계
주택	• 자금조달계획서 제출 • 주택임대사업 등록 (준공공임대주택 포함)	• 보유세 인상[*] • 주택임대소득 비과세, 분리과세, 종합과세	중과세 부활(2018.4.1.)
토지	–		중과세 계속 적용
오피스텔	사업자등록 유형 결정	업무용에서 주거용으로 전환 시 부가가치세 추징	업무용과 거주용의 구분에 따른 세제적용
상가 · 빌딩	–	–	포괄양수도
입주권	–	주택 수에 포함	주택세제 적용
분양권	–	–	단기매매 시 중과세

[*] 다주택자들을 대상으로 언제든지 보유세가 인상될 가능성이 있음. 보유세에 대한 자세한 내용은 부록 및 이 책의 자매서인 《NEW 세금 생활백서》 (신방수 저)를 참조하기 바람.

06

취득주체(개인, 개인사업자, 법인)에 따라 달라지는 세금들

개인으로 취득할까?
법인으로 취득할까?

투자

부동산을 누가 취득하느냐에 따라 처분 시 만나게 되는 세금의 내용이 달라진다.
이를 정리하면 다음과 같다.

구분	개인	개인사업자	법인
개념	개인이 일시적으로 부동산을 양도	개인이 사업적으로 부동산을 양도	법인이 부동산을 양도
과세표준	양도가액-필요경비-각종공제	수입금액-필요경비-소득공제	익금-손금
세율	50%, 40%, 기본세율, 중과세율	기본세율(중과세 대상 부동산은 비교과세)	기본세율(주택과 토지는 10% 추가과세)
신고납부	예정신고 및 확정신고	예정신고 및 확정신고	확정신고

부동산에 투자하여 수익을 올렸다면 이에 대해서는 소득세나 법인세를 내야 한다. 그런데 때에 따라서 과중한 세금이 부과되어 수익률을 크게 떨어뜨리는 경우가 있다. 그래서 투자 전에 반드시 세금문제를 검토해야 한다. 사례를 통해 사업주체에 따른 쟁점들을 알아보자.

| 사례 |

서울에 거주하고 있는 김팔복 씨는 부동산투자를 계획하고 있다. 하지만 사업형태를 개인으로 할 것인지 아니면 개인사업 또는 법인사업으로 할 것인지 판단하기가 힘들다. 그는 가급적 세금이 가장 적게 나오는 형태로 사업을 시작하고자 한다. 참고로 그가 생각하는 투자기간은 1년 이내이다. 어떤 식으로 투자하는 것이 절세측면에서 가장 좋을까? 양도차익은 2억 원가량 발생한다고 하자.

개인이 일시적으로 양도하는 경우

이 경우에는 양도소득세가 부과된다. 사례의 경우 투자기간이 1년 미만이므로 양도소득세율은 일반적으로 50%(주택은 40%, 2019년은 50% 예정)가 적용된다. 따라서 양도차익 2억 원 중 세금은 대략 1억 원(주택은 8,000만 원)이 된다. 실무적으로 단기매매의 경우 단기세율과 중과세율 중 높은 세율을 적용한다. 일반적으로 단기세율이 중과세율보다 높은 경우가 많아 여기에서는 단기세율인 50%(주택은 40%)를 적용하기로 한다.

결국 양도소득세는 주로 비과세나 감면이 적용될 때 유리한 방식이라고 할 수 있다. 하지만 보유기간이 짧은 경우에는 높은 세율로 인해 투자수익률이 하락한다.

개인이 사업적으로 양도하는 경우

이 경우에는 양도소득이 아닌 사업소득에 해당되어 종합소득세를 내야 한다.
사례의 종합소득세를 계산하는 방식은 아래와 같다.

- 종합소득세=2억 원×종합소득세 세율(6~42%)=2억 원×38%-1,940만 원(누진공
제)=5,660만 원

1억 원(주택은 8,000만 원)인 양도소득세보다 세금부담액이 4,340만 원(주택은
2,340만 원)이 적다. 그런데 매매소득에 대해서는 한 가지 특이한 제도가 적용된
다. 그것은 바로 '비교과세'라는 제도다. 이는 양도소득세 중과세 물건을 사업
적으로 매매하더라도 양도소득세와 같은 수준의 세금을 부과하는 제도를 말한
다. 예를 들어 앞의 매매물건이 양도소득세 중과세물건이라면 종합소득세와
양도소득세 중 많은 세액을 종합소득세 산출세액으로 한다. 이 제도가 적용된
결과 매매소득에 대한 사업소득세는 1억 원(주택은 8,000만 원)으로 결정된다. 참
고로 양도소득세가 중과세되지 않은 물건은 6~42%의 세율을 적용받게 되므
로 양도소득세보다 훨씬 유리하다.

법인이 부동산을 양도하는 경우

법인은 매매사업자에게 적용되는 비교과세제도를 적용받지 아니한다. 다만, 법
인이 투자목적용으로 주택과 토지를 사고팔면 일반법인세 외에 매매차익의
10%를 추가로 부과한다. 단, 이 제도는 2009.3.16~2012.12.31까지 취득한 주

택과 비사업용 토지에 대해서는 적용되지 않는다. 이를 정리하면 다음과 같다.

내용	
2009.3.16~2012.12.31*	이외 취득
추가과세 없음 (단, 투기지역 토지와 주택은 10% 추가과세)	10% 추가과세

* 개인의 경우 양도소득세 중과세, 개인사업자의 경우 비교과세를 적용하지 않는 혜택이 있음. 단, 비사업용 토지에 한하며, 주택은 취득시기를 불문하고 중과세를 적용함.

위의 투자목적용 부동산은 대개 신축주택이 아닌 일반주택과 토지 중 비사업용 토지를 말한다. 이들 자산은 기업의 경영목적으로 사용되지 않고 투자이익을 위해 보유하는 특징을 갖는다. 만일 앞의 양도한 자산이 추가과세 대상이 되는 자산에 해당하면 총 법인세는 다음과 같이 예상된다.

• 법인세＝일반법인세(2억 원×10~25%)+추가법인세=(2억 원×10%)+(2억 원×10%)=4,000만 원

이상의 내용을 종합하면 다음과 같다.

구분	양도소득세	종합소득세	법인세	비고
일반과세	1억 원*	5,660만 원	2,000만 원	법인<사업자<개인
중과세	1억 원*	1억 원*	4,000만 원	법인<개인=사업자

* 주택은 8,000만 원

일반적으로 중과세가 적용되는 경우에는 세금부담이 크므로 이러한 상황에서는 법인설립을 통해 문제를 돌파하는 것이 정석이다. 이에 대한 자세한 내용은 뒤에서 살펴보자.

개인과 개인사업자 그리고 법인의 부동산 세제비교

개인과 개인사업자 그리고 법인이 부동산을 취득해 양도하는 경우 거래단계별로 발생하는 세금을 비교해보면 다음과 같다.

구분	개인	개인사업자	법인
취득	취득세	좌동	좌동(단, 중과세*도 가능)
보유	재산세와 종부세	좌동	좌동
임대	종합소득세	좌동	법인세
양도	양도소득세(단, 주택과 토지는 중과세)	종합소득세(주택과 토지는 비교과세)	법인세(주택과 토지는 10% 추가과세*)

* 법인이 『민간임대주택특별법』 제5조에 따라 임대주택으로 등록하면 취득세 중과세를 적용하지 않으며, 등록 후 5년 (2018.4.1.이후는 8년) 이상 의무임대한 후에 양도 시 법인세 추가과세를 적용하지 않음. 단, 법인세 추과과세를 적용받지 않으려면 임대등록 시 임대주택의 기준시가가 수도권은 6억 원, 지방은 3억 원 이하에 해당해야 함.

위 세 가지 형태로 부동산에 투자하는 경우 만나게 되는 세금의 형태가 일부항목에서 차이가 있다. 따라서 이러한 세금의 내용을 이해하는 것이 상당히 중요하다.

개인과 법인의 선택 기준

앞의 내용을 통해 부동산을 거래하는 형태는 크게 세 가지가 있다는 것을 알 수 있었다. 그렇다면 어떤 상황에서 이들이 유리한지 정리해보자.

① 개인이 일시적으로 양도하는 경우

개인이 일시적으로 양도하는 만큼 사업과는 무관하다. 비과세 또는 감면을 받을 수 있거나 세 부담이 미미할 때 취할 수 있는 유형이 된다. 이 경우에는 굳이 사업자등록을 할 필요가 없다.

② 개인이 사업적으로 양도하는 경우

개인이 부동산을 자주 사고파는 행위는 '사업'에 해당하므로 이 경우에는 부동산매매업으로 사업자등록을 내는 것이 원칙이다. 이러한 유형은 양도소득세 중과세가 적용되지 않는 물건을 매매할 때 유용성이 높다. 단기매매를 하더라도 6~42%의 세율을 적용하기 때문이다. 하지만 중과세가 적용되는 주택과 토지는 앞에서 본 비교과세제도가 적용되기 때문에 유용성이 없다.

③ 법인이 부동산을 양도하는 경우

법인의 세율은 10~25%로, 추가과세 10%를 감안하더라도 개인의 세율인 6~42%에 비해 저렴하다. 따라서 개인사업자가 부담하는 세금이 많을 경우에는 법인을 설립하여 진행하는 것이 좋다.

Q 대표이사가 법인 외에 개인사업을 병행해도 되는가? 이때 주의할 점은?

A 가능하다. 다만, 이때 법인과 개인이 거래하는 경우 공통비용에 대한 안분계산 문제, 특수관계에 따른 부당행위계산부인제도 적용 등의 문제가 발생한다.

알 | 쏭 | 달 | 쏭 | 세 | 금 | 팁

개인, 개인사업자, 법인의 시작

- 개인→부동산 취득을 하면서 투자활동을 시작한다.
- 개인사업자→사업자등록을 하면서 사업을 시작한다.
- 법인→설립등기 후 사업자등록을 하면서 사업을 시작한다.

07

임대사업자등록을 하는 것이 유리한 경우

사업자등록, 무조건 해야 할까?

꼭 해야 하는 경우도 있고 그렇지 않은 경우도 있다. 부가가치세가 발생하는 수익형 부동산을 임대하는 경우에는 부가가치세를 파악하기 위해 등록을 의무화하고 있지만, 부가가치세가 발생하지 않는 임대주택은 이를 의무화하지 않고 있기 때문이다.

수익형 부동산은 무조건 사업자등록을 해야 한다!

상가나 업무용 오피스텔, 공장건물 등은 모두 수익형 부동산에 해당한다. 이러한 부동산을 임대하면 임대료가 발생하는데, 세법은 이 금액의 10%만큼 부가가치세를 징수하도록 하고 있다. 따라서 이러한 부가가치세를 징수해 신고하는 과정에서 거래금액이 투명하게 드러나므로 이들의 임대에 대해서는 강제로 사업자등록을 하도록 하여 세원관리를 하고 있다. 그 결과 만약 수익형 부동산 소유자가 사업자등록을 하지 않으면 세무조사 등을 통해 부가가치세와 소득세 등의 본세와 가산세를 추징하게 된다. 수익형 부동산에 대해 사업자등록을 할 때 사업자의 유형은 일반과세자와 간이과세자로 구분된다.

주택은 선택적으로 등록할 수 있다!

주택을 전세나 월세로 임대하는 경우 주택임대사업자가 된다. 따라서 관할 세무서에 사업자등록을 내는 것이 원칙이다. 하지만 주택임대소득에 대해서는 부가가치세가 면제되고, 대부분 개인이 임대하므로 사업자등록을 하지 않더라도 별다른 제재를 하지 않고 있다(2020년부터 미등록 가산세 0.2% 신설). 따라서 본인한테 유리한 경우에만 선택적으로 사업자등록을 하면 된다. 여기서 유리한 경우란 주로 국세인 양도소득세를 비과세 받거나 감면받을 때 등이다.

① 거주주택에 대한 양도소득세 비과세를 받고 싶을 때
② 임대주택에 대해서도 양도소득세 감면을 받고 싶을 때
③ 양도소득세 중과세를 적용받지 않고 싶을 때
④ 종합부동산세를 비과세 받고 싶을 때 등

오피스텔은 본인의 선택에 따라 업무용 또는 주거용으로 등록할 수 있다!

오피스텔은 원래 업무용으로 사용되는 것이나 소유자가 이를 주거용으로도 사용할 수 있다. 만일 업무용으로 사용한 경우에는 앞에서 본 수익형 부동산과 같이 의무등록을 하고, 주거용으로 사용하는 경우는 임대주택처럼 사업자등록 여부를 결정하면 된다. 참고로 오피스텔을 업무용에서 주거용으로, 주거용에서 업무용으로 전환하는 경우에 다양한 세무상 쟁점들이 발생한다. 이에 대해서는 뒤에서 살펴보자.

Q 상가주택은 어떤 기준으로 등록해야 할까?

A 주택과 상가를 동시에 임대하는 경우 다음과 같은 식으로 등록하자.

- 주택임대→사업자등록 의무가 없다. 다만, 본인에게 유리한 경우에만 선택적으로 할 수 있다.
- 상가임대→일반과세자 또는 간이과세자 중 하나를 선택하여 등록한다.

관할 시·군·구청에도 등록해야 하는 이유는 무엇일까?

사업자등록은 사업개시일로부터 부동산임대물건이 있는 관할 세무서에 20일 이내에 하는 것이 원칙이다.

그런데 주택임대사업의 경우 관할 세무서에 사업자등록을 하는 것이 의무적이지는 않지만, 각종 세제 혜택을 받기 위해 사업자등록을 하는 경우가 많다. 이때 한가지 추가로 검토할 것이 있다. 바로 관할 세무서 외에 관할 지방자치단체에도 임대주택등록을 필수적으로 해야 하는가이다. 우선 이 둘의 관계를 정리해 보자.

구분	국세/지방세 해당 여부	관할 지자체 등록 필수 여부	관할 세무서 등록 필수 여부
취득세 감면	지방세	○	–
재산세 감면	지방세	○	–
종합부동산세 비과세	국세	○	○
임대소득세 감면	국세	○	○
양도소득세–거주주택 비과세	국세	○	○
양도소득세–준공공임대 주택 감면	국세	○	○

즉 각종 세제 혜택을 받기 위해서는 한 군데 또는 두 군데에 필수적으로 등록이 되어 있어야 한다. 지방세는 관할 세무서에 대한 등록의무를 두고 있지 않지만, 국세는 둘 다 등록의무를 부여하고 있다. 예를 들어 위의 종합부동산세(종부세)는 아래의 요건을 충족하면 비과세를 적용하는데, 이때 관할 세무서는 물론 관할 시·군·구청에 등록하지 않으면 이를 적용하지 않는다. 관할 구청 등에 등록하는 것이 비과세를 위한 필수요건이 되는 것이다.

① 과세기준일(매년 6월 1일) 현재 지방자치단체(시·군·구청)에 임대사업자등록과 세무서에 사업자등록을 하고 임대하는 주택*일 것(이 경우 과세기준일(6월 1일) 현재 임대를 개시한 자가 합산배제신고기간 종료일까지 임대사업자로 사업자등록을 하는 경우에는 해당 연도 과세기준일 현재 임대사업자로 사업자등록을 한 것으로 보는 것임)
② 해당 주택의 임대개시일 또는 최초로 제8항에 따른 합산배제신고를 한 연도의 과세기준일의 공시가격이 6억 원(수도권 밖의 지역인 경우에는 3억 원) 이하일 것
③ 5년(2018년 4월 1일 이후 등록은 8년) 이상 계속하여 임대하는 것일 것
④ 1호 이상의 주택을 임대할 것

* 2018.9.13. 이후 신규취득분은 종부세를 과세함(9·13대책, 이하 동일).

※ 임대주택등록 절차 등

보유하고 있는 주택을 관할 지자체와 관할 세무서에 등록하는 절차 등에 대해 알아보자.

1. 등록의 필요성 검토
2018년 9월 현재 관할 지자체나 관할 세무서 모두 임대주택의 등록화를 의무로 하고 있지 않다. 따라서 이를 등록하기 전에 본인의 상황에 맞춰 등록에 따른 장단점을 충분히 살펴보고 등록하는 것이 좋다. 일반적으로 등록은 앞에서 본 거주주택에 대한 비과세를 받거나, 중과세를 피하고자 할 때 하는 경우가 많다.

2. 단기임대 VS 장기임대 결정
등록을 하기로 했다면 단기임대(4년)를 할 것인지 장기임대(8년)를 할 것인지 결정해야 한다.

① 2018년 4월 1일 전에 등록한 경우
- 단기(4년) : 거주주택 비과세, 종합부동산세 비과세, 양도소득세 중과세 회피가 필요할 때
- 장기(8년) : 장기보유 특별공제 50~70%가 필요할 때

② 2018년 4월 1일 이후에 등록한 경우
- 단기(4년) : 거주주택 비과세가 필요할 때
- 장기(8년) : 종합부동산세 비과세, 양도소득세 중과세 회피, 장기보유 특별공제 50~70%가 필요할 때(단, 2018.9.13. 이후 취득분은 세제혜택이 축소됨. 109페이지 참조)

2018년 4월 1일 이후에 등록하는 경우 양도소득세 중과세 회피를 위해서는 8년 이상 임대해야 함에 유의해야 한다. 참고로 이러한 세제를 적용할 때에는 적용요건을 별도로 확인해야 한다. (209페이지 참조)

3. 등록
등록은 관할 지자체에서 먼저 진행한 후, 이후 관할 세무서에 별도로 사업자등록을 한다. 이때 공동명의 주택은 공동사업자로 등록해야 한다. 법인소유 주택은 법인명의로 임대등록을 한다. 참고로 소유자가 공무원이거나 사립학교 교직원, 직장인이어도 임대등록할 수 있다.

① 관할 지자체 등록
- 등록이 가능한 주택 : 「주택법」상의 주택, 주거용 오피스텔, 분양권, 입주권
→ 지자체에 등록할 때에는 기준시가와 면적은 관계없다. 하지만 세제혜택을 받기 위해서는 세법에서 정한 요건을 충족해야 하므로 미리 이 부분을 확인해야 한다.

- 등록장소 : 거주지가 있는 관할 지자체에 등록신청한다. 물건지가 산재하여 있는 경우에도 거주지 소재 관할 지자체에서 신청할 수 있다.
- 등록방법 : 직접 방문, 우편 접수 또는 인터넷(렌트홈, 민원24시)을 통해 접수한다.
- 준비물 : 등록신청서, 매매(분양)계약서 등
- 임대요건 신고, 취득세 감면신청 : 물건지 관할 지자체에 한다.
- 표준임대차계약서 제출 : 임대차계약일로부터 3개월 이내 거주지 또는 물건지 관할 지자체에 제출한다.

☞ 사전에 관할 지자체에 연락을 취해 등록에 관한 절차를 확인하기 바란다.

② 관할 세무서 등록
- 거주지가 있는 관할 세무서에서 사업자등록을 하는 것이 원칙이다.
→부동산매매업도 영위하는 경우에는 임대업과 분리하여 사업자등록을 해두는 것이 좋다.
- 준비물 : 사업자등록신청서, 임대주택등록증사본(관할 지자체 발급), 사업장임대차계약서(자택도 가능), 대리인이 등록 시는 위임장

4. 등록 이후 준수사항
등록한 이후에는 아래와 같은 내용들을 준수해야 한다. 이를 위반하면 과태료(「민간임대주택특별법」 제67조, 213페이지 참조), 세금추징이 발생하기 때문이다.

- 의무임대기간 준수(공실의 경우에는 3~6개월 내에서 임대기간으로 인정함. 209페이지 참조)
- 임대료 5% 증액제한 규정 준수
→「민간임대주택특별법」 제44조 제2항에서 모든 임대사업자들에게 이 규정을 적용하고 있다. 이를 위배한 경우에는 1,000만 원 이하의 과태료를 부과한다. 참고로 이 규정은 등록일 이후 새롭게 체결된 계약부터 적용한다. 예를 들어 4월 1일에 임대등록하고 4월 10일에 임대차계약을 체결하였다면 그 이후에 계약을 체결한 것부터 5%규정이 적용된다.
- 계약변경 내용 신고 : 임대료 증액, 임차인 변경 등 계약내용이 변경될 때마다 물건지 관할 지자체에 3개월 이내로 변경신고한다.
- 세무신고 : 다음 해 2월 10일 사업장현황신고, 5월 소득세신고, 3월 법인세신고, 9월 30일 종합부동산세 합산배제 신청한다.

5. 폐업
의무기간 종료 후 폐업 시 관할 지자체와 관할 세무서에 바로 폐업신고를 한다.

08

자금출처조사가 부동산 대책의
핵심이다!

취득자 등은 요즘 더욱 강화된 자금출처조사에 주의해야 한다!
왜 그럴까?

첫째, 투기과열지역 내에서 3억 원 이상의 주택을 취득하면 문제가 된다. 부동산거래 시 계약일로부터 60일 이내에 자금조달계획서를 제출해야 하기 때문이다.

둘째, 미성년자 등이 부동산을 취득한 경우에도 주의해야 한다. 부동산을 취득할 능력이 떨어진 층이 이를 취득하면 자금출처조사를 받을 확률이 올라가기 때문이다.

셋째, 고가의 부동산을 취득한 경우에도 문제가 된다. 비싼 부동산일수록 자금조달규모도 커지고 그에 따라 편법적인 증여가 발생할 가능성이 커지기 때문이다.

사례의 경우 어떤 식으로 대처해야 하는지 알아보자.

1. 투기과열지역 내에서 3억 원 이상 주택을 취득하면 자금조달계획서를 제출해야 한다. 이때 자금출처를 아래의 양식에 따라 기재해야 한다. 예를 들어 취득대금 5억 원 중 금융기관 예금액이 3억 원이고 나머지는 금융기관에서 대출받았다면 아래와 같이 기재한다(서식에 증여, 상속받은 자금 등도 포함될 예정이다).

자기 자금	② 금융기관 예금액 3억 원	③ 부동산양도액 등 원
	④ 주식 · 채권 매각대금 원	⑤ 보증금 등 승계 원
	⑥ 현금 등 기타 원	⑦ 소계 원
차입금 등	⑧ 금융기관 대출액 2억 원	⑨ 사채 원
	⑩ 기타 원	⑪ 소계 원
⑫ 합계		5억 원

2. 자금조달계획서는 부동산계약일로부터 60일 이내에 관할 시 · 군 · 구청에 제출한다. 이때 통장사본 등은 제출하지 않는다. 제출된 자금조달계획서는 국세청 등 관계기관에 통보되어, 신고내역 조사 및 관련 세법에 따른 조사 시 참고자료로 활용된다(위 60일은 30일로 개정될 예정이다).

3. 향후 국세청 등에서 자금출처조사 시 관련 증빙 등을 제출해야 한다.
자금조달계획서(입주계획서 포함)를 계약체결일로부터 60일 이내에 제출하지 않거나, 거짓으로 작성하는 경우 법 제28조 제2항 또는 제3항에 따라 과태료가 부과된다.

자금출처조사에 대한 대책은?

일단 본인자금으로 취득했음을 최대한 입증하도록 한다. 이때 취득자금(최근 10년간 기준)의 100%를 입증하는 것이 아니라, 80%까지만 입증하면 되므로 이 부분을 감안한다. 다만, 취득금액이 10억 원을 넘어서는 경우에는 취득금액에서 2억 원을 뺀 금액까지는 자금출처에 대해 입증해야 한다. 이때 취득금액에는 취득세 등 부대비용도 포함된다는 사실에 주의해야 한다.

한편 자금출처 입증준비는 다음과 같이 객관적인 증빙서류로 해야 한다. 근로소득자라면 원천징수영수증이 주요 입증서류가 될 것이다. 자금출처조사는 당사자에게 상당한 스트레스를 준다. 따라서 사전에 이에 대한 대비책을 강구해 두는 것이 자산을 안전하게 지키는 지름길이 될 것이다.

출처 유형	입증금액	증빙서류
근로소득	총 급여액·원천징수액	원천징수영수증
사업소득	사업소득	소득세 신고서 등
이자·배당소득	총 지급받은 금액·원천징수액	원천징수영수증, 통장사본
채무부담	차입금, 전세보증금	채무부담확인서, 전세계약서
상속·증여	상속 또는 증여로 받은 재산가액	상속세·증여세 신고서
재산처분	매매가격 등	매매계약서 등

자금출처조사를 하지 않는 경우

다음의 경우에는 자금출처조사를 하지 않는다. 자금출처조사의 실익이 없기 때문이다. 하지만 이 금액 이하가 되더라도 증여임이 밝혀지면 당연히 증여세를 부과한다. 참고로 이 금액은 매번 재산을 취득한 시점을 기준으로 하는 것이 아니라 최종 취득일로부터 소급하여 10년 이내에 취득한 재산액수의 합계액을 기준으로 한다. 아래 표를 보면 채무상환 시에도 자금출처조사가 진행될 수 있음에 유의할 필요가 있다. 예를 들어, 자녀가 책임질 부채를 부모가 대신 갚아주는 경우에는 증여에 해당한다. 따라서 만일 증여임이 밝혀진 경우에는 증여세 추징은 불가피하다.

(단위 : 원)

구분		취득재산		채무상환	총액한도
		주택	기타 재산(상가 등)		
세대주인 경우	30세 이상 자	1억 5,000만	5,000만	5,000만	2억
	40세 이상 자	3억	1억	5,000만	4억
세대주가 아닌 경우	30세 이상 자	7,000만	5,000만	5,000만	1억 2,000만
	40세 이상 자	1억 5,000만	1억	5,000만	2억 5,000만
30세 미만 자		5,000만	5,000만	5,000만	1억

알 | 쏭 | 달 | 쏭 | 세 | 금 | 팁

자금조달계획서와 입주계획서 제출 시 주의사항

제출한 자금조달 및 입주계획서는 국세청 등 관계기관에 통보되어, 신고내역 조사 및 관련 세법에 따른 조사 시 참고자료로 활용되므로 자금조달계획 등에 문제가 있는 경우 사전에 검토하는 것이 좋다.

09

미성년자가 부동산을 취득하면
자금출처조사가 100% 진행된다?

미성년자가 부동산을 취득하면 자금출처조사가 100% 진행된다!
따라서 이에 대한 대비책을 만들어두는 것은 당연하다. 어떻게 대비해야 할까?

먼저 자금출처조사 시 소명요구 대상이 되는 취득금액의 범위에 유의해야 한다. 계약서상의 취득가액뿐만 아니라 취득세 등도 포함하기 때문이다.
다음으로 조사에 대한 대비를 어떤 식으로 해야 하는지를 점검해야 한다.
미성년자 등 무능력자가 부동산을 취득할 때 자금출처조사에 대해 어떤 식으로 대비해야 할 것인지 사례를 통해 순차적으로 알아보자.

| 사례 |

경기도 고양시에 거주하고 있는 신모 씨는 고등학생인 자녀 앞으로 조그마한 상가를 구입해 주려고 한다. 이 경우 세법상 어떤 문제가 있을까? 취득과 관련된 자료는 아래와 같다.

〈자료〉

• 취득가액 : 2억 원

• 취득세 등 : 1,000만 원

• 대출 : 1억 원

• 축하금 등 본인 명의로 저축한 금액 : 3,000만 원

① 30세 미만자가 상가 등을 취득한 경우 그 취득가액이 5,000만 원을 넘어가면 자금출처조사 제도의 적용대상이 된다.

② 소명요구 대상이 되는 취득금액은 취득가액 2억 원에 취득세 등 1,000만 원을 더한 2억 1,000만 원이 된다. 아래 예규를 참조하자.

※ 서면 4팀-2450, 2005.12.08.

「상증법」 제45조 제1항의 본문 중 "당해 재산의 취득자금"이라 함은 당해 재산을 취득하기 위해 실제로 소요된 총 취득자금을 말하는 것이며, 실제로 소요된 총 취득자금을 확인할 수 없는 경우에는 부동산의 경우 같은 법 제61조의 규정에 의하여 평가한 가액에 의하는 것임.

③ 자금출처조사 시 출처가 불분명한 금액은 총 취득금액 2억 1,000만 원에서 대출 1억 원과 자기자금 3,000만 원을 차감한 8,000만 원이 된다.

④ 위와 같이 출처가 불분명한 금액 8,000만 원이 발생한 경우라도 이 금액이 취득자금의 20%와 2억 원 중 적은 금액에 미달하는 경우에는 증여세를 과세하

지 않는다. 따라서 증여세가 과세되기 위해서는 출처가 불분명한 금액이 위의 금액보다 커야 한다. 이를 식으로 정리하면 다음과 같다.

$$（취득재산의 가액-입증된 금액） ≥ Min（취득재산×20\%, 2억 원）$$

이에 사례를 대입하면, 출처가 불분명한 금액 8,000만 원은 2억 1,000만 원의 20%인 4,200만 원과 2억 원 중 적은 금액보다 크므로, 출처가 불분명한 금액 전체에 대해 증여세가 부과된다. 이때 예상되는 증여세는 아래와 같다.

증여재산가액 : 8,000만 원

−증여공제 : 2,000만 원(미성년자에 대한 증여공제)

=과세표준 : 6,000만 원

×세율 : 10%

=산출세액 : 600만 원

이외 무신고에 따른 신고불성실가산세(20~40%), 납부불성실가산세 등이 추가될 수 있다.

위 사례처럼 미성년자가 부동산을 취득하면 다양한 쟁점들이 발생한다. 주로 어떤 쟁점들이 발생하는지 정리해 보자.

미성년자의 은행대출금도 자금출처로 인정될까?

미성년자 앞으로 부채가 있는 경우 인정받지 못할 가능성이 크다. 미성년자는 원리금을 갚을 능력이 떨어지기 때문이다. 다만 부채를 상환하기 전까지는 실제 증여를 받은 것이 없으므로 증여세 문제는 없다. 따라서 미성년자가 부채를 상환하게 되면, 이때 자금출처조사를 시행하여 증여세를 추징할 수 있다.

미성년자가 미리 받은 축하금도 자금출처로 인정될까?

미성년자가 용돈이나 축하금 등을 받은 경우 이에 대한 증여세는 과세하지 않는 것이 일반적이다. 따라서 이 금액이 미리 금융기관 등을 통해 입금되고 향후 이 자금을 부동산 취득자금으로 사용한 경우에는 자녀의 부동산 취득자금의 출처로 인정된다.

미성년자가 부모로부터 차입하는 것도 인정될까?

원칙적으로 배우자 및 직계존비속간의 소비대차(차입거래)는 인정되지 않는다. (재산 46014-107, 1995.1.13., 상증령 34 ①) 미성년자가 차입금을 갚을 능력이 없다고 보기 때문이다. 따라서 이러한 상황에서 차용증 등이 구비되어 있더라도 부채를 인정받지 못할 것으로 보인다.

Q 부모 등 특수관계인으로부터 자금을 차입한 경우 세법에서 정한 적정 이자율은 얼마인가?

A 현재 고시된 이자율은 연간 4.6%이다. 만일 이 이자율 이하(또는 초과)로 이자를 수수하는 경우 기준 이자율과 차이가 난 부분을 증여 등으로 보아 과세할 수 있다.

10

23세 된 딸 명의로 갭 투자를 한다면?

신세무사님,
전세를 끼고 딸한테
집을 사주면
어떤 문제가 있나요?

▶ 일산
▶ 취득가액 3억 7,000만원
　(취득세 등 포함)
▶ 전세보증금 2억 5,000만원
▶ 23세된 딸(4학년 졸업반)

사례는 부모가 딸에게 주택을 사주는 경우,
자금출처조사 시 세무상 쟁점이 발생하는지를 묻고 있다.

위 경우 부모의 자금이 1억 2,000만 원 정도로 계산되었다.
따라서 증여공제 한도를 벗어난 7,000만 원에 대해 증여세가 나올 것인지가 쟁점이 된다.
과연 증여세가 나올까?
만약 나올 것으로 예상한다면 어떤 식으로 조치를 취해야 할까?

사례의 경우를 좀 더 구체적으로 검토해 보자.

자금출처조사는 취득가액의 80% 상당액을 소명해야 하고, 만일 이를 소명하지 못하면 증여세가 부과되도록 하는 제도이다. 사례의 취득가액은 3억 7,000만 원이므로 이에 80%를 곱하면 소명해야 할 금액이 대략 3억 원이 나온다. 따라서 주택을 취득한 딸은 이 취득자금을 어떤 식으로 조달했는지를 입증해야 한다.

이를 살펴보면 우선 소명 요구대상 금액 3억 원 중 전세보증금이 2억 5,000만 원이므로 소명이 부족한 금액은 5,000만 원이 된다.

따라서 이 5,000만 원에 대해 미리 증여 등을 해두면 전체적으로 큰 문제는 없어진다.

하지만, 여기서 생각해볼 것이 있다. 부모의 자금 1억 2,000만 원 중 증여공제를 벗어난 7,000만 원에 대해 증여세가 부과될지의 여부다. 23세 된 딸이 그동안 소득을 벌어들인 흔적이 없기 때문이다.

그래서 세법에서는 이 금액을 증여로 받았음이 명백한 경우에는 증여세를 부과하는 것이 원칙이다. 다만, 위의 20%에 해당하는 7,000만 원에 대해서는 과세관청이 증여받았음을 입증해야 과세할 수 있다. 결국, 통장 거래 등을 통해 이 부분이 입증되면 이에 대해서도 증여세가 부과될 가능성이 높다.

갭 투자자들의 자금출처조사 대비법

최근 다주택자들을 중심으로 자금출처조사가 진행되고 있다. 어떤 식으로 대비해야 하는지 이를 정리해 보자.

① 자금출처조사의 대상 기간을 파악하자.

자금출처조사는 최근 10년간 취득한 모든 재산을 대상으로 한다.

② 취득목록과 그에 대한 자금출처 흐름을 만들어두자.

전세보증금 및 대출목록 등을 파악하고 그에 맞는 전세계약서, 금융자료 등도 구비해 두도록 한다.

③ 자금출처조사제도를 어떤 식으로 적용하는지 파악한다.

이때에는 아래와 같은 원리를 사용한다. 출처가 불분명한 금액이 아래 ①에 해당하는 경우에는 증여추정을 배제하지만, ②에 해당하는 경우에는 출처가 불분명한 금액 전체에 대해 증여세가 부과될 수 있다.

- 출처가 불분명한 금액(취득자금−소명금액) < Min(취득자금×20%, 2억 원) : 증여추정 배제
- 출처가 불분명한 금액(취득자금−소명금액) ≥ Min(취득자금×20%, 2억 원) : 출처가 불분명한 금액 증여추정(증여세 과세)

④ 출처가 불분명한 금액이 발생하면 그에 대한 대책을 세우자.

출처가 불분명한 금액이 소소한 경우에는 별다른 대책이 필요 없겠지만 큰 경우에는 추가취득 자제, 주택임대사업자등록 등을 하고 과세관청 동향 등에 관심을 둘 필요가 있다.

참고로 자금출처조사는 아래 자금조달계획서상의 금액이 어떤 식으로 조달되었는지를 객관적으로 준비해두는 것이 중요하다. 따라서 모든 거래는 통장거래로 하는 것을 원칙으로 한다.

① 자금 조달 계획	자기 자금	② 금융기관 예금액 3억 원	③ 부동산양도액 등 원
		④ 주식·채권 매각대금 원	⑤ 보증금 등 승계 원
		⑥ 현금 등 기타 원	⑦ 소계 원
	차입금 등	⑧ 금융기관 대출액 원	⑨ 사채 원
		⑩ 기타 원	⑪ 소계 원
	⑫ 합계		원

☞ 자금조달계획서는 투기과열지역의 3억 원 이상의 주택에 대해서만 적용한다. 따라서 오피스텔이나 상가 등은 제외된다.

 알 | 쏭 | 달 | 쏭 | 세 | 금 | 팁

고액 전세보증금과 자금출처조사

고액의 전세보증금도 자금출처조사가 진행될 수 있음에 유의해야 한다.

11

사업자금으로
부동산을 취득한 경우

사업자의 자금이 주택 취득에 사용되는 경로는
대표적으로 두 가지가 있다.

회사용으로 대출을 받아 이를 사용하는 경우와 소득을 탈루하여 사용하는 경우다.

이 중 더 심각한 것은 소득을 탈루하여 탈루한 자금으로 부동산을 취득한 경우다.

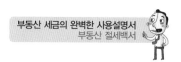

사업자들이 고액의 부동산을 취득할 때 주의해야 할 자금출처조사!

그림에서 사업자가 불안한 표정을 지은 이유는 자기의 사업에서 정정당당하게 세금을 내지 않아 그 사실이 적발될까 두려웠기 때문이다.

실제로 사업세금이 탈루된 사실이 적발되어 그 돈으로 장만해 두었던 부동산들이 압류되어 세금에 충당된 사례들이 많다. 아래 사례를 통해 이에 대해 좀 더 알아보자.

| 사례 |

서울 강남구 대치동에 살고 있는 김성공 씨는 음식점업을 하면서 많은 돈을 벌었다. 그는 사업을 확장하여 10개의 직영점을 거느릴 정도로 상당한 자본력도 있었다. 그에게는 4주택과 땅이 있는데, 그 부동산의 취득자금을 명쾌하게 증명할 수 없다는 것이 늘 마음에 걸렸다. 사업으로 번 돈으로 샀으나 세금을 제대로 내지 않았기 때문이다. 이 경우 어떤 문제가 있을까? 아래 자료를 보고 판단해 보자.

⟨주택 취득현황⟩

• A주택 : 1999년 취득(취득가액 5,000만 원, 시세 10억 원)
• B주택 : 2005년 취득(취득가액 2억 원, 시세 5억 원)
• C주택 : 2015년 취득(취득가액 5억 원, 시세 10억 원)–자금조달 : 대출금 2억 원, 기타는 자기자금
• D주택 : 2017년 취득(취득가액 10억 원)–자금조달 : 대출금 4억 원, 기타는 자기자금

취득 중 문제가 되는 것은 바로 C주택과 D주택이 될 가능성이 높다. 최근에 취득한 주택이고, 그 규모 또한 크기 때문이다. 그렇다면 자금흐름은 어떻게 입증해야 하는가?

먼저 자금조달내역을 정확히 파악한다. 자기자금은 모두 사업으로 번 돈이라고 하자. 이를 정리하면 다음과 같다.

- C주택 → 5억 원 중 대출금 2억 원, 나머지는 사업으로 번 돈
- D주택 → 10억 원 중 대출금 4억 원, 나머지는 사업으로 번 돈

이렇게 정리한 결과, 취득가액 15억 원 중 대출금 6억 원을 뺀 9억 원이 자기자금이므로 이에 대해 출처를 밝힐 필요가 있다. 이를 위해서는 김 씨의 소득세 신고자료가 필요하다. 김 씨의 2013년도부터 2017년도까지 총 5개년도의 사업소득 신고현황은 다음과 같다고 하자.

구분	2013	2014	2015	2016	2017	계
매출	1억 원	2억 원	3억 원	4억 원	5억 원	15억 원
비용	8,000만 원	1억 6,000만 원	2억 4,000만 원	3억 2,000만 원	4억 원	12억 원
이익	2,000만 원	4,000만 원	6,000만 원	8,000만 원	1억 원	3억 원

김 씨가 5년간 벌어들인 총수입은 15억 원이고 그 중 인건비 등 경비로 12억 원을 지출해 총 3억 원의 이익을 벌었다고 국세청에 신고했다. 물론 이 이익 3억 원으로 생활비도 하고 집도 구입했다.

그렇다면 이 이익 3억 원으로 앞의 주택취득자금의 출처를 입증할 수 있는가를 보자.

우선 자금출처조사 시 문제가 없으려면 사업을 통해 번 돈이 9억 원 이상이 되어야 하는데, 사례의 경우 국세청에 신고된 금액이 3억 원 정도밖에 되지 않으므로 차이가 심하게 난다. 이에 과세관청은 김 씨가 사업소득을 탈루했

거나 증여받은 것을 신고하지 않았다고 보아 세무조사 등을 진행할 가능성이 높다.

사업자가 부동산을 살 때 주의해야 할 것들

사업자가 고액의 부동산을 취득한 경우, 그에 대한 자금출처를 제대로 소명하지 못한다면 사업체에 대한 세무조사로 연결되는 경우가 많다. 따라서 고액의 부동산을 취득하기 전에 다음과 같은 내용을 검토할 필요가 있다.

자금출처조사의 대상 기간을 파악하자

사업자의 경우에도 최근 10년간 취득한 모든 재산을 대상으로 한다.

취득목록과 그에 대한 자금출처 흐름을 만들어두자

사업자도 일반인처럼 전세보증금 및 대출목록 등을 파악하고 그에 맞는 전세계약서, 금융자료 등을 구비해 두도록 한다. 또한, 사업체에 대한 종합소득세 신고서상의 소득금액도 점검해야 한다. 수입금액에서 필요경비를 차감한 소득금액이 향후 자금출처원으로 인정되기 때문이다.

자금출처조사제도에 적용되는지 파악한다

출처가 불분명한 금액이 다음의 ①에 해당하는 경우에는 증여추정을 배제하지만, ②에 해당하는 경우에는 출처가 불분명한 금액 전체에 대해 증여세가 부과될 수 있다.

① 출처가 불분명한 금액(취득자금-소명금액) < Min(취득자금×20%, 2억 원) : 증여추정 배제(증여세 과세하지 않음)

② 출처가 불분명한 금액(취득자금-소명금액) ≥ Min(취득자금×20%, 2억 원) : 출처가 불분명한 금액 증여추정(증여세 과세)

출처가 불분명한 금액이 발생하면 그에 대한 대책을 세우자

출처가 불분명한 금액이 소소한 경우에는 별다른 대책이 필요 없겠지만 큰 경우에는 추가취득 자제, 주택임대사업자등록 등을 하고 과세관청의 동향 등에 관심을 둘 필요가 있다. 이외 사업소득을 누락신고한 것 등이 밝혀지면 수정신고 등을 통해 이를 보완하도록 한다.

 알 | 쏭 | 달 | 쏭 | 세 | 금 | 팁

PCI 시스템과 세무조사

PCI 시스템(Property, Consumption and Income Analysis System)은 '소득-지출 분석시스템'으로, 사업자의 탈루소득을 적발하기 위해 만들어진 시스템을 말한다. 사업자의 탈루소득 대부분이 결과적으로 부동산, 주식 등의 취득이나 해외여행 등 호화소비지출로 나타나는 점에 착안하여, 국세청에서 보유하고 있는 신고소득자료, 재산보유자료, 소비지출자료를 통합비교·분석하여 탈세혐의자를 전산으로 추출하게 되는 방식을 채택하고 있다.

자금출처조사 받을 확률과 대책

자금출처조사는 확률의 문제다. 따라서 미리 나올 확률을 가늠해보고 그에 맞는 대책을 꾸려보는 것도 나쁘지 않다. 아래 사례를 통해 이 문제를 한번 알아보자.

| 사례 |

서울 강남구에 거주하고 있는 M씨는 현재 32세로, 2주택(취득가액 10억 원)을 보유하고 있다. 그는 이른 나이에도 불구하고 대출금을 활용하여 주택들을 보유하고 있다. 그가 자금출처조사를 받을 확률은 얼마나 될까?

〈표1〉은 주택을 취득했을 때 세무조사를 받을 확률을 표시하고 있다. 사례는 63% 정도가 되는 것으로 나왔다.

물론 주택을 취득했을 때 자금출처에 대해 조사를 할 것인지 말 것인지는 전적으로 국세청이 알아서 하는 문제이므로 확률로 표시할 수밖에 없다. 따라서 이 모형은 자신의 상황에 따라 세무조사가 나올 확률을 대략 예측하여 미리 대비를 하자는 취지로 만든 것에 지나지 않는다.

이 표가 어떻게 만들어졌는지 보자.

우선 재산취득자에 대한 자금출처조사는 통상 연령별, 세대주 유무, 재산취득금액(주택과 주택 이외의 자산), 부채상환금액에 따라 진행된다. 하지만 부동산거래나 부채상환 건수가 수십만 건에 이르다 보니 모두에 대해 자금출처조사를 진행하기란 현실적으로 불가능하

〈표 1〉 주택취득에 대한 자금출처조사 받을 확률

구분	상황	가중치	해당 점수	조사 확률	점수분류			
투기과열 지역	○	30%	100	30%	투기과열지역 100		비투기과열지역 0	
주택 수*	2주택	30%	30	9%	1주택 0	2주택 30	3주택 80	4주택 이상 100
연령대	32세	20%	40	8%	20세 이하 100	30세 이하 80	40세 이하 40	40세 초과 10
취득 규모	10억 원	20%	80	16%	2억 원 이하 10	5억 원 이하 40	10억 원 이하 80	10억 원 초과 100
기태(직업 군 등)	,							
계	–	100%		63%				

* 주택 수 판정 시 등록한 임대주택은 제외한다.

다. 따라서 사회적으로 조사의 파급효과가 큰 요소를 골라내 자금출처조사 대상자를 선별하는데, 투기과열지역, 주택 수, 연령대, 취득규모 등이 이에 해당한다. 물론 이외에도 직업군, 매매횟수, 사치성 재산 유무 등의 변수가 추가될 수도 있다.

앞의 사례에서는 네 가지의 항목을 두고 가중치를 두었다. 가중치는 해당 항목이 세무조사에 영향을 미치는 강도를 반영하여 투기과열지역과 주택 수는 각각 30%, 연령대와 취득규모는 20%를 주관적으로 정했다.

점수는 항목별로 세무조사에 미치는 영향이 높은 순서대로 매겼다. 예를 들어 주택 수 항목에서는 1주택을 보유한 경우 세무조사 영향력이 떨어지므로 0점, 3주택은 영향력이 크므로 80점, 4주택 이상자는 100점으로 정했다.

결론적으로, 항목별 가중치와 점수를 곱하여 더하면 세무조사가 나올 확률을 예측할 수 있다. 다른 사례를 하나 더 보자.

| 사례 |

서울 마포구에 거주하고 있는 다주택 씨는 집이 4주택(거주용 주택 1채, 나머지는 전세를 주고 있음)이다. 총 취득가액은 15억 원이다. 현재 55세인 다 씨가 자금출처에 대한 조사를 받을 확률은?

- 투기과열지역 : 해당 → 가중치 30%×100점=확률 30%
- 주택 수 : 4주택 → 가중치 30%×100점=확률 30%
- 연령 대 : 40세 초과 → 가중치 20%×10점=확률 2%
- 취득규모 : 15억 원 → 가중치 20%×100점=확률 20%
- 계 : 확률 82%

이렇게 확률이 높으면 어떻게 해야 할까?

사례와 같은 확률에 따른 관리방안을 생각해 보자. 자금출처조사 확률이 50% 이상이 되면 이에 대해 대비를 철저히 할 필요가 있다. 대표적인 대비책은 자금출처에 대한 입증자료를 점검하는 것이며, 세대원이나 사업체에 대한 조사로 연결될 수 있으므로 미리 재산을 리모델링하고 사업체의 세무를 관리할 필요가 있다.

세무조사 확률	예상되는 문제점	대비	
		기본	추가
30% 미만	–		–
30% 이상	출처조사 가능성 약함		–
50% 이상	출처조사 가능성 약간 있음	자금출처 입증자료 점검	재산의 슬림화
80% 이상	출처조사 가능성 아주 높음 세대원 조사, 사업체 연계조사 병행		재산의 슬림화 사업관리 세무전문가 관리

12

공동명의를 해야 하는 경우와 하지 않아야 하는 경우

신절세 세무사의 세무아카데미

공동명의가 항상 좋은 것만은 아니죠?

공동명의가 항상 유리한 것만은 아니다.

효과가 없는 경우도 있고, 오히려 불리한 경우도 있다. 왜 그럴까?

처한 환경에 따라 과세방식 등이 제각각 다르기 때문이다.

공동명의, 신중을 기해 결정해야 한다. 이하에서 분석해 보자.

공동명의에 대한 효과가 없는 경우

무주택자가 거주목적으로 주택을 취득한 경우 또는 1주택자가 일시적 2주택 상태에서 양도하는 경우에는 양도소득세 비과세를 받을 수 있다. 따라서 이러한 상황에서는 단독명의나 공동명의나 그 효과가 동일한 것이 일반적이다. 취득세는 주택명의와 관계없이 1~3%로 부과되고, 양도소득세는 모두 비과세가 적용되기 때문이다. 다만, 보유세 중 종부세는 공동명의가 다소 유리할 수 있다. 공동명의의 경우 개인별로 6억 원을 기준으로 하면 12억 원까지는 비과세가 적용되기 때문이다. 참고로 1주택 단독명의는 9억 원까지 종부세가 발생하지 않는다.

공동명의가 오히려 불리한 경우

공동명의가 단독명의에 비해 오히려 불리한 경우가 있다. 상황별로 알아보자.

1. 건강보험료가 과다하게 부과되는 경우

부동산임대소득이 나오는 물건을 공동등기하면 사업자등록도 공동으로 해야 한다. 이렇게 되면 소득이 발생하게 되므로 이에 건강보험료가 부과될 수 있다. 이를테면 상가임대를 부부가 공동으로 하면 전업주부 앞으로 건강보험료가 부과될 수 있다는 것이다. 하지만 명의를 공동으로 하면 임대소득이 분산되어 종합소득세가 감소할 수 있으므로 이 부분과 함께 실익을 분석해야 한다.

참고로 주택임대소득의 경우 종합과세가 적용되지 않는 이상 공동명의가 건강보험료에 미치는 영향은 거의 없다.

2. 대출 이자비용이 필요경비로 인정되지 않는 경우

부동산을 공동명의로 취득하면서 대출을 받은 경우 그 이자비용은 소득세 계산 시 필요경비 산입이 힘들다. 공동사업의 출자와 관련되기 때문이다. 따라서 대출이자비용이 많이 나가는 경우에는 단독명의를 고려할 필요가 있다.

3. 자녀와 공동명의를 하는 경우

주택을 자녀와 공동명의로 하는 경우 주택 수 판정에서 불리할 수 있다. 원래 지분으로 보유한 주택도 1주택으로 본다. 따라서 자녀와 공동명의가 된 후 자녀가 독립하면 부모가 1주택, 자녀가 1주택을 보유하게 되는 결과가 나온다. 이러한 상황에서 자녀가 1주택을 추가 취득하면 2주택자에 해당한다.
참고로 1주택을 여러 사람이 공유하면서 공동소유자가 동일 세대를 구성한 경우에는 '세대별' 공유지분을 1주택으로 보아 1세대 1주택 비과세 규정을 적용한다. (「소득세법 기본통칙」 89-154…6)

공동명의가 유리한 경우

공동명의가 유리한 경우에는 무엇이 있을까? 상황별로 정리해 보자.

1. 임대소득세가 많이 나오는 경우

단독명의 시 임대소득세가 많이 나올 것으로 예상한다면 이때는 공동명의가 유리할 수 있다. 다만, 공동명의를 하면서 늘어나는 건강보험료 등도 고려해야 한다. 결국, 이러한 상황에서는 아래와 같이 의사결정을 해야 한다.

- 공동명의로 인해 감소하는 소득세〉공동명의로 인해 늘어나는 건강보험료 등⇒공동명의가 유리
- 공동명의로 인해 감소하는 소득세〈공동명의로 인해 늘어나는 건강보험료 등⇒단독명의가 유리

2. 양도소득세가 나오는 경우

양도소득세가 나오는 경우에는 단독명의보다는 공동명의가 더 유리하다. 그 이유는 소득이 분산되면 구간별 세율이 인하될 가능성이 높기 때문이다. 다만 단기매매의 경우에는 그 효과가 미미하다. 아래의 예를 통해 이를 확인해 보자.

① 일반과세의 경우

구분	단독명의	공동명의		
		A	B	계
양도소득금액	1억 500만 원	5,250만 원	5,250만 원	
−기본공제	250만 원	250만 원	250만 원	
=과세표준	1억 250만 원	5,000만 원	5,000만 원	
×세율	35%	24%	24%	
−누진공제	1,490만 원	522만 원	522만 원	
=산출세액	2,097만 원	678만 원	678만 원	1,356만 원

일반과세의 경우 둘의 차이가 무려 741만 원(지방소득세 포함 시 815만 원)이 나지만, 아래 단기매매의 경우 누진세율이 적용되는 것이 아니므로 공동명의에 의한 세금분산 효과가 발생하지 않는다. 다만 기본공제 250만 원이 1회 더 추가되어 이에 대한 절세효과가 약간 발생한다.

② 단기매매의 경우(세율 40% 가정)

구분	단독명의	공동명의		
		A	B	계
양도소득금액	1억 500만 원	5,250만 원	5,250만 원	
−기본공제	250만 원	250만 원	250만 원	
=과세표준	1억 250만 원	5,000만 원	5,000만 원	
×세율	40%	40%	40%	
−누진공제	−	−	−	
=산출세액	4,100만 원	2,000만 원	2,000만 원	4,000만 원

〈추가분석〉

2018년 4월 1일부터 적용되고 있는 3주택·2주택 중과세의 경우 누진세율(기본세율 +10~20%p)이 적용되므로 단독명의보다 공동명의가 유리할 것으로 보인다. 3주택 중과세제도를 가지고 분석해 보자. 〈표1〉

3. 상속세가 과도하게 예상되는 경우

상속세는 개인이 사망하는 경우에 부과되는 세금으로 상속개시일 현재의 상속재산가액이 10억 원을 넘는 경우에 과세하는 것이 원칙이다. 따라서 부부 중한 사람에게 재산이 집중되는 경우 상속세가 많이 나올 수 있으므로 이러한 상

〈표 1〉 추가분석

구분	단독명의	공동명의		
		A	B	계
양도소득금액	1억 500만 원	5,250만 원	5,250만 원	
−기본공제	250만 원	250만 원	250만 원	
=과세표준	1억 250만 원	5,000만 원	5,000만 원	
×세율	55%	44%	44%	
−누진공제	1,490만 원	522만 원	522만 원	
=산출세액	4,147만 원	1,678만 원	1,678만 원	3,356만 원

황에서는 미리 공동명의 등을 해두는 것이 좋다.

분석 결과, 공동명의는 모든 상황에 맞는 방법이 아니라는 것을 알 수 있다.
따라서 실무에서는 각자가 처한 상황에 따라 효과분석을 제대로 하는 것이 바람직하다.

알 | 쏙 | 달 | 쏙 | 세 | 금 | 팁

공동명의자의 자금조달계획서 제출

투기과열지역에서 3억 원 이상인 주택을 취득한 경우 자금조달계획서를 제출해야 하는데, 공동명의의 경우에는 이를 각자 제출해야 한다.

13

공동사업과 이자비용 처리법

공동사업을 위해 조달한 차입금의 이자에 대한 과세관청의 해석!

이와 관련된 해석들이 난무하고 있는데 대표적인 것 하나만 보도록 하겠다. 오른쪽 박스는 과세관청의 해석인데 이를 '예규'라고 부른다. 이는 특정 사안에 대한 과세관청의 의견에 불과하여 법원으로서의 효력은 없지만, 실무처리 시 지침이 되므로 등한시해서는 안된다.

> ※ 재소득46073-90, 2000.05.01.
>
> 거주자가 부동산임대업의 공동사업에 출자하기 위해 차입한 금액의 지급이자는 당해 공동사업장의 부동산임대소득금액의 계산에 있어서 「소득세법」 제27조에서 규정하는 필요경비에 산입할 금액에 해당되지 아니하는 것임.

위 예규에 따르면 부동산임대를 하기 위해 공동으로 건물을 구입할 때 들어간 비용은 경비처리를 할 수 없다.

그 이유는 공동사업에 출자하기 위해 빌린 차입금에 대한 이자에 해당하기 때문이다. 그런데 실무를 하지 않는 일반인의 입장에서는 이 내용이 이해가 안 될 것이다. 얼핏 생각해봐도 단독으로 대출을 받은 경우에는 이자 전체를 경비로 처리할 수 있는데 말이다. 그렇다면 왜 이런 차이가 발생할까?
지금부터 과세관청이 어떠한 논리로 이 부분에 대해 세법을 적용하고 있는지 좀 더 구체적으로 살펴보자.

① 공동사업에 출자하기 위해 차입한 차입금에 대한 이자는 경비로 인정되지 않는다. 아래의 내용을 보면 그 이유를 명확히 알 수 있다.

> ※ 「소득세법 기본통칙」 27-55…41
>
> **[공동사업에 출자하기 위해 차입한 금액에 대한 지급이자]**
>
> 거주자가 공동사업에 출자하기 위해 차입한 금액에 대한 지급이자는 당해 공동사업장의 총 수입금액을 얻기 위해 직접 사용된 부채에 대한 지급이자로 볼 수 없으므로 당해 공동사업장의 소득금액 계산상 필요경비에 산입하지 아니한다.

② 공동임대 개시 후 임대보증금의 반환 등 출자를 위한 차입금 외에 당해 공동사업을 위해 차입한 차입금의 지급이자는 당해 공동사업장의 경비로 인정된다. 이는 임대수입에 대응되는 경비에 해당하기 때문이다.

결국 공동사업을 위한 차입금인 경우에는 지급이자를 공동사업의 필요경비로 처리할 수 있으나, 공동사업에 출자하기 위한 차입금의 지급이자는 공동사업의 필요경비로 처리할 수 없는 것으로 정리하면 된다.

참고로 실무에서 공동사업 출자를 위한 차입인지 공동사업을 위한 차입인지는 공동사업 구성원 간에 정한 동업계약의 내용 및 출자금의 실제 사용내역 등에 따라 판단한다. 한편, 해당 대출이 공동사업의 구성원 중 한 명의 명의로 차입된 경우에도 동일하게 적용된다.

대책은 없을까?

공동사업자가 이자를 비용으로 처리할 수 없다면 그만큼 소득이 증가하여 소득세가 증가할 수밖에 없다. 따라서 이에 대한 비용을 인정받는 것이 매우 중요하다. 좀 더 구체적으로 분석해 보자.

1. 공동사업자의 차입금 이자는 임대수입과 정말 무관할까?

과세관청의 해석에 의하면, 아래와 같은 이유로 출자 시의 차입이자는 임대수입과 무관하다.

• 자기자금으로 조달→이자 미발생→소득금액에 이자 미반영하므로 소득세 많게 도출

• 차입금으로 조달→이자 발생→소득금액에 이자 반영되므로 위보다 소득세 적게 도출

따라서 차입금으로 부동산을 취득하면 이에 대한 이자는 경비로 인정할 수 없다.

2. 해당 부동산을 법인이나 개인이 취득한 경우에는 어떨까?

이 경우에는 전액 비용으로 인정된다. 공동사업자처럼 해석하지 않기 때문이다. 이렇게 보면 법인과 개인사업자 중 단독사업자에 비교해 공동사업자가 확실히 차별을 받는다. 따라서 과세형평상 문제가 있으므로 공동사업자에 대해서도 전액 경비로 인정하는 것이 타당하다. 해석의 변경이 요구되는 대목이다.

알 | 쏭 | 달 | 쏭 | 세 | 금 | 팁

실무적인 대책

가장 좋은 것은 해석을 변경하는 것이다. 하지만 해석이 변경되지 않은 상태에서 세무리스크를 조금이라도 줄이기 위해서는 미리 동업계약서를 작성한 후 사업자등록을 하고 이후에 차입하여 부동산을 취득하는 것이다. 다만, 이 방법도 완벽한 방법이 아님에 유의해야 한다. (저자 문의)

14

공동등기를 하면
건강보험료가 부과될까?

사업자등록을 낸다고 무조건 건강보험료가 나오는 것은 아니다!

사업자등록을 내었더라도 손해가 발생하거나 소득세 신고를 하지 않아 소득파악이 안 된 경우
가 있기 때문이다.

따라서 부동산임대업과 관련하여 어떤 경우에 건강보험료가 나오는지를 정확히 이해하는 것
이 중요하다.

부동산임대업과 건강보험료의 관계를 정확히 파악해 보자.

주택임대사업자의 경우

주택임대사업을 하기 위해 사업자등록을 하는 경우 건강보험료가 부과되는지 알아보자.

주택임대소득에 대해 비과세되는 경우

소득세가 비과세인 경우에는 국세청에 소득세 신고를 하지 않으므로 이 경우에는 소득이 발생하지 않는 것으로 본다. 따라서 이러한 상황에서는 사업자등록을 했다고 하여 보험료가 별도로 부과될 일은 없다.

참고로 2019년 이후에 적용될 주택임대소득에 대한 분리과세의 경우에는 건강보험료가 부과될 것으로 보이나, 임대사업자등록을 한 후 4년 이상 임대하면 최대 40~80%를 감면할 것으로 보인다.

주택임대소득에 대해 종합과세되는 경우

주택임대소득에 대해 종합과세가 적용되는 경우에는 국세청에 소득세 신고를 해야 하므로 소득파악이 된다. 따라서 이 경우에는 보험료가 부과되는 것이 원칙이다. 다만 직장인의 주택임대소득에 대해서는 일정한 금액을 넘어야 보험료가 추가로 부과된다.

① 직장인이 등록한 경우

직장인의 경우 이미 직장에서 보험료를 내고 있다. 따라서 추가로 발생한 종합소득금액이 연간 3,400만 원을 넘지 않는 이상 주택임대소득에 대해서는 보험료가 따로 부과되지 않는다. 종합소득금액은 수입금액에서 필요경비를 차감한 금액을 말한다. 따라서 임대수입이 1억 원이더라도 필요경비가 5,000만 원이면 소득금액이 5,000만 원에 불과하여 보험료가 별도로 나오지 않는다.

② 직장인과 비직장인이 공동으로 등록한 경우
비직장인인 전업주부 앞으로 사업자등록이 되어 있고 종합소득금액이 1원이라도 발생하면 지역에서 보험료를 납부하게 된다. 다만, 주택임대소득이 개인별로 2,000만 원 이하가 되면 임대소득에 대해 비과세가 적용되므로 이 경우에는 공동으로 사업자등록을 하더라도 건강보험료가 부과되지 않는다.

일반부동산 임대사업자의 경우

상가나 업무용 오피스텔 등을 임대하면 일반부동산 임대사업자가 된다. 이 경우에는 소득의 크기를 불문하고 무조건 종합과세가 된다. 따라서 해당 소득에 대해 건강보험료가 부과되는 것이 원칙이다.

① 직장인이 등록한 경우
직장인은 이미 직장에서 보험료를 내고 있으므로 앞에서 본 3,400만 원 기준금액을 초과하는 경우에만 추가로 건강보험료를 부담하게 된다.

② 직장인과 비직장인이 공동으로 등록한 경우

비직장인인 전업주부 앞으로 사업자등록이 되어 있고 종합소득금액이 1원이라도 발생하면 지역에서 보험료를 납부하게 된다.

사업자등록을 하지 않으면 어떻게 될까?

임대사업자등록을 하지 않는 경우에는 사실상 소득파악이 불가능하므로 건강보험료 부과가 원천적으로 쉽지 않다. 하지만 세무조사 등에 의해 소득파악이 되면 그 자료가 보험공단에 통보되므로 보험료 추징이 일어난다(단, 2018년 9월부터 주택임대차정보시스템이 시행되면 소득 파악이 가능해질 것으로 보인다).

따라서 사업자등록을 하든 하지 않든 간에 앞에서 본 기준에 부합하면 보험료가 부과된다.

한편 전업주부인 배우자가 주택임대사업이나 일반부동산 임대사업을 할 때 종합소득이 발생하면 남편의 피부양자에서 제외되어 별도의 보험료를 내게 된다.

구분	임대사업자등록을 한 경우	임대사업자등록을 하지 않은 경우
비과세가 적용되는 경우	부과되지 않음	좌동
종합과세가 적용되는 경우	근로소득 외 종합소득금액이 7,200만 원* 초과 시 부과	좌동

* 이 금액이 2018년 7월 이후부터 3,400만 원 등으로 인하되어 적용되고 있음.

15

토지와 건물은 구분해서 계약해야 할까?

신절세 세무아카데미

양도가액은 토지와 건물로 구분해야 하는데 그 이유를 아시는 분 있나요?

양도가액을 토지와 건물로 구분하는 이유

양도소득세 과세대상은 크게 토지와 건물, 부동산에 관한 권리, 주식 등으로 구분할 수 있다. 이 때 부동산인 토지와 건물은 별개로 양도할 수 있으며 두 개를 묶어 동시에 양도할 수도 있다. **그런데 이에 대한 양도소득세를 계산할 때 집합건물이 아닌 경우 이를 구분하여 각각 계산하는 것이 원칙이다.**

왜 그럴까?

이는 보유기간에 따라 장기보유 특별공제와 세율 등이 달라지기 때문이다. 토지를 오랫동안 보유한 상태에서 주택 등을 신축해 양도하는 경우 등에서 이러한 현상을 많이 볼 수 있다.

부동산을 처분했을 때 과세되는 양도소득세를 줄이는 방법은 우선 계산구조를 익힌 후에 양도가액부터 관리하는 것이다. 양도가액과 관련하여 다양한 세무상 쟁점들이 발생하기 때문이다. 먼저 토지와 건물의 가액을 구분하여 계산하는 이유부터 차분히 알아보자.

| 사례 |

대전광역시에 거주하고 있는 K씨는 10년 전에 대지를 1억 원에 구입한 후 2년 전에 1억 원을 들여 건물을 신축해 이를 5억 원에 양도했다.
이 경우 양도소득세는 얼마나 될까? 토지와 건물의 양도가액은 토지 4억 원, 건물 1억 원으로 평가되었다고 하자. 기타 필요경비는 없다고 가정한다.

이러한 상황에서 정확하게 양도소득세를 계산하기 위해서는 토지와 건물(건물에 부속된 시설물과 구축물 포함)로 양도차익을 계산할 수밖에 없다. 취득시기가 달라 장기보유 특별공제율이 달라지기 때문이다.

구분	토지	건물	계
보유기간	10년	2년	–
양도가액	4억 원	1억 원	5억 원
−취득가액	1억 원	1억 원	2억 원
−기타필요경비	–	–	–
=양도차익	3억 원	0원	3억 원
−장기보유 특별공제	9,000만 원	0원	9,000만 원
=양도소득금액	2억 1,000만 원	0원	2억 1,000만 원
−기본공제			250만 원
=과세표준			2억 750만 원
×세율			38%
−누진공제			1,940만 원
=산출세액			5,945만 원

사례와 같이 취득시기가 다르면 정확한 양도소득세 계산을 위해서는 전체 양도 가액을 토지와 건물로 구분할 수밖에 없다. 이외에 부가가치세 계산을 위해서도 이를 구분해야 하는 경우가 있다. 사례의 건물이 수익형 부동산인 경우 전체 양도가액 중 건물공급가액의 10%가 부가가치세인데, 이를 계산하기 위해서는 토지공급가액과 건물공급가액으로 안분해야 한다. 사례의 총 거래금액은 다음과 같다.

구분	금액	비고
토지공급가액	4억 원	
건물공급가액	1억 원	
부가가치세	1,000만 원	건물공급가액의 10%
계	5억 1,000만 원	

한편 토지와 건물 이외에 다른 물건 등이 포함된 경우에도 가액의 구분이 필요하다. 예를 들어 농지의 경우 비닐하우스나 농작물, 임야의 경우 입목 등이 있는 경우가 이에 해당한다. 만일 이러한 상황에서 가액의 구분이 안 됐을 때는 모두 양도가액에 포함하는 것이 원칙이다.

일괄 양도로 양도가액이 구분되어 있지 않으면 어떻게 해야 할까?

토지와 건물 등을 일괄 양도하여 그 가액 구분이 불분명할 때는 「부가가치세법 시행령」 제64조에 따라 안분계산해야 한다. 이때 공급계약일 현재 기준시가에 따라 계산한 가액으로 안분하되, 감정평가가액이 있는 경우에는 그 가액을 우선적용하여 안분한다. 사례를 통해 양도가액을 구분해 보자.

| 사례 |

L씨는 2017년 9월에 토지를 매입하여 상가건물을 신축(토목, 기초, 골조, 지붕공사 완료 상태) 중에 자금사정에 의해 토지건물(미완공)을 일괄 양도하려고 한다. 이 경우 토지와 건물에 대한 양도소득세는 각각 어떻게 산정할까?

사례처럼 미완성인 건물을 양도하는 경우에는 양도가액을 어떤 식으로 정할 것인지가 쟁점이 된다. 건물이 완공되기 전까지의 상태는 구축물로 판단하기 때문이다. 이때 세법에서는 토지의 가액과 시공 중인 구축물의 가액이 구분되지 않을 시 구축물의 가액은 과세대상자산이 아니므로 양도가액에서 제외하는 것이 원칙이다. 다만 이의 가액이 구분되지 않는 경우에는 전체 양도가액을 토지의 양도가액으로 계산하며, 세금계산서 등 증빙으로 신축비용이 확인되는 경우 토지의 자본적 지출액으로 본다.

따라서 사례에서 시공 중인 구축물의 가액이 토지의 가액과 구분될 시 양도소득세 신고대상이 아니나, 토지와 일괄 양도하여 구축물의 가액이 구분되지 않는 경우에는 양도소득세 신고대상에 해당한다.

토지 및 건물 등의 가액은 감정평가액이나 기준시가 등을 활용해 최대한 객관적으로 구분해야 세무상 문제점이 발생하지 않는다.

알 | 쏭 | 달 | 쏭 | 세 | 금 | 팁

가액 구분이 30% 이상 차이가 나는 경우

토지와 건물 등을 함께 취득하거나 양도하면서 토지와 건물 등의 가액을 인위적으로 구분하여 계약했을 때, 감정평가액 또는 기준시가로 안분계산한 가액과 100분의 30 이상 차이가 발생하는 경우 계약서상의 가액을 무시하고 감정평가 또는 기준시가로 안분하여 토지와 건물 등의 가액을 정한다.(「소득세법」 제100조)

16

부동산계약에서 잔금청산일이 중요한 이유

부동산 세금은 계약일과 잔금을 어떤 식으로 정하느냐에 따라 그 내용이 달라진다.

- **계약일**→주택 등에 대한 감면을 적용할 때 계약일을 사용하는 경우가 있다.
- **잔금청산일**→세법은 잔금청산일을 기준으로 취득시기와 양도시기를 정해 다양한 제도들을 적용하고 있다.

세금에 능통하려면 이러한 내용에 밝아야 한다.

아래의 사례를 통해 내용의 중요성을 이해해 보자.

| 사례 |

서울에 거주하고 있는 K씨는 아래와 같은 상황에 봉착해 있다. 이 상황에서 그는 6월 초 B주택에 대한 잔금을 치르고 입주하려고 한다. 그리고 A주택의 잔금을 청산한 후 3년 이내에 양도하려고 한다. A주택에 대해 양도소득세 비과세를 받기 위해서다. 이러한 상황에서 K씨는 자신의 계획대로 A주택에 대해 비과세를 받을 수 있을까?

- A주택 : 신규분양아파트로 2017년 10월 31일 잔금을 완납하고 현재 거주 중
- B주택 : 신규분양아파트로 2018년 9월 말 준공 예정임. 입주는 11월 30일까지 하도록 되어 있음.

참고로 국내에 1주택을 소유한 1세대가 그 주택(기존주택)을 양도하기 전에 다른 주택을 취득하여 일시적으로 2주택이 된 경우와, 종전의 주택을 취득한 날부터 1년 이상이 지난 후 다른 주택을 취득하고 그 다른 주택을 취득한 날부터 3년 이내에 종전의 주택을 양도하는 경우에는 이를 1세대 1주택으로 보아 보유 및 거주기간이 2년 이상이면 비과세 적용을 받을 수 있다.

STEP1 쟁점은 무엇일까?

이 사례의 쟁점은 B주택에 대한 취득시기를 언제로 할 것인지다. B주택의 취득시기를 준공일로 보면 A주택에 대해서는 비과세를 받을 수 없으나 잔금청산일로 보면 비과세를 받을 수 있기 때문이다.

STEP2 관련 규정은 어떻게 되어 있을까?

이에 대해 세법은 일반적인 자산의 취득시기는 대금청산일로 정하나, 대금청산일이 분명하지 않거나 대금청산일 전에 소유권이전등기를 한 경우에는 등기접수일로 하고 있다. 한편 일반 분양아파트의 취득시기는 다음과 같이 정하고 있다.

① 준공일, 입주일 후에 대금이 청산된 경우(일반적) : 대금청산일
② 준공일, 입주일 전에 대금이 청산된 경우 : 사용승인일, 사용검사필증 교부일(임시사용승인일), 실제 입주일 중 가장 빠른 시기

> ※ 서면인터넷 방문상담4팀-1871, 2004.11.19.
> 건설 중인 아파트의 분양계약에 따라 아파트를 취득하는 경우로서 아파트의 완성일 이후 잔금청산이 이루어진 경우에는 그 잔금청산일에 아파트를 취득한 것으로 보는 것이며, 잔금청산일 전에는 부동산을 취득할 수 있는 권리를 보유하고 있는 것으로 보는 것임.

STEP3 결론은 어떻게 될까?

이상의 내용을 검토한 결과 B주택에 대한 잔금청산을 A주택의 취득일로부터 1년 이후로 늦춘 경우에는 일시적 2주택에 대한 비과세를 받을 수 있을 것으로 보인다.

매매시점의 파악은 기본이다

세법에서는 원칙적으로 취득시기 또는 양도시기를 〈표 1〉과 같이 판단한다. 대표적으로 유상취득이나 양도의 경우에는 원칙적으로 대금을 청산한 날을 기준으로 하지만, 대금 청산 전 소유권을 이전등기 한 경우에는 등기접수일을 이 시기로 한다. 따라서 잔금청산이나 소유권 이전등기로 취득시기나 양도시기를 조절하면 많은 도움을 받을 수 있다.

〈표 1〉 취득 · 양도시기

유형		내용
유상취득 · 양도	원칙	대금을 청산한 날(매매계약서상의 잔금약정일이 아닌 실제 잔금을 지급한 날임)
	예외	• 대금청산일이 분명하지 않은 경우 : 등기접수일 • 대금청산 전 소유권이전 등기 시 : 등기접수일 • 장기할부(1년 이상에 거쳐 2회 이상 분할) : 등기접수일 · 인도일 · 사용일 중 빠른 날
자가 건설한 건축물		사용검사필증교부일 · 사용일 · 사용승인일 중 빠른 날(재건축 조합원의 취득시기)
상속 또는 증여에 의한 취득		상속 : 상속이 개시된 날 증여 : 증여받은 날
미완성 자산		대금청산 전까지 미완성의 경우는 완성된 날(분양아파트의 경우 보통은 잔금청산일이 취득시기이나 대금 청산 전에 완성되지 못하면 완성된 날이 취득시기가 됨)
1984.12.31. 이전에 취득		토지 · 건물에 대해서는 1985.1.1.에 취득간주(취득시기가 오래된 부동산에 대해서는 취득시기에 주의해야 함)

① 서울에 거주하고 있는 이정상 씨는 다음과 같이 부동산매매계약을 체결했다. 취득시기는 언제인가?

- 계약금 : 2018. 6. 1.
- 중도금 : 2018. 7. 1.
- 잔금 : 2018. 8. 1.(등기원인일 2018. 8. 1., 등기접수일 2018. 7. 30., 실제 잔금청산일은 2018. 8. 2.)

→ 이 사례의 경우 매매계약서상의 잔금약정일은 2018. 8. 1.이나 실제 잔금청산일이 이보다 하루 늦은 2018. 8. 2.이므로 2018. 8. 2.와 등기접수일인 2018. 7. 30.중 빠른 날을 취득시기로 봐야 한다. 따라서 2018. 7. 30.이 취득시기가 된다.

② 경기도 부천시에 거주하고 있는 이경미 씨는 분양권을 가지고 있고, 곧 주택이 완공될 예정이다. 그런데 잔금이 없어 부득이 완공 후에 잔금을 치르려고 한다. 이 씨는 자신이 취득세 등을 내야 할 시기가 언제인지, 향후 양도 시 보유기간의 기간은 언제부터 산정하는지가 궁금하다.

→ 일반분양자가 분양권으로 취득하는 주택의 취득시기는 일반적으로 잔금청산일이 된다. 다만, 잔금청산 이후에 주택이 완성되는 경우에는 주택의 완성일이 주택의 취득시기가 된다.

③ 경기도 성남시에 거주하고 있는 성기삼 씨는 1970년대부터 보유해온 주택을 양도하고자 한다. 이 주택이 양도소득세 과세대상이 된다고 하는데 취득가액을 알 수 없다. 이를 어떻게 해결해야 하는가?

→ 세법에서는 이처럼 오래 보유한 주택에 대해서는 1985. 1. 1.에 취득한 것으로 간주한다.

알ㅣ쏭ㅣ달ㅣ쏭ㅣ세ㅣ금ㅣ팁

취득시기와 양도시기의 중요성

세법은 취득시기와 양도시기 등을 가지고 다양한 제도를 적용하고 있다. 실제 이 기간에 따라 여러 가지 제도들이 달라지므로 절세를 위해서는 취득시기나 양도시기를 언제로 맞추는 것이 좋은지 늘 연구하도록 하자. 그렇다면 보유세와 양도소득세에서 취득시기나 양도시기는 어떤 제도들이 관계가 있을지 알아보자.

구분	내용
보유세	매년 6월 1일 현재 소유권자에 대해 부과
양도소득세	• 비과세 요건 : 2년 보유 등 • 장기보유 특별공제 : 3년 이상 보유 시 적용 • 세율 : 보유기간에 따른 세율 적용 • 이월과세, 부당행위계산부인제도 : 취득일로부터 5년 내 적용 • 자경농지 감면 : 8년 기간 필요 • 주택에 대한 감면 : 취득일로부터 5년간 감면 적용 등

계약이 파기된 경우의
세금처리법은?

계약이 파기된 경우 대두되는 쟁점 사항들은 다음과 같다.

첫째, 취득세는 문제가 없을까?

둘째, 양도소득세는 어떤 식으로 부과될까?

셋째, 위약금에 대한 세무처리는 어떻게 해야 할까?

취득세는 문제가 없을까?

취득세는 취득일로부터 60일 이내에 납부해야 하는 지방세에 해당한다. 여기서 취득일은 일반적으로 유상승계취득의 경우 '계약서상 잔금지급일'을 의미한다. 따라서 잔금지급일 전에 계약이 파기된 경우에는 취득세 납세의무가 성립되지 않았으므로 취득세를 납부했다면 이를 반환받을 수 있다.

양도소득세는 어떤 식으로 부과될까?

양도소득세는 양도일이 속한 달의 말일로부터 2개월 이내에 신고하도록 되어 있다. 여기서 양도일은 통상 잔금청산일을 말한다. 따라서 잔금청산 전에 계약이 파기된 경우 양도소득세 납세의무는 성립되지 않았다고 할 수 있다.

Q 만일 잔금청산 후에 계약이 파기된 경우에는 과세방식이 어떤 식으로 변할까?

A 이 경우에는 취득과 양도가 완료되어 취득세와 양도소득세가 나오는 것이 원칙이다. (저자 문의)

위약금에 대한 세무처리는 어떻게 해야 할까?

계약파기에 따라 위약금을 지급한 경우와 수령하는 경우의 세무처리법에 대해 알아보자.

먼저 이를 지급한 자는 해당금액을 다른 곳에서 필요경비로 사용할 수 있는지의 여부가 중요하다. 이에 과세관청은 '매매계약이 해지되어 위약금을 지출한 경우 당해 위약금으로 지출한 비용은 차후 당해 부동산 양도 시에 발생된 양도비용이 아니므로 필요경비로 공제되지 아니한다'고 하고 있다. (법규재산2012-357, 2012.09.25.)

다음으로 위약금을 받은 경우에는 이는 세법상 기타소득에 해당한다. 따라서 이에 대해서는 원칙적으로 다른 소득에 합산하여 과세하는 것이 원칙이다. 다만, 기타소득금액이 300만 원 이하가 되는 경우에는 종합과세제도가 적용되지 않는다. 사례를 통해 알아보자.

| 사례 |

K씨는 부동산계약을 체결했으나 계약금 지급 후에 거래상대방에 의해 계약이 취소되었다. 계약금 외에 위약금으로 받은 금액은 2,000만 원이었다. 직장생활을 하는 K씨에게 이번 연말정산 때 적용되는 세율은 24%였다. 이 경우 얼마 정도의 세금이 예상되는가?

먼저 이 위약금이 다른 종합소득에 합산되는지의 여부를 알아야 한다. 현행 세법에서는 기타소득금액이 300만 원을 초과하면 합산과세를 하도록 하고 있다. 위약금은 기타소득과 관련된 실제 경비만을 인정하는데, 사례의 경우 이러한 경비가 없으므로 2,000만 원 전체가 소득금액이 된다. 따라서 이 소득을 근로소득에 합산하여 세금을 정산해야 한다.

그렇다면 얼마 정도의 세금이 증가할까?

K씨는 이미 근로소득에서 24%의 세율이 적용되고 있다. 따라서 기타소득에 대해서도 최소한 24% 이상의 세율이 적용될 가능성이 높다. 따라서 예상되는 소득세는 다음과 같다.

- 기타소득에 대해 예상되는 소득세 : 2,000만 원×24%=480만 원

Q 거래 시 지연이자는 양도대가에 포함될까?

A 그렇다. 아래 예규를 참조하자.

※ 서면인터넷방문상담4팀-2963, 2007.10.15.

실지거래가액에 의하여 양도차익을 산정하는 경우로 당사자의 약정에 의한 대금지급방법에 따라 일정액에 이자상당액을 가산하여 거래가액을 확정하는 경우 당해 이자상당액은 양도·취득가액에 포함하며, 여기에 해당하는지는 사실판단할 사항임.

Book in Book

베테랑 세무사 신절세의

신절세세무사

고급 절세노트 ❸

국세부과의 원칙과 세법적용의 원칙,
국세부과 제척기간, 국세징수권의 소멸시효

세금을 이겨내기 위해서는 세금이 어떤 식으로 부과되는지 그리고 세법을 해석할 때 어떤 것들을 지켜야 하는지 등을 알고 있어야 한다. 대략적으로 알아보자.

국세부과의 원칙

국세부과는 이미 성립한 납세의무를 확정하는 것을 말한다. 따라서 국세부과의 원칙은 이러한 납세의무 확정과정에서 지켜야 할 원칙을 말한다. 이에는 실질과세의 원칙, 신의성실의 원칙, 근거과세의 원칙, 조세감면의 사후관리 등이 있다.

① 실질과세의 원칙

법적 형식이나 외관과 관계없이 실질에 따라 세법을 해석하고 과세요건사실을 인정해야 한다는 원칙이다. 이 원칙은 실질과 괴리된 법 형식을 통해 조세부담을 회피하는 행위를 방지하고 부담능력에 따른 과세를 실현하고자 하는 것으로, 조세평등주의를 보다 구체화한 원칙에 해당한다. 예를 들어 거래의 귀속자가 따로 있는 경우에는 사실상 귀속되는 자를 납세의무자로 한다.

② 신의성실의 원칙

납세의무자가 의무를 이행하거나 세무공무원이 직무를 수행할 때에는 신의에 따라 성실하게 해야 한다는 원칙을 말한다. 다음과 같은 요건을 위반했음이 인정되면 과세관청의 행위가 취소될 수도 있다.

- 납세자의 신뢰 대상이 되는 과세관청의 공적 견해표시가 있어야 한다. 공적 견해표시는 문서 또는 구두를 불문한다. 다만, 명백히 법령위반인 것은 납세자의 신뢰 대상에서 제외된다.
- 납세자가 과세관청의 견해표시를 신뢰하고 그 신뢰에 납세자의 귀책사유가 없어야 한다.
- 납세자가 과세관청의 견해표시에 대한 신뢰를 기초로 하여 어떤 행위를 해야 한다.
- 과세관청이 당초의 견해표시에 반하는 적법한 행정처분을 해야 한다.
- 과세관청의 그러한 배신적 처분으로 인하여 납세자가 불이익을 받아야 한다.

③ 근거과세의 원칙
근거과세의 원칙은 장부 등 직접적인 자료에 입각하여 납세의무를 확정해야 한다는 원칙이다.

④ 조세감면의 사후관리
정부는 조세감면을 하면서 감면세액에 상당하는 자금 또는 자산의 운용 범위를 정할 수 있다. 그리고 운용 범위를 벗어난 부분에 대해서는 감면세액을 취소하고 징수할 수 있다.

세법적용의 원칙

세법의 해석과 적용에 있어서 과세관청이 지켜야 할 원칙을 말한다. 재산권 부당침해금지의 원칙, 소급과세금지의 원칙, 세무공무원의 재량의 한계, 기업회계 기준의 존중 등이 있다.

① 재산권 부당침해금지의 원칙

과세의 형평과 해당 조항의 합목적성에 비추어 납세자의 재산권이 부당하게 침해되지 않도록 해야 한다는 원칙을 말한다.

② 소급과세금지의 원칙

- 입법상의 소급과세금지 : 납세의무가 성립한 후에 새로운 세법에 따라 소급과세를 하지 않는다는 원칙을 말한다. 이 원칙의 목적은 법적 안정성과 예측 가능성을 보장하는 데 있다.
- 행정상의 소급과세금지 : 세법의 해석이나 국세행정의 관행이 납세자들에게 받아들여진 후에는 그 해석이나 관행에 의한 행위 또는 계산은 정당한 것으로 보며, 새로운 해석이나 관행에 의해 소급하여 과세하지 아니한다.

참고로 납세자에게 유리한 소급효는 인정된다는 것이 통설이다.

③ 세무공무원의 재량의 한계

세무공무원이 재량으로 직무를 수행할 때는 과세의 형평과 해당 세법의 목적에 비추어 일반적으로 적당하다고 인정되는 한계를 엄수해야 한다는 원칙을 말한다.

④ 기업회계의 존중

세무공무원이 국세의 과세표준을 조사·결정할 때는 해당 납세의무자가 계속하여 적용하고 있는 기업회계의 기준 또는 관행으로 일반적으로 공정·타당하다고 인정되는 것은 존중해야 한다는 원칙을 말한다. 단, 세법에 특별히 규정되는 있는 것은 그렇지 않다.

국세부과 제척기간

국세부과의 제척기간이란 정부에서 세금을 부과할 수 있는 기간을 말한다. 소득세 등의 일반 세목은 보통 과세표준 신고기한의 다음 날부터 5년간 세금을 부과할 수 있고 이외의 기간이 경과하면 세금을 부과할 수 없도록 하고 있다. 따라서 제척기간이 만료되면 납세의무가 소멸한다. 현행 「국세기본법」은 세목 또는 신고형태 등을 기준으로 하여 다양한 제척기간을 두고 있다.

세목	원칙	특례
상속·증여세	−15년간(탈세·무신고·허위신고 등) −10년간(이외의 사유)	• 상속 또는 증여가 있음을 안 날로부터 1년(탈세로 제3자 명의 보유 등으로 은닉재산이 50억 원 초과 시 적용) • 조세쟁송에 대한 결정 또는 판결이 있는 경우, 그 결정(또는 판결)이 확정된 날로부터 1년이 경과하기 전까지는 세금부과가 가능함.
이외의 세목	−10년간(탈세) −7년간(무신고) −5년간(이외의 사유)	• 명의대여 사실이 확인된 경우에는 그 결정 또는 판결이 확정된 날로부터 1년 이내에는 세금부과가 가능함.

국세징수권의 소멸시효

'국세징수권 소멸시효의 완성' 이란 국가에서 세금을 고지했으나 납세자에게 재산이 없는 경우 등의 사유로 세금을 징수할 수 없어 체납상태로 남아 있는 경우, 국가가 독촉 등 세금을 징수하려는 조치를 일정 기간 취하지 않으면 세금을 징수할 수 있는 권리가 소멸하는 것을 말한다. 국세징수권은 이를 행사할 수 있는 때부터 「5년(5억 원 이상의 고액 국세채권은 10년)간」 행사하지 않으면 그 징수권이 소멸한다. 여기서 '행사할 수 있는 때' 란 예를 들어 신고세목인 소득세의 경우에는 법정 신고납부기한의 다음날(6월 1일)부터, 정부부과 세목인 상속 및 증여세는 그 납세고지서에 의한 납부기한의 다음 날을 말한다.

양도소득세 절세 콘셉트

부동산투자에 있어서 수익률을 극대화하기 위해서는
양도소득세를 잘 다루어야 한다.

그렇다면 어떻게 하는 것이 좋을까?

우선 무엇보다도 부동산종류별로 비과세와 감면, 중과세제도 등이 어떤 식으로 적용되는
지 이해하고 세금이 나오는 경우 양도소득세 계산구조 속에서 다양한 절세방법을 찾는 것
이 중요하다.

비과세와 감면, 중과세의 파악

비과세는 세금이 아예 없는 것을 말하고 감면은 세금은 나오지만 깎아주는 것을 말한다. 그리고 중과세는 세금을 무겁게 과세하는 것을 말한다.

이를 주택, 토지, 기타물건으로 나눠 살펴보면 다음과 같다.

구분	비과세	감면	중과세
주택	• 1세대 1주택 • 1세대 2주택 특례 • 임대사업자 특례	• 5호 및 2호 이상 장기임대주택 • 신축주택 등	• 1세대 2주택 (2018.4.1. 부활) • 1세대 3주택 (2018.4.1. 부활)
토지	농지의 교환 또는 분합과 통합	• 8년 이상 자경농지 • 자경농지의 대토 • 수용 토지 등	비사업용 토지
기타(수익형 부동산 등)	–	–	–

상가나 오피스텔 등 수익형 부동산은 주거용이 아니므로 비과세나 감면이 적용되지 않으며, 투기와는 관련성이 떨어지므로 중과세제도가 적용되지 않는다. 다만, 취득이나 양도 그리고 임대 시에는 부가가치세 항목이 발생한다.

양도소득세 계산구조

양도소득세는 〈표 1〉과 같은 구조로 계산된다. 이 구조를 완벽히 이해하는 것이 중요하다. 다음으로 장기보유 특별공제제도에 대해 잠깐 살펴보자. 이 공제제도는 부동산을 3년 이상 보유한 경우 양도차익의 일부를 공제하는 제도를 말

〈표 1〉 양도소득세 계산구조

구분		항목	비고
1단계	양도차익계산	양도가액 −취득가액 −기타 필요경비 =양도차익	실거래가액 상동(취득가액 환산 가능) 취득세, 수수료, 인테리어비 등
2단계	과세표준계산	−장기보유 특별공제 −양도소득금액 −기본공제 =과세표준	토지 · 건물(0%, 10~30%, 24~80%) 250만 원(연간 1회) 일반세율(=보유기간에 따른 세율), 중과세 세율
3단계	산출세액계산	×세율 =산출세액	
4단계	납부세액계산	−감면세액 +가산세 −기납부세액공제 =최종 납부할 세액	「조특법」상 감면 신고불성실가산세, 납부불성실가산세 1년 내 2회 신고 시 발생 1,000만 원 초과 시 분납가능

한다. 하지만 보유기간이 짧거나 중과세 등을 적용받으면 공제를 적용 배제하는 것이 원칙이다.

세율 적용법

① 원칙 : 10~30%

3년	4년	5년	6년	7년	8년	9년	10년 이상
10%*	12%	15%	18%	21%	24%	27%	30%

* 2019년 이후부터 3년 보유 시 6%, 15년 이상 보유 시 30%를 공제할 예정임.

② 1세대 1주택*인 경우 : 24~80%

3년	4년	5년	6년	7년	8년	9년	10년 이상
24%	32%	40%	48%	56%	64%	72%	80%

* 1세대 1주택이 과세되는 경우를 말함(단, 2년 미만 거주 시 30% 적용, 2020년 이후 양도분에 대해 적용).

③ 「조특법」상 특례[*]

구분	3년	4년	5년	6년	7년	8년	9년	10년 이상
매입임대	10%	12%	15%	20% (+2%)	25% (+4%)	31% (+6%)	35% (+8%)	40% (+10%)
준공공 임대	10%	12%	15%	18%	21%	50% (8년 임대)	50%	70% (10년 임대)

[*] 임대등록일로부터 6년~10년 이상 임대 시에 위 특례 공제율이 적용됨. 다만, 2018.9.13. 이후 취득주택은 기준시가가 6억 원(지방 3억 원)이하, 국민주택 규모 이하인 경우만 이 공제율을 적용한다.

적용이 배제되는 경우

아래와 같은 자산에 대해서는 공제를 적용하지 않는다. 불이익을 주기 위해서다.

- 3년 미만 보유
- 분양권
- 입주권(단, 전체 양도차익 중 부동산 양도차익에 대해서만 적용)
- 중과세 주택(비사업용 토지는 적용됨)
- 미등기자산

사례를 들어 이 공제제도가 얼마나 효과가 있는지 알아보자.

| 사례 |

양도차익이 1억 원인 상황에서 0~80%의 공제율을 대입해 산출세액을 계산해 보자.

이 공제가 적용되지 않으면 대략 2,000만 원의 세금이 예상되지만, 80%가 적용되는 경우에는 190만 원으로 세금이 크게 줄어든다.〈표 2〉

〈표 2〉 사례_산출세액 계산

구분	0%	30%	70%	80%
양도차익	1억 원	1억 원	1억 원	1억 원
−장기보유 특별공제	0원	3,000만 원	7,000만 원	8,000만 원
=양도소득금액	1억 원	7,000만 원	3,000만 원	2,000만 원
−기본공제(0원 가정)	0원	0원	0원	0원
=과세표준	1억 원	7,000만 원	3,000만 원	2,000만 원
×세율	35%	24%	15%	15%
−누진공제	1,490만 원	522만 원	108만 원	108만 원
=산출세액	2,010만 원	1,158만 원	342만 원	192만 원

참고로 장기보유 특별공제를 적용하기 위한 자산의 보유기간은 원칙적으로 그 자산의 취득일부터 양도일까지로 한다. 다만, 「소득세법」 제97조의2 제1항(이월과세)의 경우에는 증여한 배우자 또는 직계존비속이 해당 자산을 취득한 날부터 기산(起算)한다. 한편 재건축 등의 과정에서 발생한 조합원 입주권은 관리처분 계획인가일 전까지를 말한다. 그리고 「조특법」 상의 공제율(40~70%)을 적용할 때 임대등록일부터 양도일까지의 임대기간을 가지고 위의 추가공제율 적용 여부를 결정한다.

예를 들어 2010년에 취득한 주택을 2018년에 준공공임대주택*으로 등록한 경우 등록일부터 양도일까지의 임대기간이 8년 이상이면 50%, 10년 이상이면 70%의 공제율을 적용한다는 것이다. 이렇게 공제율이 결정되었다면 전체 양도차익에 대해 이 공제율을 적용한다.

* 준공공임대주택은 최근 장기일반 민간임대주택으로 명칭이 변경되었지만, 이 책에서는 편의상 '준공공임대주택'이란 명칭을 사용하기로 한다.

알 | 쏭 | 달 | 쏭 | 세 | 금 | 팁

인테리어 비용 필요경비 공제요건 변경

부동산을 취득한 후에 자본적 지출(인테리어 공사비 등)로 발생한 비용은 양도소득세 계산 시 필요경비로 공제된다. 다만, 이에 대한 지출을 세금계산서 등 정규 영수증으로 입증해야 만 했으나 너무 가혹하다는 비판이 있어 실제 지출사실이 금융거래 증명서류에 의하여 확인 되는 경우에도 이를 필요경비로 공제하는 것으로 관련 규정이 바뀌었다. 2018년 2월 13일 이후에 지출한 분에 대해 이 규정이 적용된다.

알 | 쏭 | 달 | 쏭 | 세 | 금 | 팁

9 · 13대책 중 양도소득세

2018년 9월 13일에 발표된 양도소득세와 관련된 내용을 정리하면 다음과 같다. 이것은 시행 령 개정사항이므로 바로 시행에 들어갈 수 있다.

① 미거주 시 장기보유 특별공제율 축소

　　현재 1세대 1주택이 고가주택인 경우 10년 이상 보유 시 장기보유 특별공제율 80%을 적 용하나, 2020년 이후 양도분부터는 2년 미만 거주 시 30%를 공제할 예정이다.

② 일시적 2주택 중복보유 허용 기간 단축

　　조정지역 내에서 주택을 소유한 상태에서 조정지역 내의 주택을 2018년 9월 13일 이후에 취득한 경우 종전주택은 2년 내에 처분해야 비과세를 적용한다.

③ 주택임대사업자에 대한 세제혜택 축소

　　1주택 이상자가 2018년 9월 13일 이후 조정지역에서 주택을 신규취득 시 양도소득세를 중과세한다. 한편 같은 날 이후에 주택을 취득해 준공공임대주택으로 등록한 경우에는 등 록 당시의 기준시가가 6억 원(지방 3억 원) 이하이고, 85㎡ 이하에 해당되어야 장기보유 특별공제를 최대 70%까지 적용한다.

한편 이외에도 1세대 1주택자의 보유기간 연장, 주택 세율 개편 등이 예정되어 있다. 종부세 개편 내용은 부록을 참조하기 바란다.

누구나 궁금해하는
양도소득세율 적용법

확 바뀐 양도소득세
세율에 대해 공부해봅시다.
이거 모르면
손해 볼 수 있습니다.

신절세 세무사의
세무아카데미

양도소득세에서 양도소득세율은 매우 중요한 의미를 가지고 있다.

수익률의 절반 이상을 앗아갈 수 있으니까 말이다.

그렇다면 어떻게 해야 이에 대해 잘 알 수 있을까?

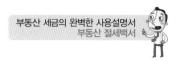
양도소득세율 적용법

현행 양도소득세율의 체계

현행 양도소득세율은 아래와 같이 구성되어 있다.

과세대상 자산의 구분		세율		
일반세율 (보유기간에 따른 세율)	1년 미만	50%(주택은 40%)		
	1~2년 미만	40%(주택은 기본세율)		
	2년 이상	6~42%(2018.1.이후의 기본세율)		
		과세표준	세율	누진공제
		1,200만 원 이하	6%	–
		4,600만 원 이하	15%	108만 원
		8,800만 원 이하	24%	522만 원
		1억 5,000만 원 이하	35%	1,490만 원
		3억 원 이하	38%	1,940만 원
		5억 원 이하	40%	2,540만 원
		5억 원 초과	42%	3,540만 원
중과세 세율	1세대 2주택	2018.4.1.~ : 위 기본세율+10%p		
	1세대 3주택	2018.4.1.~ : 위 기본세율+20%p (단, 투기지역 2017.8.3.~ 위 기본세율+10%p)		
	비사업용 토지	2017.1.1.~ : 위 기본세율 6~42%+10%		
미등기 자산		70%		

참고로 위의 주택에 대한 단기세율이 다른 부동산과 동일하게 변경될 예정이다. 2018년 말 개정세법을 확인하기 바란다.

중과세율 적용법

주택에 대한 중과세율은 2018년 4월 1일 이후의 양도분부터 적용된다. 토지는

2017년부터 적용되고 있다. 그런데 여기서 쟁점이 하나 발생한다. 중과세 대상 부동산을 단기보유하는 경우 세율 적용법이 어떻게 되는지이다.

단기보유하면 40~50%의 세율이 적용되는 한편 이 부동산이 중과세를 적용받으면 기본세율에 10~20%p가 가산되기 때문이다. 이에 세법은 둘 중 높은 세율로 과세하도록 하고 있다. 따라서 중과세 대상 부동산은 두 가지 세율로 계산한 후에 둘 중 많은 세금을 납부하게 된다.

한 해에 2회 이상 양도하는 경우의 세율 적용법

한 해에 2회 이상 부동산을 양도하는 경우에는 세율 적용법이 좀 복잡하다. 예를 들어 다음과 같은 유형들이 있을 수 있다.

- 기본세율+기본세율이 적용되는 경우
- 기본세율+중과세율이 적용되는 경우
- 단기세율+기본세율이 적용되는 경우
- 단기세율+중과세율이 적용되는 경우 등

이에 세법은 한 해에 2회 이상 양도하는 경우 다음 중 많은 세액을 납부하도록 하고 있다.(비교과세)

- 과세표준합계액에 기본세율(6~42%)을 적용한 산출세액
- 자산별로 각각의 세율을 적용한 산출세액의 합계액

| 사례 1 |

양도소득세 과세표준이 1억 원, 2억 원, 3억 원인 경우 산출세액은 얼마나 될까? 장기보유 특별공제율은 30%를 적용하고 세율은 6~42%를 적용한다.

과세표준	1억 원	2억 원	3억 원
×세율	35%	38%	38%
−누진공제	1,490만 원	1,940만 원	1,940만 원
=산출세액	2,010만 원	5,660만 원	9,460만 원

사례의 경우 장기보유 특별공제 관련 정보는 의미가 없다. 이미 장기보유 특별공제와 기본공제를 반영한 금액이 과세표준이기 때문이다.

| 사례 2 |

K씨는 대지를 취득한 후 1년 만에 양도했다. 과세표준이 1억 원과 3억 원인 경우 산출세액은 얼마인가? 단, 중과세율은 +10%를 적용한다.

구분	Max[=①, ②]		Max[=①, ②]	
	① 단기세율	② 중과세율	① 단기세율	② 중과세율
과세표준	1억 원	1억 원	3억 원	3억 원
×세율	50%	45%(35%+10%)	50%	48%(38%+10%)
−누진공제	−	1,490만 원	−	1,940만 원
=산출세액	5,000만 원	3,010만 원	1억 5,000만 원	1억 2,460만 원

위 대지는 세법상 비사업용 토지에 해당하므로 원칙적으로 기본세율에 10%p를 가산해서 산출세액을 계산한다. 그런데 이 토지의 보유기간이 1년 미만 경우 단기매매에 해당하여 50%의 세율이 적용된다. 세법은 이렇게 하나의 자산이 둘 이상의 세율을 적용받을 때는 이 둘의 양도소득 산출세액 중 많은 것을

그 세액으로 한다. 일반적으로 단기세율이 중과세율보다 산출세액이 더 많이 나오는 경우가 많다.

| 사례 3 |

K씨는 2018년도에 사업용 토지와 비사업용 토지를 일괄 양도했다. 이들 토지는 보유기간이 10년 이상 된 경우로 각각의 과세표준이 1억 원씩 되었다. 이 경우 양도소득세는 어떤 식으로 계산할까?

구분	① 합산과세	② 개별과세		
		사업용 토지	비사업용 토지	계
과세표준	2억 원	1억 원	1억 원	
×세율	38%	35%	45%	
−누진공제	1,940만 원	1,490만 원	1,490만 원	
=산출세액	5,660만 원	2,010만 원	3,010만 원	5,020만 원

Max[=①, ②]

사례처럼 동일한 과세기간에 둘 이상의 자산을 양도하는 경우에는 해당 과세기간의 양도소득 과세표준의 합계액에 대해 기본세율을 적용한 양도소득 산출세액과 자산별 양도소득 산출세액 합계액 중 많은 세액을 산출세액으로 한다. (비교과세) 사례의 경우 자산별로 계산한 세액보다는 과세표준을 합산하여 기본세율(6~42%)로 과세하는 것이 세금이 더 많이 나왔다.

알|쏭|달|쏭|세|금|팁

신고 및 납부방법

양도소득세는 주소지 관할 세무서에 다음과 같은 방법으로 신고 및 납부한다.

예정신고	확정신고
• 양도일이 속하는 달의 말일부터 2개월 이내에 신고 및 납부(의무적) • 납부할 세액이 1천만 원을 초과하는 경우 분납 가능	• 연간 2회 이상 양도 시는 다음 해 5월 중 확정 신고 및 납부 • 분납 가능

한 해에 1채만
양도해야 하는 이유

부동산 양도자들은 합산과세에 주의해야 한다.

한 해에 2회 이상 양도하면 과세표준을 합산해 기본세율로 계산한 세액과 건별로 계산한 세액의 합계액 중 많은 세액을 납부해야 하기 때문이다. 따라서 기본세율이 적용되는 부동산은 양도건별로 계산하는 것보다 세금이 증가할 가능성이 높다.

그렇다면 손해를 보지 않기 위해서는 어떻게 해야 할까?

양도소득세 합산과세

한 해에 2회 이상의 부동산이 거래된 경우 합산과세에 의해 세금이 증가될 여지가 있다. 이는 누진세율의 영향 탓이다.

원래 양도소득세 기본세율은 아래와 같이 6~42%로 누진세율 체계로 되어 있다.

과세표준	세율	누진공제
1,200만 원 이하	6%	-
4,600만 원 이하	15%	108만 원
8,800만 원 이하	24%	522만 원
1억 5,000만 원 이하	35%	1,490만 원
3억 원 이하	38%	1,940만 원
5억 원 이하	40%	2,540만 원
5억 원 초과	42%	3,540만 원

예를 들어 건별로 과세표준이 각각 1억 원이라면 세율은 35%가 적용된다. 하지만 이 둘을 합산하면 세율이 38%로 인상된다. 그 결과 세금부담이 증가하게 된다.

결국, 합산과세는 이러한 누진세율이 적용되는 상황에서 세금부담을 증가시키는 제도라고 할 수 있다. 그런데 중과세율도 기본세율에 10~20%p를 가산하므로 중과세율이 적용되는 경우에도 합산과세에 의해 세금이 증가할 수 있다.

하지만 40%나 50% 같은 비례세율과 6~42% 같은 기본세율이 적용되는 경우에는 합산과세의 실익이 크지 않다. 개별적으로 과세하는 것이 세금이 더 나오는 경우가 일반적이기 때문이다. 다만 실무에서는 한 해에 2회 이상 양도 시 반드시 다음과 같이 검증하여 신고해야 향후 문제가 발생하지 않는다.

한 해에 2회 이상 양도 시 비교과세 적용=Max[①, ②]

① 합산과세 시 양도소득세 산출세액 : (양도소득금액 합산−기본공제)×기본세율 (6～42%)

② 자산별 양도소득세 산출세액의 합계액

합산과세를 하면 일반적으로 세금이 증가하는데 다음의 예로 이를 이해해 보자. 참고로 합산과세 시 기본공제 250만 원은 1회만 적용해야 하나, 여기에서는 이를 제외했다. 기타사항들 또한 무시하기로 한다.

상황	1회 양도	2회 양도
	과세표준 1억 원	과세표준 1억 원
①	6～42%	6～42%
②	6～42%	40%
③	6～42%	6～42%+20%(중과세율)
④	40%	50%
⑤	6～42%+10%(중과세율)	6～42%+20%(중과세율)

상황 ①의 경우

합산과세와 자산별 과세 시의 산출세액을 비교해서 많은 세액을 납부해야 한다.

• 합산과세 : 2억 원×38%−1,940만 원(누진공제)=5,660만 원
• 자산별 과세 : [1억 원×35%−1,490만 원(누진공제)]×2회=4,020만 원

합산과세로 인해 1,640만 원이 증가했다.

상황 ②의 경우

합산과세와 자산별 과세 시의 산출세액을 비교해서 많은 세액을 납부해야 한다.

• 합산과세 : 2억 원×38%−1,940만 원(누진공제)=5,660만 원

- 자산별 과세 : [1억 원×35%−1,490만 원(누진공제)]+(1억 원×40%)=6,010만 원

합산과세를 하지 않은 것이 오히려 세금이 적게 나왔다.

상황 ③의 경우

합산과세와 자산별 과세 시의 산출세액을 비교해서 많은 세액을 납부해야 한다.

- 합산과세 : 2억 원×38%−1,940만 원(누진공제)=5,660만 원
- 자산별 과세 : [1억 원×35%−1,490만 원(누진공제)]+[1억 원×55%−1,490만 원(누진공제)]=6,020만 원

합산과세를 하지 않은 것이 세금이 적게 나왔다.

상황 ④의 경우

합산과세와 자산별 과세 시의 산출세액을 비교해서 많은 세액을 납부해야 한다.

- 합산과세 : 2억 원×38%−1,940만 원(누진공제)=5,660만 원
- 자산별 과세 : (1억 원×40%)+(1억 원×50%)=9,000만 원

합산과세를 하지 않은 것이 세금이 적게 나왔다.

상황 ⑤의 경우

합산과세와 자산별 과세 시의 산출세액을 비교해서 많은 세액을 납부해야 한다.

- 합산과세 : 2억 원×38%−1,940만 원(누진공제)=5,660만 원
- 자산별 과세 : [1억 원×45%−1,490만 원(누진공제)]+[1억 원×55%−1,490만 원(누진공제)]=7,020만 원

합산과세를 하지 않은 것이 세금이 적게 나왔다.

양도차손이 발생한 경우 세금을 환급받을 수 있을까?

세무사님, 혹시 보유한 토지를 손해보고 팔면 되지 않을까요?

아, 고객들의 수준이 예사롭지가 않아.

신절세 세무사

이 고객은 무엇을 생각했을까?

모르긴 몰라도 양도차익에서 양도차손을 차감해 세금을 줄이겠다는 생각을 하는 것 같다.

그게 가능할까?

현행 양도소득세는 매년 1월 1일부터 12월 31일까지 발생한 소득에 대해 합산해 과세하는 것이 원칙이다. 그런데 모든 부동산에 대해 이익이 발생하는 것이 아니라, 어떤 경우에는 손해가 발생할 수 있다. 따라서 이러한 손해는 이익과 상계되는 것이 타당하다. 그런데 문제는 이를 실무에 적용하기가 쉽지 않다는 것이다. 그렇다면 어떻게 접근하는 것이 좋을지 알아보자.

1. 양도소득금액 구분부터 살펴보자

현행 「소득세법」 제102조에서는 양도소득금액을 ①부동산과 부동산권리, 기타자산 ②주식, ③파생상품 등 세 가지 유형으로 구분하도록 하고 있다. 토지와 주택 등 부동산은 ①에 해당하므로 이들의 양도소득금액을 합산하여 과세가 이루어진다. 이때 결손금은 위 세 가지 그룹별로 공제한다.

2. 양도차손은 다른 자산에서 발생한 양도소득금액에서 공제한다

관련 규정부터 살펴보자.

> ※ 「소득세법 시행령」 제167조의 2 [양도차손의 통산 등]
> ① 법 제102조 제2항의 규정에 의한 양도차손은 다음 각호의 자산의 양도소득금액에서 순차로 공제한다.
>   1. 양도차손이 발생한 자산과 같은 세율을 적용받는 자산의 양도소득금액
>   2. 양도차손이 발생한 자산과 다른 세율을 적용받는 자산의 양도소득금액. 이 경우 다른 세율을 적용받는 자산의 양도소득금액이 2 이상이면 세율별 양도소득금액의 합계액에서 당해 양도소득금액이 차지하는 비율로 안분하여 공제한다.

내용이 다소 어려우니 예를 들어 살펴보자.

1회에 양도한 자산에서 손실이 6,000만 원 발생했으나 2회에서 5,000만 원, 3회에서 3,000만 원의 이익이 발생했다고 하자. 1회와 2회는 6~42%, 3회는 40%의 세율이 적용된다면 이때 양도차손은 다음과 같이 공제한다. 장기보유특별공제율은 10%를 적용한다.〈표 1〉

〈표 1〉 예_양도차손 공제방법

구분	1회	2회	3회	계
세율	6~42%	6~42%	40%	
=양도차익	△6,000만 원	5,000만 원	3,000만 원	
-장기보유 특별공제	0원	500만 원	0원	
=양도소득금액	△6,000만 원	4,500만 원	3,000만 원	
=양도차익 통산		△4,500만 원	△1,500만 원	
=양도소득금액		0원	1,500만 원	1,500만 원
-기본공제			250만 원	250만 원
=과세표준				1,250만 원
×세율				40%
=산출세액				500만 원

양도차손 6,000만 원은 먼저 같은 세율이 적용되는 2회 양도분의 양도소득금액(양도차익에서 장기보유 특별공제가 적용된 금액)에서 먼저 공제하고, 남은 양도 잔액 1,500만 원은 다른 세율을 적용받는 3회 양도분에서 차감한다. 결국, 남은 양도소득금액 1,500만 원에 대해 최종적으로 과세가 된다.

3. 비과세되는 주택에서 발생한 양도차손은 통산이 되지 않는다

이에 대해서는 아래를 참조하기 바란다.

> ※ 재산세과-1640, 2009.08.07.
> 양도소득금액은 「소득세법」 제94조 제1호, 제2호 및 제4호에 규정된 자산의 양도로 인하여 발생한 자산별 과세대상 소득금액과 과세대상 결손금을 같은법 제102조 규정에 따라 서로 통산하는 것으로, 귀 질의 경우 같은법 제89조 제1항 제3호의 1세대 1주택 비과세 대상인 자산에서 발생한 양도차손익은 차가감하지 않는 것임.

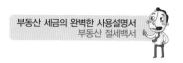

앞의 내용을 사례를 통해 좀 더 알아보자.

| 사례 |

서울에 거주하고 있는 K씨는 아래와 같이 부동산을 보유하고 있다.

구분	취득일자	취득가액	양도예상가액
A주택	2015년 12월	3억 원	2억 원
B주택	2017년 5월	3억 원	3억 원
C주택	2017년 5월	5억 원	6억 원

이러한 상황에서 C주택을 단기매매하려고 한다. 이 경우 어떻게 하는 것이 절세하는 방법일까?

일단 C주택을 단기에 매매하면 1억 원의 양도차익이 발생하는데, 이때 양도소득세가 많이 나올 수 있다. 이때는 A주택의 양도차손을 양도소득금액과 통산하는 전략을 사용한다. 주의할 것은 모두 과세되는 상황이어야 하는 것이다. 그래야 통산이 가능해진다.

① A주택을 먼저 처분한 후 C주택을 처분하는 경우→통산이 가능하다.
② C주택을 먼저 처분한 후에 A주택을 일시적 2주택으로 처분하는 경우→통산이 불가능하다.

전자의 경우 A주택은 1세대 3주택 상태에서 양도하는 것인 만큼 원래 양도소득세가 과세되는 부동산이고, C주택은 단기매매에 의해 양도소득세가 과세되는 부동산에 해당한다. 따라서 이 둘의 양도차손익은 통산이 가능하다. 후자의 경우 C주택은 양도소득세가 과세되는 부동산에 해당하나, A주택은 일시적 2주택으로 비과세가 성립한다. 따라서 이 둘의 양도차손익은 통산할 수 없다.

주택 소유자는 '1세대' 개념을 알아야 한다!

세무사님, 세대분리를 언제까지 해야 하나요?

이론적으로는 잔금청산 전입니다.

신절세세무사

세대분리는 1세대가 보유하는 주택 수가 2채 이상일 때 필요한 전략 중의 하나이다. 어차피 양도소득세가 세대단위로 과세되므로 미리 세대분리를 통해 주택 수를 정리해 두면 세금 측면에서 유리할 수 있다. **그렇다면 세대분리는 언제 해야 할까?**

일단 비과세나 과세 판단은 "양도일 현재"를 기준으로 한다. 따라서 이론상으로는 이날 전에 세대분리를 해두면 된다. 하지만 양도 직전에 세대분리를 하면 세무간섭을 받을 수 있다. 따라서 될 수 있는 한 빠른 시일 내에 해두는 것이 좋다.

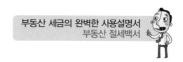

주택을 보유할 때는 '1세대'의 개념에 주의해야 한다!

양도소득세는 1세대에 해당하는 세대원들이 보유하고 있는 주택 수를 기준으로 비과세나 과세 여부를 판단하기 때문이다. 예를 들어 1세대가 1주택을 보유하고 있다면 비과세를, 2채 이상을 보유하고 있다면 과세하는 것을 원칙으로 하고 있다.

그런데 여기서 1세대는 무엇을 의미하는지를 잘 알아두어야 한다. 세법에서 '1세대'는 부부와 동일한 주소에서 생계를 같이하는 가족과 함께 구성하는 세대를 말한다. 이를 좀 더 구체적으로 따져보면 다음과 같다.

1세대 구성은 혼인을 전제로 하고 있다

세법에서 '1세대'는 혼인(법률혼을 말하므로 사실혼은 제외)을 전제로 하고 있다. 즉 부부를 중심으로 세대개념을 정하고 있으므로 부부가 별도 세대를 구성하고 있더라도 이를 인정하지 않는다. 그런데 결혼을 하지 않으면 별도로 세대를 구성할 수 없을까?

그렇지 않다. 세법은 배우자가 없더라도 다음의 경우에는 특별히 1세대로 인정한다. (30세 미만자는 별도 세대를 구성할 수 없으나 다음 중 하나에 해당하면 예외적으로 별도 세대를 구성할 수 있다)

• 최저생계비 이상의 소득(1인 가구 : 월 65만 원 등)이 있는 경우
• 미성년자가 직계존속의 사망, 결혼 등 부득이하게 1세대를 구성하는 경우
• 배우자가 사망하거나 이혼한 경우

세대원의 범위는 직계존비속과 형제자매를 말한다

세대원의 범위는 거주자와 그 배우자와 함께 구성하는 가족을 말하며, 여기서 가족은 이들의 직계존비속(그 배우자를 포함한다) 및 형제자매를 말한다. 이때 한 가지 주의할 것은 배우자의 직계존속과 형제자매도 세대원의 범위에 포함될 수 있다는 것이다. 따라서 장인, 장모, 처남, 처제도 가족의 범위에 포함된다. 다만, 이렇게 가족의 범위에 해당하더라도 생계를 달리하면 독립세대로 인정받을 수 있다. 자녀의 경우 나이가 30세 이상에 해당하거나 결혼, 소득이 있는 30세 미만자에 해당하면 별도 세대로 인정받을 수 있다.

동일한 주소에서 거주해야 한다

같은 주소에서 거주해야 동일 세대로 본다. 동일한 주소에의 거주 여부는 주민등록관계로 따지므로 주소 관리를 잘 할 필요가 있다.

생계를 같이 해야 한다

생계를 같이 한다는 것은 부모 등의 도움을 받아 생계를 유지하는 것을 말한다. 만일 같은 주소지에서 별도의 세대를 구성한 경우라도 생계를 달리함을 입증하면 독립세대로 인정받을 수 있다. 하지만 현실적으로 이를 입증하기가 힘들기 때문에 주소를 달리하는 것이 필요하다. 참고로 주소만 다른 곳에 이전해 두고 실제는 부모와 같이 사는 경우에는 세무조사 등에 의해 적발될 수 있음에 유의하자. 위장전입에 대한 세무조사가 진행되고 있으므로 특히 유의해야 한다.

한편 양도주택에 거주하다가 일시적으로 퇴거하는 경우가 있다. 예를 들어 배우자가 사업을 위해 다른 주소지로 일시적으로 퇴거하거나 취학(고등학교 이상)이나 질병의 요양, 근무상 형편으로 퇴거한 경우가 그렇다. 이렇게 부득이한 상황에서는 그 일시퇴거자도 생계를 같이하는 동거가족으로 보아 1세대 1주택 비과세 여부를 판정한다.

| 사례 1 |
J씨는 현재 1주택을 보유하고 있다. 그런데 그의 주소는 부모님과 함께 되어 있다. 부모님도 집을 1채 보유한 상태라면, 세금 관계는 어떻게 될까?

부모님과 함께 주소가 되어 있고 실제 부모님과 함께 거주하고 있다면 1세대 2주택 상태가 된다. 따라서 이러한 상황에서 1주택을 양도하면 일반적으로 과세가 된다. 따라서 비과세를 받기 위해서는 양도 전에 세대분리가 되어 있어야 한다. 하지만 주소는 같이 있으나 실제로 같이 거주하지 않은 경우에는 별도로 살고 있다는 사실에 대한 자료를 준비해 두어야 한다.

| 사례 2 |
K씨는 30세가 넘는 자녀와 함께 살고 있으나 자녀에 대해서는 주소를 별도로 세대분리를 해 두었다. K씨와 자녀가 각각 한 채씩을 가지고 있는 상태에서 K씨가 보유한 주택을 양도하는 경우 비과세를 받을 수 있는가?

형식적으로 보면 세대분리가 되어 있지만 실질은 그렇지 않다. 따라서 1세대 1주택 비과세를 받을 수는 있지만, 세무조사 등에 의해 실질 내용이 밝혀지면 이를 받을 수 없게 된다. 세무조사 때에는 자녀가 자녀의 주소지에서 살았다는 것을 입증해야 한다. 일반적으로 주소지로 되어 있는 공과금명세서나 카드명세서 등으로 거주 사실을 입증한다.

1세대 요건 분석

양도소득세 비과세나 중과세를 적용할 시 세대 요건이 매우 중요하다. 이하에서 몇 가지 쟁점들을 정리해 보자.

① 동일주소와 생계 여부

동일주소 여부	생계 여부
○	○
○	×
×	○

1세대 여부	비고
○	동일 세대원에 해당함
×	실질은 세대분리가 됨
○	실질은 동일 세대원에 해당함 (세무리스크 있음)

② 나이와 소득요건

구분		독립세대 인정 여부
30세 이상	무직	인정
	정규직장 근무	인정
30세 미만	무직	불인정
	정규직장 근무	인정
	아르바이트	아래 참조
	불규칙적 소득발생	아래 참조

30세 미만의 자녀가 별도주소를 두고 독립된 소득으로 생계를 유지하는 경우 별도 세대로 인정이 된다. 이때 소득에 대한 입증방법은 주민등록등본, 재직증명서, 근로소득 원천징수 영수증 등이 된다. 즉 소득이 있음을 객관적으로 입증할 수 있어야 한다.

※ 거주 요건에도 주의하자!

최근 청약조정대상지역(조정지역)에서 주택을 취득하면 2년 이상 거주를 한 상태에서 양도해야 비과세를 적용하는 제도가 도입되었다. 그런데 이 제도가 도입되기 전에도 다주택자들이 등록임대주택 외에 거주주택이 1채 있는 상태에서 거주주택에 대한 비과세를 받으려면 전국적으로 2년 거주요건이 적용되고 있었다. 따라서 독자들은 이 두 가지 제도를 구분하여 살펴봐야 한다. 이하에서 이 둘을 말끔하게 정리해 보자.

① 일반적인 1세대 1주택(일시적 2주택) 비과세 규정

이는 실수요자들에 대해 적용되는 비과세제도에 해당한다. 따라서 1세대 1주택(일시적 2주택)자가 양도대상 주택을 2년 이상 보유한 상태에서 양도하면 비과세를 적용하는 것이 원칙이다. 다만, 2017년 8월 3일 이후에 조정지역 내의 주택을 취득하면 2년 이상 거주해야 비과세를 적용한다.

② 주택임대사업자의 비과세 특례 규정

이는 투자수요자들에 대해 적용되는 비과세 특례제도에 해당한다. 따라서 이 규정에 의해 비과세를 적용받기 위해서는 거주주택과 임대주택 모두 세법에서 정하고 있는 요건을 충족해야 한다. 거주주택은 2년 이상 거주해야 하고, 임대주택은 등록 시 기준시가가 6억 원(지방은 3억 원)이하여야 하며 5년 이상 의무적으로 임대해야 한다. 여기서 거주 요건은 전국적으로 적용된다.

③ ①과 ②의 관계

실수요자들은 먼저 ①의 규정을 적용하고, 이를 적용받지 못할 때는 ②의 규정을 적용받으면 된다. 참고로 ①을 적용받을 수 있음에도 불구하고 임대등록한 경우에는 ①의 규정을 적용받을 수 있다. 자세한 내용은 157페이지에서 살펴보자.

④ 조정지역으로 추가 지정되는 경우의 거주 요건 적용법

2017년 8월 3일 이후 조정지역에서 주택을 취득한 경우 거주 요건을 충족해야만 비과세를 적용한다. 이때 유상취득은 잔금청산일, 상속은 상속개시일, 증여는 증여등기 접수일이 취득시기가 된다. 따라서 이 지역 내에서 주택을 증여받으면 그 주택에서 2년 거주해야 양도소득세 비과세를 받을 수 있다.

1세대가 보유한 주택 수가 중요하다!

주택에 대한 양도소득세 과세방식을 이해하기 위해서는 주택에 대한 속성을 정확히 이해해야 한다. 그렇지 않으면 과세 판단이 힘들어진다.

첫째, 세법에서 말하는 주택이 무엇인지 파악해야 한다.
둘째, 비과세 판단 시 주택 수에 포함되는 것과 포함되지 않는 것을 구분해야 한다.
셋째, 중과세 판단 시 주택 수에 포함되는 것과 포함되지 않는 것을 구분해야 한다.

이 정도의 내용만을 보고 상황판단을 했다면 당신은 이미 고수다!

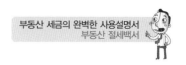

앞의 내용들을 좀 더 자세히 알아보자.

세법에서 말하는 주택은 무엇일까?

이는 건물 공부상의 용도 구분에 관계없이 실제 용도가 사실상 주거에 공하는 건물을 말한다. 따라서 오피스텔을 주거용으로 사용하면 이는 주택에 해당한다. 실무 적용 시 쟁점이 되는 것들을 정리해 보자.

- 공동주택 : 상시 주거용*에 해당한다.
- 다가구 주택 : 상시 주거용에 해당한다.
- 오피스텔 : 상시 주거용이 될 수도 안될 수도 있다.
- 고시원 : 상시 주거용이 아닌 사업용 건물에 해당한다.

    * 독립적인 주거생활이 가능한 상태를 말한다.

참고로 아파트를 어린이집이나 기숙사처럼 일시적으로 주택을 다른 용도로 사용하고 있더라도 그 구조 및 기능, 시설 등이 본래 주거용으로, 그에 적합한 상태에 있고 주거 기능이 그대로 유지·관리되고 있어 언제든지 본인이나 제3자가 주택으로 사용할 수 있는 건물의 경우에는 이를 주택으로 본다. (세대원이 5년 이상 어린이집으로 사용한 경우에는 주택 수에서 제외한다. 2018년 개정세법) 다만, 주거용으로 사용하고 있던 주택을 용도 변경하여 주거용으로 사용할 수 없는 경우에는 주택으로 보지 않는다.

비과세 판단 시 주택 수는 어떻게 판정하는지 알아보자

양도소득세 비과세는 1세대 1주택(또는 일시적 2주택)자에 대해 적용하는 제도다. 따라서 주택 수가 많으면 비과세 적용이 되지 않으므로 주택 수 판정이 매우 중요하다. 세법은 비과세 판정 시 아래와 같은 기준에 따라 주택 수를 산정한다. 즉, 감면주택 등을 제외한 후의 주택이 1세대 1주택(일시적 2주택)에 해당하는 경우 비과세를 적용한다.

원칙	예외
전국의 모든 주택 (감면주택, 임대주택, 입주권 등 포함)	• 감면주택 • 등록임대주택 • 상속에 의한 소수지분주택 • 신축판매업 재고주택 • 기타(분양권 등)

중과세 판단 시 주택 수 판정법

2018년 4월 1일부터 적용되는 주택 중과세제도의 경우 중과세 대상 주택 수가 2주택 이상이면 이 제도가 적용된다. 그렇다면 이때 주택 수는 어떻게 산정할까? 중과세 판단은 전국의 모든 주택(단, 군 지역 등은 기준시가 3억 원을 초과해야 함)을 대상으로 중과세 대상 주택 수가 2채 이상이면 이 제도가 적용된다. 다만, 이렇게 중과세제도를 적용받더라도 실제 처분할 때 중과세를 적용받는 주택이 따로 있으므로 처분순서에 유의해야 한다. 사례를 통해 알아보자.

원칙	예외
전국의 모든 주택(입주권 포함)	• 광역시 군 지역, 경기도·세종시 읍·면 지역, 도 지역은 기준시가 3억 원 이하 시 제외

| 사례 |

서울에 거주하고 있는 K씨는 일반주택 1채와 감면주택 1채를 보유하고 있다. 이러한 상황에서 일반주택을 양도하면 비과세가 가능할까? 감면주택은 최근에 구입한 것이다.

그렇다. 최근에 구입한 감면주택은 일반주택의 양도소득세 비과세 판정 때 거주자의 보유주택 수에서 제외되기 때문이다. 감면주택은 그 주택을 처분하면 양도소득세를 면제받을 수 있는 혜택이 있고, 다른 주택의 비과세에 영향을 주지 않도록 주택 수에서 제외하는 혜택이 있다.

> 〈추가분석〉
>
> 위의 K씨가 일반주택 2개와 감면주택 1채를 가지고 있다고 하자. 이 경우 일반주택을 처분하면 과세방식은 어떻게 될까? 이 경우 세 가지의 과세방식이 도출될 수 있다.

① 비과세

2개의 일반주택이 일시적 2주택인 경우에는 비과세가 가능하다. 감면주택은 비과세 판정 시에 주택 수에서 제외되기 때문이다.

② 중과세

일시적 2주택에 의해 비과세가 적용되지 않으면 중과세를 판단해야 한다. (2018.4.1. 이후) 중과세를 판단할 때에는 전국의 모든 주택(단, 군 지역 등은 3억 원 이하 주택 제외)을 대상으로 중과세제도를 적용하므로 앞의 감면주택도 주택 수에 포함된다. 이렇게 보면 감면주택은 다른 주택의 과세방식에 영향을 준다고 할 수 있다.

③ 일반과세

비과세와 중과세가 적용되지 않으면 일반과세가 적용된다. 중과세제도에 대해서는 뒤의 부분에서 살펴보자.

24

주택 양도소득세 절세전략

주택에 대한 세금원리를 이해하면 모든 주택에 대한 세금문제는 손쉽게 풀 수 있다.

첫째, 비과세를 먼저 확인하자.
둘째, 비과세가 적용되지 않으면 감면이 적용되는지 확인하자.
셋째, 비과세와 감면이 적용되지 않으면 중과세가 적용되는지 확인하자.

물론 이 중에서 가장 좋은 절세방법은 비과세다.

주택에 대한 세금은 앞과 같은 순서로 검토하면 문제의 대부분이 풀린다. 이하에서는 비과세제도를 위주로 살펴보고 각각의 내용에 대해서는 바로 뒤에서 자세히 알아보자.

1주택을 보유하고 있는 경우

이 경우에는 실수요자로서의 성격이 강하다. 따라서 아래와 같은 요건을 충족하면 비과세를 적용한다.

구분	내용	비고
주택 수	1세대가 1채 보유	
보유기간	2년 이상	
거주기간	2년 이상	단, 2017.8.3. 이후 조정지역 내의 취득분에 한함
가액기준	9억 원 이하	

2주택을 보유하고 있는 경우

일단 한 세대가 2주택 이상을 보유하고 있다면 일반적으로 과세되는 것이 원칙이다. 하지만 일시적으로 2주택을 보유하는 경우 비과세를 받을 수 있도록 하고 있다. 다만, 아래와 같은 요건을 갖추어야 한다.

구분	내용	비고
주택 수	1세대가 일시적으로 2채 보유	
보유기간	2년 이상	
거주기간	2년 이상	단, 2017.8.3. 이후 조정지역 내의 취득분에 한함
가액기준	9억 원 이하	
새 주택 취득조건	1년 이후	새 주택은 기존주택 취득일로부터 1년 이후에 취득
기존주택 처분기한	3년 이내	기존주택은 새 주택 취득일로부터 3년 이내에 처분

한편 아래와 같은 주택들은 위와는 별개로 비과세를 받을 수 있다. 참고로 조정지역에 주택이 있는 사람이 2018년 9월 13일 이후에 조정지역에 있는 주택을 취득한 경우 일시적 2주택 중복보유 허용 기간을 3년에서 2년으로 단축할 예정이다. 이외는 그대로 3년이다.

구분	내용
동거봉양으로 2주택 보유 시	5년(2018년 이후는 10년) 이내 1주택을 양도 시 비과세
혼인으로 2주택 보유 시	5년 이내 1주택을 양도 시 비과세
상속주택과 일반주택 보유 시	일반주택은 언제든지 처분하더라도 비과세
농어촌주택과 일반주택 보유 시	일반주택은 언제든지(단 귀농 시에는 5년 이내 처분) 처분하더라도 비과세
등록임대주택과 일반거주주택 보유 시	등록요건을 갖춘 상태에서 2년 이상 거주한 일반주택 처분 시 비과세

하지만 이러한 비과세를 받지 못하면 과세가 되며, 이때 중과세의 가능성도 있다. 이때 감면주택이 있는 경우에는 분석을 좀 더 정교히 할 필요가 있다. 아래의 3주택 이상의 경우에도 마찬가지다.

3주택 이상을 가지고 있는 경우

3주택 이상을 가지고 있는 경우에도 비과세가 가능하다.

구분	내용	비고
주택 수	1세대가 일시적으로 2채와 상속주택 등 특례주택을 보유	일시적 2주택과 상속주택 등이 결합한 경우를 말함
보유기간	2년 이상	
거주기간	2년 이상	단, 2017.8.3. 이후 조정지역 내의 취득분에 한함
가액기준	9억 원 이하	
새 주택 취득조건	1년 이후	새 주택은 기존주택 취득일로부터 1년 이후에 취득
기존주택 처분기한	3년 이내	기존주택은 새 주택 취득일로부터 3년 이내에 처분

이외에 3주택 이상 보유자도 주택임대사업자등록을 내면 거주주택에 대해서는 비과세를 받을 수 있다. 하지만 이러한 비과세를 받지 못하면 과세되며, 이때 중과세의 가능성도 있다.

주택 수별 전략방법

① 1주택자들은 보유 및 거주기간 2년 등을 맞춰 비과세를 받으면 된다. 비과세가 되지 않는 경우에도 장기보유 특별공제를 받으면 세금부담이 크게 줄어든다.

② 2주택자들은 비과세를 받으면 되고, 만일 과세되는 경우에는 아래와 같은 처분전략을 수행하도록 한다.

- 세금이 적게 나오는 것을 먼저 양도(또는 증여)한다.
- 세금이 많이 나오는 경우에는 주택임대사업자등록을 하도록 한다.

③ 3주택자들도 일부 비과세를 받으면 되고, 만일 과세되는 경우에는 아래와 같은 처분전략을 수행하도록 한다.

- 세금이 적게 나오는 것을 먼저 양도(또는 증여)한다.
- 세금이 많이 나오는 경우에는 주택임대사업자등록을 하도록 한다.

25

1주택자는 무조건 비과세를 받아라!

비과세는 세금이 없는 것을 말한다.

즉 국가가 과세권을 포기한 것을 말한다. 그런데 혹자에 따라서는 복지 수요가 증가하고 있는 이때 국가가 과세권을 포기하다니 이상하게 생각할 수 있다. **그렇다면 왜 비과세를 적용하는 것일까?**

이는 주로 세제지원이 필요한 계층 등이 있기 때문이다. 대표적인 것이 바로 생활 필수품인 주택에 대한 양도소득세 비과세제도다.

비과세는 세금이 전혀 없으므로 이를 우선으로 받는 것이 좋다. 이를 위해서는 비과세 요건을 준수해야 한다.

1세대 1주택의 경우

국내에서 1세대가 1주택을 보유하고 있는 경우 2년 이상 보유(2017년 8월 3일 이후 조정지역 내의 주택은 2년 거주)를 하면 비과세가 적용된다. 이를 표로 정리하면 다음과 같다.

구분	2017년 8월 2일 이전 취득분	2017년 8월 3일 이후 취득분
조정지역 내의 주택	2년 보유	**2년 보유 및 2년 거주**
조정지역 외의 주택		2년 보유

위의 내용을 보면 2017년 8월 3일 이후 조정지역 내에서 기존주택을 취득하거나 분양을 받는 경우 실제로 거주해야 비과세를 받을 수 있게 된다. 이는 주택 공급을 실수요자로 전환하겠다는 것을 의미한다.

그런데 여기서 거주 요건이란 전 세대원이 해당 집에서 실제 거주해야 함을 의미한다. 거주기간은 주민등록으로 확인하나, 주민등록만 올려두고 실제로 거주하지 않는 경우에는 비과세 요건을 충족할 수 없다.

만일 실제 거주기간이 2년 이상임에도 불구하고 주민등록상으로 거주기간이 짧은 경우에는 거주했음을 입증할 수 있는 서류(거주사실 확인서, 각종 공과금 영수증, 사진 등)를 준비하여 과세관청에 해명해야 한다.

일시적 2주택자의 경우에도 비과세를 적용받을 수 있다

이 경우에도 보유 및 거주 요건은 앞에서 본 원리가 그대로 적용된다. 즉 2017년 8월 3일 이후 조정지역 내의 주택취득분에 대해 비과세를 적용받기 위해서는 아래와 같이 2년 보유 및 2년 거주 요건을 충족해야 한다.

구분	2017년 8월 2일 이전 취득분	2017년 8월 3일 이후 취득분
조정지역 내의 주택	2년 보유	2년 보유 및 2년 거주
조정지역 외의 주택		2년 보유

다만, 일시적 2주택으로 비과세를 받기 위해서는 기존주택과 신규주택의 취득기간이 1년 이상 벌어져야 하고, 기존주택을 신규주택을 취득한 날로부터 3년(조정지역은 2년 내 처분. 9 · 13대책) 이내에 처분해야 한다.

1주택이 고가주택인 경우의 절세방법

1세대 1주택을 보유하고 있는데 이 주택이 양도 시 실거래가액 9억 원을 초과하면 이는 세법상 고가주택에 해당한다. 이러한 고가주택에 대해서는 아래와 같은 절세방법을 생각할 수 있다.

① 비과세를 받는다.
② 장기보유 특별공제율*을 늘린다.

* 고가주택자들은 최대 80%를 받을 수 있으나, 2020년 이후 양도분은 2년 이상 거주해야 80%를 적용받을 수 있음에 유의해야 한다.(9 · 13대책)

|사례|

양도가액 20억 원, 양도차익이 10억 원이 발생했을 때 세금이 얼마 정도 나오는지 알아보자.

① 비과세 효과

고가주택의 경우에도 전체 양도차익 중 일부에 대해서는 비과세를 받을 수 있다. 이때 과세되는 양도차익은 아래와 같이 계산한다.

양도차익×(양도가액−9억 원)/양도가액=10억 원×(20억 원−9억 원)/20억 원=5억 5,000만 원

따라서 전체 양도차익 10억 원 중 비과세 양도차익은 4억 5,000만 원이 된다.

② 장기보유 특별공제 효과

1세대 1주택의 과세되는 양도차익에 대한 이 공제율은 해마다 8%씩 적용하여 최소 24%에서 최대 80%를 공제한다. 5년, 10년 보유한 경우의 산출세액을 비교해 보자. 단, 250만 원의 기본공제는 생략한다.

구분	40% 공제	80% 공제
양도차익	5억 5,000만 원	5억 5,000만 원
−장기보유 특별공제(40%, 80%)	2억 2,000만 원	4억 4,000만 원
=과세표준	3억 3,000만 원	1억 1,000만 원
×세율	40%	35%
−누진공제	2,540만 원	1,490만 원
=산출세액	1억 660만 원	2,360만 원

증여 등에 의해 주택 수를 조절하여
비과세를 받는 방법

2주택 보유자가 그중 1채를 자녀에게 증여하여 1주택 상태에서 주택을 처분하는 경우가 있다. 남아 있는 주택에 대해 비과세를 받기 위해서다. 따라서 증여는 급할 때 쓸 수 있는 수단이 되는 셈이다. 하지만 증여를 하게 되면 수증자는 증여세와 취득세를 부담해야 한다. 따라서 자칫 배보다 배꼽이 클 수 있다는 문제점이 발생한다.

증여는 요긴할 때 쓸 수 있는 수단이 된다. 하지만 증여 과정에서 피할 수 없는 것이 바로 증여세와 취득세다. 증여를 선택할 때에는 실익이 있는지를 항상 검토해야 소기의 목적을 달성할 수 있다.

증여효과를 충분히 내기 위해서는 어떻게 해야 할까?

그림의 사례에서 아버지가 현재 상태에서 주택을 양도하는 경우 양도소득세가 5,000만 원이 나온다고 하자. 이때 자녀에게 2억 원이 되는 주택을 증여한 후에 양도하면 어떤 결과가 나올까? 증여세와 취득세의 과세표준은 2억 원이며 증여세율은 20%, 취득세율은 4%를 적용한다고 하자.

이러한 상황에서는 자녀에게 부과되는 증여세와 취득세 등이 5,000만 원 이하가 되면 이에 대한 의사결정에서 타당성을 가질 수 있다.

구분	증여세	취득세	계
과세표준	1억 5,000만 원 (2억 원-증여공제 5,000만 원)	2억 원	
×세율	20%	4%	
-누진공제	1,000만 원	-	
=산출세액	2,000만 원	800만 원	2,800만 원

따라서 사례의 경우 자녀에게 증여한 후에 나머지 주택을 처분하는 것이 나은 절세방법이 된다. 이때 증여세를 더 줄일 수 있다면 이에 대한 의사결정은 더욱 타당성을 갖게 될 수 있다. 그게 가능할까? 가능하다. 부채를 포함하여 증여

하면 되기 때문이다. 세법에서는 이를 '부담부 증여'라고 한다. 즉 부동산의 소유권 이전 시 증여와 양도가 동시에 결합한다.

증여 부분	○	증여세 과세
양도 부분	○	양도소득세 과세

예를 들어 앞의 주택에 부채가 5,000만 원이 포함되어 있다면, 위의 증여세는 아래와 같이 줄어든다.

• 증여세 : 과세표준=증여재산가액 5,000만 원-증여공제 5,000만 원=0원

한편 부채승계분에 대해서는 증여자한테 양도소득세가 부과된다.
만일 취득가액이 5,000만 원이라면 다음과 같이 양도소득세가 계산된다. 단, 각종 공제는 받을 수 없고 세율은 6~42%를 적용하기로 한다.

• 과세표준=인수부채가액 5,000만 원-취득가액 2,500만 원*=2,500만 원

　　* 당초 취득가액×인수부채가액/전체 재산가액=5,000만 원×5,000만 원/1억 원=2,500만 원

• 산출세액=2,500만 원×15%-108만 원(누진공제)=267만 원

이렇게 보면 순수한 증여보다 부담부 증여가 유리할 가능성이 높다. 다만, 양도소득세가 중과세되면 부담부 증여의 실익이 없을 수 있다. (345페이지 참조)

Q 증여로 받은 주택을 1세대 1주택 비과세 요건을 갖춰 양도하면 비과세가 가능할까?

A 가능하다. 증여자는 증여로 취득하여 이를 양도하는 것인 만큼, 양도일 현재 비과세 요건을 충족했다면 비과세를 적용하는 것이 원칙이기 때문이다.

알 | 쏭 | 달 | 쏭 | 세 | 금 | 팁

부담부 증여의 양도차익 산정(양도소득세 집행기준 100–159–1)

$$\text{양도로 보는 부분의 양도가액(또는 취득가액)} = \text{해당자산의 가액}^{1)} \times \frac{\text{채 무 액}}{\text{증여가액}^{2)}}$$

1) 가. 양도 시 : 「상증법」 §60~§66에 따른 평가액
   나. 취득 시 : 실지거래가액(실지거래가액을 알 수 없는 경우 매매사례가액, 감정가액, 환산
   가액의 순서로 적용)
2) 증여가액 : 「상증법」 §60~§66에 따른 평가액

| 사례 |
- 증여 당시 자산가액 : 1억 원
- 수증자가 인수한 증여자산에 담보된 증여자의 채무 : 6천만 원
- 실지 취득가액 : 5천만 원

☞ 양도차익 산정 ① 부담부 증여 양도가액 : 6천만 원 =1억 원×(6천만 원/1억 원)
　　　　　　　　　② 부담부 증여 취득가액 : 3천만 원 =5천만 원×(6천만 원/1억 원)

위는 일시적 2주택 상태에서 양도소득세 비과세를 받을 수 있는 상황이다.

그런데 주택을 양도하는 동시에 새로운 주택을 취득하게 되면

1세대 3주택자가 되어 양도소득세가 과세될 상황으로 바뀔 수도 있다.

자, 그렇다면 세법은 이에 대해 어떤 식으로 과세방식을 정하고 있을까?

이에 과세관청은 2주택을 동시에 양도하는 경우 거주자가 선택하는 순서에 따라 세법을 적용할 수 있도록 하고 있다. 아래 예규를 참조하자. 따라서 위 사례의 경우 먼저 주택을 양도하고 나중에 주택을 취득한 것으로 보면, 먼저 양도한 주택에 대해서는 일시적 2주택으로 비과세를 받을 수 있게 된다.

※ 양도, 서면인터넷방문상담5팀-563, 2007.02.13.
2개 이상의 주택을 같은 날에 양도하는 경우에는 당해 거주자가 선택하는 순서에 따라 주택을 양도하는 것으로 보는 것임.

Q 같은 날에 2주택을 양도하는 경우 그중 1채에 대해서는 양도소득세가 비과세 적용된다고 하자. 이때에는 어떤 식으로 세법을 적용할까?

A 이에 대해서도 앞의 해석이 유효하다. 따라서 납세자가 선택한 1주택(A주택 또는 B주택)에 대해 비과세를 적용받을 수 있게 된다.

비과세를 만드는 핵심 전략!

비과세는 세금이 아예 없기 때문에 가장 좋은 절세방법이 된다. 따라서 늘 먼저 비과세를 받도록 노력해야 한다.

그런데 비과세는 '양도일 현재'를 기준으로 적용하므로 양도일 전에 이 요건을 만들어 두면 세금을 크게 줄일 수 있다. 여기서 양도일은 일반적으로 잔금청산일을 말한다.

사례를 들어 이에 대한 내용을 알아보자.

> **| 사례 |**
> 서울 성북구에 사는 60대의 김영수 씨. 그는 2주택을 보유하고 있다. 김 씨는 이 중 1채를 양
> 도하여 다른 곳으로 이사를 하려는 계획을 하고 있다. 이 경우 어떻게 해야 할까?

이러한 상황에서 거주한 주택에 대해서는 비과세가 적용되는지 알아보고, 그렇지 않은 경우 세금이 얼마나 나오는지 검토해야 한다. 이후 세금이 과도하다고 판단되는 경우에는 대책을 세워야 한다.

이때 대책에는 아래와 같은 것들이 있다.

① 세대분리→주로 자녀가 주택을 보유한 경우 양도 전에 세대분리를 한 후 주택을 처분하는 방법
② 증여→증여를 통해 주택 수를 조절하여 보유한 주택을 처분하는 방법
③ 주택임대사업→임대주택을 사업자등록한 후에 거주한 주택을 처분하는 방법 등

참고로 위에서 제시된 방법들은 중과세를 피하는 방법들에 해당되기도 한다. 예를 들어 위의 사례에서 김영수 씨는 2주택을 보유하고 있는데 이 상태에서 아무런 조치를 취하지 않고 양도하면 과세되며, 이때 2주택 중과세가 적용될 수 있다. 따라서 위에서 제시된 안들을 가지고 대책을 세우게 되면 중과세를 피하는 동시에 더 나아가 비과세를 받을 수도 있게 된다.

여기에서 우리가 알 수 있는 것 중의 하나는 주택 양도소득세 비과세와 중과세

는 우리가 어떤 식으로 대처하느냐에 따라 그 결과가 달라진다는 것이다. 결국 이 책의 독자들은 본인이 처한 상황을 잘 파악하고 어떤 대안들이 있는지를 꾸준히 학습하는 것이 문제해결을 할 수 있는 지름길이라는 것을 알 수 있을 것이다.

알 | 쏭 | 달 | 쏭 | 세 | 금 | 팁

무허가주택의 비과세 가능 여부(양도소득세 집행기준 89-154-15)

건축허가를 받지 않거나, 불법으로 건축된 주택이라 하더라도 주택으로 사용할 목적으로 건축된 건축물인 경우에는 건축에 관한 신고 여부, 건축완성에 대한 사용검사나 사용승인에 불구하고 주택에 해당되며, 1주택만 소유한 경우에는 1세대 1주택 비과세 규정을 적용받을 수 있다.

참고로 주택으로 사용하던 건물이 장기간 공가 상태로 방치된 경우에도 공부상의 용도가 주거용으로 등재되어 있으면 주택으로 보는 것이며, 장기간 공가 상태로 방치한 건물이 「건축법」에 의한 건축물로 볼 수 없을 정도로 폐가가 된 경우에는 주택으로 보지 아니한다. (양도소득세 집행기준 89-154-16)

28

상속지분주택을 보유하고 있는 경우

주택을 상속받은 경우 세금적용법이 까다롭다.

따라서 올바른 의사결정을 위해서는 세법을 정확하게 이해해야 한다.

대략적인 내용은 다음과 같다.

첫째, 상속주택 외 일반주택을 먼저 양도하면 비과세를 받을 수 있다.

둘째, 일반주택 외 상속주택을 먼저 양도하면 과세되는 것이 원칙이다.

셋째, 소수지분주택의 경우에도 일반 상속주택과 같은 원리가 적용된다.

상속주택을 포함하여 일반주택이 있는 경우의 비과세 적용법을 관련 규정을 통해 먼저 살펴보자.

상속주택 비과세 특례 : 「소득세법 시행령」 제155조 제2항

별도 세대원이던 피상속인으로부터 상속받은 주택과 일반주택(2013.2.15. 이후 일반주택을 취득하여 양도하는 분부터는 상속개시 당시 보유한 주택만 해당함)을 국내에서 각각 1채씩 소유하고 있는 1세대가 일반주택을 양도하는 경우에는 국내에 1채의 주택을 소유하고 있는 것으로 보아 보유기간이 2년(2017.8.3. 이후 조정지역은 2년 이상 거주) 이상이면 비과세 적용을 받을 수 있다. 피상속인이 상속개시 당시 2 이상의 주택을 소유한 경우에는 아래의 순위에 따른 1주택을 선순위 상속주택으로 본다.

① 피상속인이 소유한 기간이 가장 긴 1주택
② 피상속인이 소유한 기간이 같은 주택이 2 이상일 경우에는 피상속인이 거주한 기간이 가장 긴 1주택
③ 피상속인이 소유한 기간 및 거주한 기간이 모두 같은 주택이 2 이상일 경우에는 피상속인이 상속개시 당시 거주한 1주택
④ 피상속인이 거주한 사실이 없는 주택으로 소유한 기간이 같은 주택이 2 이상일 경우에는 기준시가가 가장 높은 1주택(기준시가가 같은 경우에는 상속인이 선택하는 1주택)

공동상속주택 비과세 특례 : 「소득세법 시행령」 제155조 제3항

1세대 1주택 비과세 규정을 적용함에 있어서 공동상속주택 외의 다른 주택을 양도하는 때에는 상속지분이 가장 큰 자를 제외한 소수지분자는 당해 공동상속주택을 당해 거주자의 주택으로 보지 아니한다. (단, 상속개시 당시 별도 세대원인 경우에 한함) 만약, 상속지분이 가장 큰 자가 2인 이상인 때에는 그 2인 이상의 자 중 다음 각호의 순서에 따라 당해 각호에 해당하는 자가 당해 공동상속주택을 소유한 것으로 본다.

① 당해 주택에 거주하는 자
② 최연장자

※ 상속주택의 판정 순서(양도소득세 집행기준 89-155-8)

상속개시당시 피상속인이 2주택 이상 보유한 경우	공동상속주택
① 피상속인이 소유한 기간이 가장 긴 1주택 ② 피상속인이 거주한 기간이 가장 긴 1주택 ③ 피상속인이 상속개시 당시 거주한 1주택 ④ 기준시가가 가장 높은 1주택(기준시가가 같은 경우는 상속인이 선택)	① 상속인 중 상속지분이 가장 큰 상속인 ② 상속인 중 해당 상속주택에 거주하는 상속인 ③ 상속인 중 최연장자

사례를 들어 위의 내용을 이해해 보자.

| 사례 |

서울에 거주하고 있는 형제인 A와 B는 각각 1채씩의 주택을 10년 이상 보유하고 있는 상태에서 2018년 1월 아버지의 사망에 따라 어머니 1/2, A와 B가 각각 1/4의 지분으로 상속을 받았다. 이러한 상태에서 A와 B가 일반주택을 처분하면 비과세를 받을 수 있을까? 또한, 상속으로 받은 주택을 처분하는 경우에는 어떨까?

두 가지의 물음에 대해 순차적으로 답을 찾아보자.

먼저, 일반주택을 처분하는 경우 공동상속주택 외에 일반주택이 1채이고 2년 이상 보유 등 양도소득세 비과세 요건을 갖춘 경우에 해당하므로 이들 모두 1세대 1주택 비과세를 적용받을 수 있을 것으로 보인다.

다음으로, 상속받은 주택을 처분하는 경우 어머니는 비과세를 받을 수 있으나 A와 B는 과세될 것으로 보인다. 어머니의 경우 상속받은 주택이 1세대 1주택에 해당하나, A와 B는 1세대 2주택에 해당하기 때문이다. 앞에서 본 상속주택 비과세 특례규정은 상속주택 외에 일반주택을 양도하는 경우에 적용되는 규정이므로 소수지분으로 보유하고 있는 공동상속주택을 먼저 양도하는 경우에는 과세되는 것이 원칙이다.

 알ㅣ쏭ㅣ달ㅣ쏭ㅣ세ㅣ금ㅣ팁

상속주택에 대한 양도소득세 비과세 해법

첫째, 일시적 2주택 비과세 특례를 받을 수 있는지 검토하자.
이는 새로운 주택을 기존주택의 취득일로부터 3년 이내에 처분하여 비과세를 받는 것을 말한다.

둘째, 별도 세대원 상태에서 주택을 상속받은 경우 보유한 일반주택은 언제든지 양도해도 비과세를 받을 수 있는 것이 원칙이다. (상속 비과세 특례)

셋째, 주택을 지분으로 상속받은 경우, 소수지분은 다른 주택의 비과세 판단에 영향을 미치지 않는다. (소수지분에 대한 비과세 특례)

☞ 주택을 상속받은 경우 세법적용이 매우 어렵다. 저자 등과 상의하기 바란다.

29

주택임대사업을 통해
거주주택 비과세를 받는 방법

다주택자들은 주택임대사업자등록에 관심을 두는 것이 좋다!

왜 그럴까?
취득세부터 양도소득세까지 다양한 세제혜택이 있기 때문이다. 그 중 본인의 거주주택에
대해 양도소득세가 없다는 것이 가장 큰 메리트다.
이러한 혜택을 누리기 위해서는 어떻게 해야 할까?
다주택자들이 거주주택 등에 대한 비과세를 받기 위해서는 주택 수를 조절하든지 아니면
주택임대사업자등록을 내는 것이 좋다.

주택임대사업자등록을 내면 어떤 주택에 대해
비과세를 받을 수 있을까?

「소득세법」에서는 장기임대주택과 거주주택 1채를 소유한 1세대가 거주주택을 양도하는 경우 거주주택의 보유기간 및 거주기간이 2년 이상이면 거주주택에 대해서 1세대 1주택으로 보아 비과세를 적용하고 있다. (「소득세법 시행령」제155조 제19항) 따라서 임대주택의 등록은 주로 거주주택의 비과세와 관련이 있다. 그런데 위의 장기임대주택은 「소득세법」 제168조에 의한 사업자등록(세무서)과 「민간임대주택법」 제5조에 따른 임대사업자 등록(지방자치단체)을 한 거주자가 임대주택으로 등록하여 임대하고 있는 주택으로 아래 요건을 충족한 임대주택에 해당해야 한다.

구분	가액	호수	임대기간
장기임대주택	임대개시일 당시 기준시가 6억 원* 이하 (수도권 밖은 3억 원* 이하) 단, 2011.10.14. 전에 등록한 주택의 경우에는 취득 당시 기준시가 6억 원 이하(수도권 밖은 3억 원 이하)	1호 이상	5년 이상

* 기준시가에 주의하기 바람.

사례를 통해 위 부분을 이해해 보자.

| 사례 |

경기도 고양시에 거주하고 있는 김영필 씨는 현재 2주택을 보유 중에 있다. 아래의 주택 C를 취득한 날로부터 3년 이내에 A주택을 양도하는 경우 일시적 1세대 2주택 비과세 특례를 받을 수 있을까?

그렇다. 등록한 임대주택은 비과세 판단 때 소유자의 보유 주택 수에서 제외되고, 나머지 두 채가 일시적 2주택 비과세 특례가 적용되기 때문이다. 다만, 이때 양도대상 주택에서는 2년 이상 거주해야 하는데 사례의 경우에는 이를 충족하고 있다. 따라서 비과세를 받을 수 있게 된다.

거주주택 비과세와 관련하여 주의할 점들

거주주택에 대한 양도소득세 비과세는 다주택자들이 누릴 수 있는 강력한 절세팁이 된다. 하지만 국가의 입장에서는 세수를 포기해야 하므로 엄격한 요건을 제시하고 있다. 이와 관련하여 유의할 점들을 요약정리하면 다음과 같다.

① 거주주택에 대한 요건
임대등록 전이나 후에 양도대상인 거주주택에서 세대원이 모두 '2년' 이상 거주해야 한다. 등록일 전의 거주기간도 인정해준다는 사실을 기억하기 바란다. 참고로 거주주택은 등록일 이후 언제든지 양도해도 된다.

② 장기임대주택에 대한 요건
첫째, 「민간임대주택특별법」에 따라 관할 시·군·구청 및 「소득세법」에 따라 등록을 해야 한다.

둘째, 등록 후 임대개시일 당시에 기준시가가 6억 원(지방은 3억 원) 이하에 해당되어야 한다. 여기서 주의할 것은 등록시점이 아닌 '실제 임대개시일' 당시를 기준으로 이 요건을 따진다는 것이다. 이러한 요건으로 인해 등록 시점에서 기준시가가 비싼 주택들을 임대등록하더라도 거주주택에 대한 비과세혜택을 누릴 수가 없게 된다. 강남권에 소재한 주택들이 그렇다.

셋째, 의무임대기간이 5년 이상 되어야 한다.

의무임대기간은 실제 임대개시일 이후 5년이며, 이 상황에서 공실이 발생하면 최대 6개월 정도는 봐준다. 이 기간을 벗어나면 비과세 혜택이 소멸한다.

알 l 쏭 l 달 l 쏭 l 세 l 금 l 팁

일시적 2주택 상태에서 임대등록한 경우

일시적 2주택인 상태에서 종전주택을 3년 이내에 양도하면 일반규정에 의해 비과세를 적용받을 수 있으므로 거주 요건이 필요 없다. (단, 2017. 8. 3. 이후 조정지역 내에서 취득한 것은 2년 거주 요건이 있음)만일 일반규정에 의해 비과세를 받을 수 없을 때는 주택임대사업자에 대한 비과세 특례규정을 받을 수 있다. 이때에는 전국적으로 2년 이상 거주를 해야 한다. 이 둘의 규정을 비교하면 다음과 같다.

구분	일반규정	주택임대사업자에 대한 특례규정
개념	일시적 2주택인 상태에서 종전주택을 양도 시 비과세	임대주택 외의 거주주택에 대한 비과세
비과세 요건	• 종전주택을 새 주택 취득일로부터 3년 이내로 양도할 것 • 양도일 당시에 2년 보유할 것 (2017.8.3. 이후 조정지역 취득분은 2년 거주) • 새 주택은 구 주택을 취득한 날로부터 1년 후에 취득할 것	• 거주주택 요건 : 2년 이상 거주할 것 (전국적으로 적용) • 임대주택 요건 : 등록 시 기준시가 6억 원(지방은 3억 원) 이하 및 5년 이상 임대할 것
협력 의무	신고 등의 의무 없음	이 규정에 의해 비과세를 받을 때에는 신청서를 제출해야 함

베테랑 세무사 신절세의
고급 절세노트 ④

주택 비과세 요건 정리

주택에 대한 주요 양도소득세 비과세 요건을 요약정리하면 다음과 같다.

구분	비과세 대상주택	보유 요건	거주 요건		처분기한	취득요건	등록요건
1세대 1주택	일반주택	2년	조정 지역	2년	–	–	–
일시적 2주택	기존주택	2년			3년	기존주택 취득일로부터 1년 이후 새 주택 취득	–
상속으로 2주택	일반주택	2년			–	상속개시일 당시의 일반 주택에 한함	–
동거봉양으로 2주택	일반주택	2년			5년 (2018년은 10년)	–	–
혼인으로 2주택	일반주택	2년			5년	–	–
귀농 등으로 인한 2주택	일반주택	2년			귀농 : 5년 그 외 : 없음	–	–
임대주택 사업자의 거주주택	일반주택	2년			–		등록 요함 (5년 의무 임대)

 이외에도 일시적 2주택과 상속주택 등으로 3주택을 보유하거나 재건축 입주권의 경우에도 비과세가 다양하게 적용되고 있음에 유의하자.

참고로 세법에서 거주기간을 요건으로 두고 있는 경우가 많은데 이를 정리하면 다음과 같다.

구분	적용대상 지역	거주기간	거주기간 산정기준
1세대 1주택	조정지역	2년 이상	2017년 8월 3일 이후 2년 이상
1세대 2주택 비과세 특례	조정지역	2년 이상	상동
2년 보유 요건에 대한 비과세 특례	전국	1년 이상	주택양도일 전 소급하여 1년 이상 거주
2년 거주 요건에 대한 비과세 특례	조정지역	1년 이상	상동(2017.8.3. 이후 취득분에 한함)
임대사업자 거주주택 비과세 특례	전국	2년 이상	주택취득일 이후 2년 이상 거주
분양전환 임대주택의 비과세 특례	전국	5년 이상	임차일로부터 분양전환 후 양도일까지의 5년 이상 거주

30

감면주택은 세금을 얼마나 낼까?

정답은 ②이다.

왜 그럴까? 양도소득세가 100% 면제되더라도 감면받은 세액의 20%는 농어촌특별세(농특세)가 부과되기 때문이다. 따라서 세금이 완벽히 제거되는 비과세와는 차이가 있다.

구분	비과세	감면
개념	국가가 과세권을 포기하는 것	조세정책적 목적으로 세금의 일부나 전부를 경감하는 것
요건	1세대 1주택으로 2년 이상 보유 및 거주 등	「조특법」에서 정한 요건을 충족해야 함
신고의무	없음	있음
근거법	「소득세법」 등	「조특법」 등

| 사례 |

서울에 거주하고 있는 정기풍 씨는 아래와 같은 감면주택을 가지고 있다. 그런데 감면은 취득일로부터 5년간 발생한 소득금액에 대해서만 적용된다. 따라서 취득일로부터 5년을 경과한 이후의 소득금액에 대해서는 과세된다. 다음 자료를 통해 7년 후에 이를 양도하는 경우 세금이 얼만큼 나오는지 알아보자.

〈자료〉

• 양도가액 : 4억 원

• 취득가액(필요경비 포함) : 2억 원

• 장기보유 특별공제율 : 21%(7년×3%)

• 기준시가 자료

취득일	취득일로부터 5년이 되는 날	양도일
1억 5,000만 원	2억 원	3억 원

사례처럼 5년이 경과된 감면주택 양도 시 감면세액을 구할 때 주의해야 한다. 산출세액 중 일부만 감면되기 때문이다.

일반적으로 감면주택의 취득일(조합원은 완공일, 분양자는 잔금지급일)로부터 5년이 경과한 경우에는 다음과 같이 감면소득금액을 계산한다

$$\text{감면소득금액}^* = \text{양도소득금액} \times \frac{(\text{취득일}^{**}\text{로부터 5년이 되는 날의 기준시가} - \text{취득 당시의 기준시가})}{(\text{양도당시의 기준시가} - \text{취득 당시의 기준시가})}$$

* 자산의 양도에 따른 전체 양도소득금액을 말한다.
** 보통 잔금청산일을 말한다.

(단위 : 원)

구 분	금 액	비 고
양도가액	4억 원	
(-) 필요경비		
취득가액	2억 원	
기타필요경비		취득세 등
(=) 양도차익	2억 원	
(-) 장기보유 특별공제	4,200만 원	21%공제(7년×3%)
(=) 양도소득금액	1억 5,800만 원	
(-) 감면소득금액	5,266만 원	
(=) 양도소득금액	1억 534만 원	
(-) 기본공제	250만 원	연간 1회 적용
(=) 과세표준	1억 284만 원	
(×) 세율	35%	
(-) 누진공제	1,490만 원	
(=) 산출세액	2,109만 원	

위에서 감면소득금액은 앞의 산식을 이용해 계산하였다.

$$감면소득금액 = 1억\ 5,800만\ 원 \times \frac{2억\ 원 - 1억\ 5,000만\ 원}{3억\ 원 - 1억\ 5,000만\ 원} = 약\ 5,266만$$

참고로 양도소득세 산출세액의 10%는 지방소득세, 감면세액의 20%는 농특세로 내야 한다. 이때 농특세는 앞에서 계산된 양도소득세 산출세액과 당초 감면을 적용받지 않은 경우의 양도소득세 산출세액의 차액을 과세표준으로 하여 납부해야 한다. 감면이 적용되지 않을 경우에는 대략 3,969만 원이 도출되는데 앞에서 계산된 2,109만 원을 차감하면 1,860만 원이 나온다. 따라서 농특세는 이 금액의 20%이므로 372만 원이 된다.

감면주택 등 주택 수에 따른 세금관계

감면주택에 대한 세금관계는 생각보다 복잡하다. 보유 주택 수별로 이에 대한 세금관계를 파악해 보자.

1채의 감면주택만 있는 경우

1세대가 양도소득세가 감면되는 주택 1채를 보유하는 경우에는 1세대 1주택으로 비과세를 받을 수 있는지 검토한다. 이후 비과세를 받을 수 없다면 감면을 받는다.

참고로 양도 시 실거래가액이 9억 원을 초과하는 고가주택이 감면주택에 해당하는 경우에는 먼저 비과세를 적용받은 후 과세되는 부분에 대해서는 감면을 받을 수 있다.

감면주택과 1채의 일반주택이 있는 경우

감면주택과 1채의 일반주택이 있는 경우 다음과 같이 세금관계가 형성된다.

① 감면주택을 먼저 양도하는 경우→감면을 받을 수 있다.
② 일반주택을 먼저 양도하는 경우→비과세, 중과세, 일반과세의 가능성이 있다.

감면주택과 2개의 일반주택이 있는 경우

감면주택과 2채의 일반주택이 있는 경우 다음과 같은 세금관계가 형성된다.

① 감면주택을 먼저 양도하는 경우→감면을 받을 수 있다.
② 일반주택을 먼저 양도하는 경우→비과세, 중과세, 일반과세의 가능성이 있다.

결국 감면주택을 보유한 경우에는 감면주택 외의 일반주택에 대한 과세 방식을 철저히 이해할 필요가 있다.

① 비과세가 가능한 경우→비과세 판정 시 감면주택이 거주자의 주택 수에서 제외되고 일반주택이 비과세 요건을 갖춘 경우
① 중과세가 적용되는 경우→중과세 판정 시 감면주택은 거주자의 주택 수에 포함되며 일반주택이 조정지역에 소재한 경우
③ 일반과세가 적용되는 경우→위의 비과세나 중과세가 적용되지 않는 경우

알 l 쏭 l 달 l 쏭 l 세 l 금 l 팁

취득일 전의 양도소득에 대한 감면적용 여부

기존주택이 신축된 경우로 이에 대해 양도소득세 감면을 적용할 때 '기존주택의 취득일부터 신축주택의 취득일 전까지의 양도소득'과 '신축주택의 취득일부터 양도일까지의 양도소득'을 구분하여 후자에 대해서만 감면을 적용할 것인지 궁금할 수 있다.

이에 대해 대법원은 이 둘을 구분할 필요 없이 신축주택의 양도에 따른 양도소득세 전액에 대해 감면이 적용되도록 해야 한다고 한다. (대법원-2013-두-12690, 2014.12.11., 국패) 이를 구분하도록 하는 법 규정이 미비하다는 판단에서 그렇다. 따라서 이와 관련된 법이 개정되지 않는다면 전체 양도소득에 대해 감면이 적용될 것으로 보인다.

한편 최근에 등장한 준공공임대주택의 경우에는 등록 후 10년 이상 보유하면 양도소득세가 100% 감면이 되는데 이 경우에도 전체 양도소득에 대해 감면이 적용되는 것으로 보인다.

감면주택이 있는 경우의 비과세와 중과세 판단법

현실에서 보면 과세를 비과세로, 비과세를 과세로 착각하는 경우가 많다.

특히 감면주택이 있을 때 더더욱 이러한 광경이 자주 목격된다.

감면주택에 대해 양도소득세를 면제받을 수 있다는 것 정도는 알지만,

다른 주택의 비과세를 적용할 때 주택 수에서 제외해주는 혜택이 있다는 사실을 잘 몰라서 그렇다.

감면주택, 만만하게 볼 것은 아니다.

감면주택이 1세대 1주택 비과세에 어떤 영향을 미칠까?

조세감면은 국가가 특정 산업 등을 살리기 위해 조세지출을 감수하는 제도다. 국가가 일정액의 세수를 포기하는 대가로 부동산 경기 등을 살리는 것을 도모하게 된다. 그런데 감면주택은 대개 두 가지의 혜택이 있다.

하나는 향후 이를 처분할 때 양도소득세의 일부나 전부를 감면하는 것이고, 다른 하나는 다른 주택의 비과세 판정 시 거주자의 소유 주택 수에서 제외하는 것이다. 특히 후자의 경우 일반주택에 대해 1세대 1주택 양도소득세 비과세를 폭넓게 받을 수 있는 이점이 있다. 하지만 모든 감면주택에 이러한 혜택을 주는 것이 아님에 유의해야 한다.

이를 먼저 요약정리하면 다음과 같다.

구분		거주자의 주택 수 포함 여부	일반주택 처분 시 과세방식
비과세 관련	조특법(97조, 97조의 2)	×	1세대 1주택 비과세 가능
	조특법(99조, 99조의 3)	○	1세대 2주택 등에 해당되어 비과세 가능성이 떨어짐
	조특법(98조의 3 등)	×	1세대 1주택 비과세 가능
	조특법(97조의 5, 준공공임대주택)	○(제외한다는 명시적 규정 없음)	1세대 1주택 비과세 가능 (임대주택사업자에 대한 특례임)

위 표를 보면 2000년대 초반에 발표된 조특법(99조, 99조의 3)에서 신축감면주택 등은 거주자의 주택 수에 포함된다. 따라서 그림의 경우에는 1세대 2주택 등이 되므로 1세대 1주택에 대한 비과세를 받기가 힘들어진다. 하지만 최근의 신축감면주택은 거주자의 주택 수에서 대부분 차감된다. 따라서 비과세를 폭넓게 받는다. 다만, 실제 비과세를 할 때에는 「조특법」에서 정하고 있는 각 규

정을 하나씩 살펴볼 필요가 있다.

참고로 최근 등장한 준공공임대주택은 주의해서 살펴볼 필요가 있다. 이 주택은 다른 감면제도와 차이가 있기 때문이다. 예를 들어 일반적인 감면주택들은 다른 주택의 비과세 판정 시 주택 수에서 제외를 해주지만, 이 주택은 그렇지가 않다. 따라서 준공공임대주택으로 등록을 한 상태에서는 거주주택에 대한 비과세 요건을 갖추었는지를 별도로 살펴봐야 한다.

이때 거주주택은 지역 불문하고 2년 이상 거주를 해야 하고, 준공공임대주택은 「소득세법」상의 장기임대주택 요건(등록 시 기준시가 6억 원·3억 원 이하 등)을 충족해야 한다.

감면주택은 주택 중과세제도에 어떤 영향을 미칠까?

2018년 3월 31일까지 적용되었던 투기지역 내의 3주택 중과세제도와 2018년 4월 1일 이후의 3·2주택 중과세제도를 적용할 때에는 이 감면주택이 중과세 대상 주택 수에 포함되어 다른 주택의 중과세 적용에 영향을 준다는 점에 유의해야 한다. 이러한 내용을 표로 정리하면 다음과 같다.

구분		거주자의 주택 수 포함 여부	일반주택 처분 시 과세방식
중과세 관련	「조특법」상의 모든 감면주택	○	감면주택을 포함하여 중과세 대상 주택 수가 2주택 이상인 상태에서 감면주택 외 일반주택을 처분하는 경우 2·3주택 중과세*가 적용될 수 있음.

* 단, 감면주택 외 일반주택이 1채 있는 경우 일반주택은 중과세가 적용되지 않는다. 따라서 감면주택이 있는 경우에는 3주택 중과세제도가 적용될 가능성이 높다.

예를 들어 감면주택이 1채이고 일반주택이 2개라면 모두 3주택이 되어 3주택 중과세가 적용될 수도 있다는 것이다. 단, 이때 감면주택을 먼저 처분하면 중과세 대신 감면이 적용된다.

이처럼 감면주택이 거주자의 주택 수에 포함되는지는 다른 일반주택의 비과세와 중과세에 지대한 영향을 미친다.

 알|쏭|달|쏭|세|금|팁

감면주택의 과세방식

구분	비과세	중과세
거주자의 주택 수에 포함 여부	포함되지 않는 것이 원칙임	포함되는 것이 원칙임
과세방식	감면주택 처분 시 : 감면 일반주택 처분 시 : 비과세 가능	감면주택 처분 시 : 감면 일반주택 처분 시 : 중과세 가능

32

감면주택과 일반주택,
어떤 것을 먼저 팔까?

신절세 세무사님,
감면주택과 일반주택 중
어떤 것을 먼저 파는 것이
유리할까요?

감면주택과 일반주택 두 채를 가지고 있는 경우의 처분전략을 알아보자.

첫째, 감면주택을 먼저 처분하는 전략

일반주택에 대해 비과세를 받을 수 없을 때 감면주택을 먼저 처분한다.

둘째, 일반주택을 먼저 처분하는 전략

일반주택에 대해서 비과세를 받을 수 있을 때 행하는 전략이다.

앞의 내용을 좀 더 확실히 하기 위해 아래 사례를 보자.

| 사례 |

서울 마포구 신수동에 거주하고 있는 심미안 씨는 현재 2주택을 보유하고 있다. 그가 보유하고 있는 주택 중 하나는 거주자의 주택 수에서 제외되는 한편 양도소득세가 100% 감면되는 주택에 해당한다. 그는 세금이 가장 적은 상태에서 양도하려고 한다. 다음 자료를 보고 절세 컨설팅을 수행해 보자. 기타 상황은 무시하기로 한다.

〈자료〉

A주택(감면주택)

• 보유기간 : 5년

• 양도예상가액 : 5억 원

• 취득가액(필요경비 포함) : 3억 원

B주택(일반주택)

• 보유기간 : 5년

• 양도예상가액 : 6억 원

• 취득가액(필요경비 포함) : 4억 원

위와 같이 감면주택과 일반주택이 결합된 상태에서 양도순서를 결정할 때에는 먼저 양도대상주택의 세금크기와 다른 주택의 과세방식을 이해할 필요가 있다.

A주택(감면주택)을 먼저 양도하는 경우

이 경우에는 감면받은 세액의 20%만큼 농특세가 부과된다. 이때 세금이 얼마 나오는지 계산하면 아래와 같다. 단, 250만 원 기본공제는 편의상 적용하지 않는다.

① A주택(감면주택)에 대한 세금예측

A주택을 감면주택으로 신청하면 아래와 같이 904만 원 정도의 농특세만 내면 된다.

(단위 : 원)

구 분		금 액	비 고
양도 소득세	양도가액	5억 원	
	(−) 필요경비	3억 원	
	(=) 양도차익	2억 원	
	(−) 장기보유 특별공제	3,000만 원	15%
	(=) 양도소득금액	1억 7,000만 원	
	(−) 기본공제	−	미적용 가정
	(=) 과세표준	1억 7,000만 원	
	(×) 세율	38%	
	(−) 누진공제	1,940만 원	
	(=) 산출세액	4,520만 원	
	(−) 감면세액	4,520만 원	100% 감면
	(=) 결정세액	0원	
	농특세	904만 원	감면세액×20%

② B주택(일반주택)의 과세 방식

위와 같이 감면주택인 A주택을 양도한 후에는 B주택만 보유하게 되므로 원칙적으로 비과세 요건을 충족하면 비과세를 적용받을 수 있다. 다만 비과세 적용을 위한 보유요건 등에서 기산일을 언제로 하는가가 중요한데, 이 경우에는 B주택(일반주택)의 취득일로부터 기산한다. 감면주택은 다른 주택의 비과세 판단 시 취득한 날로부터 거주자의 주택 수에서 제외되기 때문이다. 따라서 B주택은 이미 5년을 보유했으므로 A주택을 처분 후에 이를 바로 양도해도 비과세를 받을 수 있다.

B주택(일반주택)을 먼저 양도하는 경우

① B주택(일반주택)에 대한 세금 예측

B주택은 일반주택으로 1세대 1주택에 대한 비과세를 받을 수 있다. 왜냐하면 사례의 감면주택은 다른 주택의 비과세 판단 시 거주자의 주택 수에서 제외되기 때문이다.

② A주택(감면주택)에 대한 과세 방식

이렇게 일반주택인 B주택을 양도한 다음에는 A주택이 단독으로 남아 있으므로 B주택에 대해서는 감면을 받는 것이 원칙이다.

그런데 보유한 감면주택이 1세대 1주택에 해당하므로 비과세의 적용여지에 관해 궁금해할 수 있다. 알다시피 감면보다는 비과세가 훨씬 좋기 때문이다. 그런데 이때 비과세 요건 판단 시 기산일이 쟁점이 된다. 취득일로부터 기산하는지 아니면 감면이 끝난 날로부터 기산하는지에 따라 그 적용범위가 달라지기 때문이다. 이에 대해 과세관청은 이 감면주택을 거주자의 소유주택으로 변경한 날로부터 보유 및 거주기간을 산정하도록 하고 있다. 따라서 B주택에 대해 감면 혜택이 끝난 이후부터 2년 이상을 보유 및 거주해야 1세대 1주택으로 비과세를 받을 수 있을 것으로 보인다. 아래 예규를 참조하고 실무 적용 시 유권해석을 받아 처리하기 바란다.

※ 관련 예규 : 서면4팀-3494(2006.10.24.)

• 사실관계

　– 1999년 5월 「조특법」 제99조에 따른 감면신축주택 2채 취득

　– 1985년 1월 일반주택 1채 취득

• 질의내용

　일반주택과 「조특법」 제99조 규정을 적용받는 감면대상 2주택을 보유한 경우로서 일반주택을 양도하여 비과세 받고 나머지 감면대상 2주택을 순차적으로 양도할 경우 「소득세법 시행령」 제154조 제2항의 1세대 1주택 비과세 규정을 충족하는 경우 1채는 일반주택으로 1채는 감면대상주택으로 하여 모두 비과세 적용받을 수 있는지 여부

• 회신

　「조특법」 제99조 제1항의 규정을 적용받는 "신축주택"이 감면대상 신축주택임을 전제로 '일반주택' 양도에 대하여 1세대 1주택 비과세를 적용받은 이후, 당해 "신축주택"을 양도하는 경우로서 「소득세법」 제89조 제1항 제3호의 규정에 의하여 1세대 1주택 비과세를 적용하는 경우 같은법 시행령 제154조 제1항의 규정에 의한 거주기간 및 보유기간의 계산은 「조특법」 제99조 제2항에서 규정하는 "소유주택"으로 변경된 날부터 기산하는 것임.

결론

정리해 보면 다음과 같다.

일반주택인 B주택을 먼저 양도하면 비과세가 가능하나, 나중에 처분하는 감면 주택인 A주택은 일부과세 또는 비과세 요건을 갖추면 비과세가 가능하다는 것이다.

구분	세 부담	비고
A주택(감면주택)을 먼저 양도하는 경우	904만 원	선 양도 감면주택은 일부과세, 후 양도 일반주택은 비과세
B주택(일반주택)을 먼저 양도하는 경우	904만 원(또는 비과세)	선 양도 일반주택은 비과세, 후 양도 감면주택은 일부과세 또는 비과세(1세대 1주택)

알 | 쏭 | 달 | 쏭 | 세 | 금 | 팁

감면주택 거래 시 알아두어야 할 사항들

감면주택을 거래할 때는 다음과 같은 내용을 점검해야 한다.

• 감면규정을 꼼꼼히 파악해야 한다.
• 감면주택이 1채 있는 경우 비과세를 받으면 된다. 물론 이 주택이 고가주택에 해당하는 경우에는 먼저 비과세를 적용받고 과세되는 부분은 감면을 받으면 절세효과가 커진다.
• 감면주택과 일반주택이 있는 경우 상황에 따라 세금의 내용이 달라지므로 이에 유의해야 한다.

33

청약조정대상지역(조정지역)에 적용되는
주택 중과세제도의 정체는?

중과세제도는 부동산거래를 제한하도록 세금을 무겁게 과세하는 제도다.

따라서 부동산 소유자들은 어떤 식으로 이 제도가 적용되는지 알아둬야 한다.

첫째 사치성 부동산이나 일정한 법인이 부동산을 취득하면 취득세 중과세가 적용된다.

둘째 사치성 부동산을 보유하고 있으면 재산세가 중과세가 적용된다.

셋째 주택이나 비사업용 토지를 양도하면 양도소득세 중과세(매매사업자는 비교과세, 법인은 10% 추가과세)제도가 적용된다.

그렇다면 어떤 식으로 주택에 대한 양도소득세 중과세 판정을 할까? 이를 위해서는 일정한 룰이 필요하다.

중과세 대상 주택 수를 선별해야 한다

중과세 종류는 3주택 중과세와 2주택 중과세제도로 구분되는데, 이 제도를 적용하기 위해서는 우선 중과세 대상 주택 수가 '3주택 이상' 또는 '2주택'이 되어야 한다. 그렇다면 이 주택들은 어떤 식으로 선정할까?

이에 대해 세법은 1세대가 보유한 전국의 모든 주택 중에서 주로 서울과 경기도 그리고 광역시, 세종시의 시 지역에 있는 모든 주택과 이외의 지역(경기도, 광역시, 세종시의 군·읍·면 지역, 도 지역)은 기준시가가 3억 원을 초과하는 것들로 산정한다. 따라서 제일 중요한 것은 중과세 대상 주택을 몇 채나 가졌는지를 잘 따지는 것이다.

예를 들어 보자. 어떤 사람이 서울에 1채, 천안에 2채를 가지고 있다고 하자. 이 경우 중과세 대상 주택 수는 몇 채인가?

일단 주택 수는 3채이지만 천안에 있는 주택은 각각 기준시가가 3억 원을 넘어야 한다. 따라서 천안 주택이 이에 미달하면 중과세 대상 주택 수가 1채에 불과하므로 이 경우에는 중과세제도 자체가 적용되지 않는다. 이러한 관점에서 보면 주택 중과세제도는 주로 서울과 경기도, 광역시, 세종시의 시 지역을 위주로 적용됨을 알 수 있다.

중과세가 배제되는 주택을 이해해야 한다

중과세가 적용되는 주택 수가 2채 이상이 되더라도 무조건 중과세를 적용하는 것은 아니다. 실제 처분할 때 중과세를 적용하지 않는 주택들이 있기 때문이다. 이에는 아래와 같은 것들이 있다.

① 양도소득세가 감면되는 주택
② 임대등록 후 5년(2018.4.1. 이후 등록 시는 8년) 이상 임대한 주택
③ 5년이 경과하지 않은 상속주택 등

이들 주택의 면면을 보면 실제 처분할 때 중과세를 적용할 이유가 없음을 이해할 수 있을 것이다.

> *여기서 잠깐!*
> 양도소득세가 감면되는 주택이나 임대주택 등도 중과세 판정을 위한 주택 수에 포함된다.
> 하지만 이 주택들을 먼저 처분하면 중과세를 적용하지 않는다.

최종 중과세율은 조정지역의 주택들에 대해 적용한다

중과세 대상 주택 수가 2채 이상인 상태에서 중과세가 배제되는 주택이 아닌 주택이 조정지역 내에 소재한 경우 이에 대해서는 중과세가 적용된다. 중과세 제도는 이 지역에 소재한 주택들에 대한 투자수요를 억제하기 위한 제도에 해당하기 때문이다. 이상의 내용을 정리하면 다음과 같다. 자세한 중과세 판정법

은 뒤에서 살펴보자.

STEP1		STEP2		STEP3
중과세 대상 주택 수 판정		중과세 배제되는 주택 여부 확인		최종 중과세율 적용 여부
전국 주택 대상 (단, 광역시 군 지역, 경기 도·세종시 읍·면 지역, 도 지역은 기준시가 3억 원 초과 시만 중과세 대상 주택에 해당)	중과세 대상 주택 수 2채 이상인 경우 STEP2로 진행 ➡	조정지역 내의 장기 임대주택 등은 중과세 배제	➡	조정지역 내에 소재한 일반주택에 대해 중과세 적용

주택에 대해 중과세제도가 적용되면 장기보유 특별공제가 적용되지 않는 한편, 세율은 기본세율에 10~20%p가 가산된다. 그 결과 세금이 상당히 많이 부과될 가능성이 높다. 따라서 다주택 보유자들은 어떤 상황에서 중과세제도가 적용되는지 이를 정확히 파악해야 한다. 사례를 들어 보자.

| 사례 |

다음과 같은 사례를 통해 중과세 판정을 해 보자. 단, 아래의 가격들은 공시가격(기준시가)을 말한다.

(단위 : 원)

구분		보유주택 현황			중과세 종류
1	지역	서울	서울	천안	2주택
	가격	5억	3억	2억	
2	지역	서울	부산 해운대구	원주	2주택
	가격	3억	2억	1억	
3	지역	서울(입주권*)	서울	서울	3주택
	가격	3억	2억	1억	
4	지역	용인 구성읍	서울	성남	2주택
	가격	2억	3억	3억	
5	지역	부천	천안(입주권*)		-
	가격	1억	2억		

* 입주권 : 관리처분 계획인가를 받은 것으로 사업시행고시일 현재의 기존주택의 가격임.

① 1의 상황

구분	1	2	3
지역	서울	서울	천안
공시가격	5억 원	3억 원	2억 원

일단 3주택에 해당하나 중과세 대상 주택 수는 2주택에 해당한다. 천안의 주택은 공시가격이 3억 원을 초과해야 중과세 대상 주택 수에 포함되기 때문이다.

② 2의 상황

구분	1	2	3
지역	서울	부산 해운대구	원주
공시가격	3억 원	2억 원	1억 원

일단 3주택에 해당하나 중과세 대상 주택 수는 2주택에 해당한다. 원주시 소재 주택은 공시가격이 3억 원을 초과해야 중과세 대상 주택 수에 포함되기 때문이다.

③ 3의 상황

구분	1	2	3
지역	서울(입주권)	서울	서울
공시가격	3억 원	2억 원	1억 원

입주권은 주택으로 보아 다른 주택의 과세 방식이 결정된다. 위의 경우 서울지역의 입주권은 주택으로 간주하므로 이 상황은 3주택 중과세가 적용된다.

– 입주권이 아닌 다른 주택을 먼저 양도하는 경우 : 중과세 세율 적용

– 입주권을 먼저 양도하는 경우 : 보유기간에 따라 세율을 적용

④ 4의 상황

구분	1	2	3
지역	용인 구성읍	서울	성남
공시가격	2억 원	3억 원	3억 원

일단 3주택에 해당하나 중과세 대상 주택 수는 2주택에 해당한다. 용인시 구성읍 소재 주택은 공시가격이 3억 원을 초과해야 중과세 대상 주택 수에 포함되기 때문이다.

⑤ 5의 상황

구분	1	2
지역	부천	천안(입주권)
공시가격	1억 원	2억 원

천안시 소재 입주권은 평가가격이 3억 원에 미달하므로 2주택 중과세 대상 주택 수에 제외가 된다. 따라서 이런 상황은 중과세제도와 관계가 없다.

처분을 통해 주택 중과세에 대응하자!

2018년 4월 1일부터 3주택·2주택 중과세제도가 도입된다. 이 제도가 적용되면 일반과세보다 세금이 급격히 증가하기 때문에 미리 대응전략을 마련해둘 필요가 있다. 그렇다면 어떤 전략들이 있을까? 이에는 크게 다음과 같은 것들이 있다.

첫째, 처분하는 방법　　　　　　　　둘째, 주택 수를 조절하는 방법
셋째, 주택임대사업자등록을 하는 방법　　넷째, 법인으로 투자하는 방법 등

다주택자들은 이러한 방법들에 모두 능숙해야 소중한 재산을 지킬 수 있다!

전략에 대해 본격적으로 알아보기 전에 주택 중과세제도에 대해 다시 한 번 알아보자.

이 제도는 1세대가 보유한 주택 중에서 중과세 대상 주택 수가 2주택이면 2주택 중과세, 3주택 이상이면 3주택 중과세제도를 적용한다. 중과세가 적용되는 경우 장기보유 특별공제를 적용하지 않고 세율은 기본세율에 10~20%p를 가산한다. 이를 정리하면 다음과 같다.

구분	2주택 중과세	3주택 중과세
중과세 적용 지역	조정지역*	좌동
장기보유 특별공제	적용배제	좌동
적용 세율	기본세율+10%p	기본세율+20%p

* 서울전역 등 43개 지역이 고시되어 있음.

이렇게 선행적으로 중과세제도를 이해하고, 중과세제도를 적용받는다고 가정하면 먼저 처분전략을 수행하여 이 상황을 타개할 수 있다. 이를 좀 더 구체적으로 살펴보자.

1. 2018년 4월 1일 전

중과세가 도입되기 전이므로 아래와 같이 처분전략을 수행한다.

① 양도차익이 가장 적은 것을 먼저 양도한다.

② 주택 수를 2주택 정도로 맞춘다.

③ 주택 수가 많다면 주택임대사업자등록을 검토한다.

2. 2018년 4월 1일 이후

2018년 4월 1일 이후에 중과세가 적용되는 경우에는 아래와 같은 방법으로 처분한다.

① 조정지역 외에 소재한 주택을 먼저 양도한다.

② 조정지역 내에 3주택 이상이 있다면 중과세가 배제되는 주택을 먼저 처분한다. 이에는 감면되는 주택 등이 있다.

③ 만일 중과세가 배제되는 주택들이 없다면 양도차익이 적은 것부터 먼저 처분한다.

④ 처분하지 않을 경우에는 주택임대사업자등록을 검토한다.

사례를 통해 다주택자의 처분전략에 대해 알아보자.

| 사례 |

서울 강남구에 거주하고 있는 심말자 씨는 아래와 같이 주택을 보유하고 있다. 이 경우 어떤 식으로 처분전략을 취하는 것이 좋을까?

구분	소재지역	예상 양도차익
A주택	서울시 강남구	3억 원
B주택	성남시 분당구	5,000만 원
C주택	경기도 수원시(기준시가 2억 원)	5,000만 원

심 씨가 어떤 유형의 중과세제도를 적용받는지 부터 판단해 보자.

심 씨는 1세대 3주택을 보유하고 있으며, A부터 C주택이 모두 서울과 수도권의 시 지역에 소재하므로 모두 중과세 대상 주택 수에 포함되어 3주택 중과세를 적용받을 수 있다. 이때 B주택과 C주택을 처분하는 것이 맞아 보이는데, 우선 처분 시점에 따라 어떤 식으로 결과가 달라지는지 살펴보자. 단, 장기보유 특별공제 적용 시 10%를 적용한다.

구분	2018.4.1. 이전		2018.4.1. 이후	
	B주택	C주택	B주택	C주택
	일반과세	일반과세	중과세 적용	중과세 제외
양도차익	5,000만 원	5,000만 원	5,000만 원	5,000만 원
−장기보유 특별 공제(10%, 0%)	500만 원	500만 원	0원	500만 원
−기본공제	250만 원	250만 원	250만 원	250만 원
=과세표준	4,250만 원	4,250만 원	4,750만 원	4,250만 원
×세율	15%	15%	44%	15%
−누진공제	108만 원	108만 원	522만 원	108만 원
=산출세액	529만 원	529만 원	1,568만 원	529만 원

이 결과에 따르면, 중과세가 적용되지 않을 시 B주택이나 C주택 모두 산출세액이 동일하다. 하지만 중과세가 적용되는 상황이 오면 B주택은 중과세를 적용받게 되고 C주택은 일반과세를 적용받아 세금 차이를 가져온다.

그런데 여기서 한 가지 의문점이 생긴다.

심 씨는 3주택 중과세제도를 적용받는데 왜 C주택은 중과세를 적용하지 않느냐 하는 것이다. 이는 중과세제도의 적용원리 때문이다. 즉 수원시에 소재한 주택은 중과세 대상 주택 수를 판정할 때에는 포함하지만, 실제 처분할 때에는 조정지역 내에 소재한 주택이 아니므로 중과세를 적용하지 않는다.

35

주택 수 조절 전략 세우기!

주택중과세제도는 1세대가 보유한 주택 수가 많아서 적용되는 제도다. **따라서 이 제도를 적용받지 않으려면 1세대가 보유한 주택 수를 최대한 줄여야 한다.** 어떤 방법이 있을까?

• 처분하는 방법	• 세대분리하는 방법
• 증여하는 방법	• 임대주택으로 등록하는 방법
• 다른 사람의 명의로 하는 방법 등	

주택 수를 조절하는 방법에는 많은 것들이 있다. 그렇지만 모두가 유용한 것은 아니다. 따라서 옥석을 가릴 줄 알아야 한다.

앞에서 제시된 각각의 방법에 대해 세부적인 내용을 살펴보자.

처분하는 방법

처분은 부동산 시장을 통해 부동산을 양도하는 것을 말한다. 이때에는 앞에서 검토했듯이 양도차익이 적은 것 등을 먼저 처분하는 것이 좋다. 이때 유의할 것은 동일한 해에 2회 이상 양도하면 합산과세가 적용될 수 있다는 것이다. 양도차손이 발생할 수 있다면 이를 활용해도 된다.

참고로 가족 간 직거래 시에는 시가에 맞춰 거래하되, 반드시 자금증빙을 해야 문제가 없다.

세대분리하는 방법

「소득세법」에서 규정하고 있는 비과세제도나 중과세제도는 모두 '1세대*'를 중심으로 주택 수를 판정하고 있다. 따라서 양도 전에 미리 세대분리를 하여 주택 수를 조절해두면 중과세를 적용받지 않는다.

* '거주자 및 그 배우자가 그들과 동일한 주소 또는 거소에서 생계를 같이하는 가족'으로 정의하고 있다. (실무적으로는 좀 더 세부적인 요건들을 따져보아야 한다.)

증여하는 방법

보유하고 있는 주택을 세대가 분리된 자녀 등에게 증여하면 주택 수가 줄어든다. 다만, 증여를 받는 자의 입장에서는 증여세와 취득세 등이 부과되므로 이 부분을 고려해서 의사결정을 해야 한다.

임대주택으로 등록하는 방법

임대주택으로 등록하면 거주한 주택에 대해서는 비과세의 가능성이 열리고 과세되는 경우라도 중과세의 가능성이 확 줄어들게 된다. 따라서 앞의 방법들이 여의치 않은 경우에는 주택임대사업자등록을 적극적으로 검토하는 것이 좋다.

다른 사람의 명의로 하는 방법

다른 사람의 명의로 부동산을 취득하면 이는 「부동산실명법」을 위반하는 것에 해당한다. 그 결과 부동산 명의신탁임이 밝혀지면 과징금을 부과(기준시가의 30%)받을 수 있다. 과징금이 부과되지 않으면 증여로 보는 경우도 있으므로 이에 유의해야 한다.

위의 내용 중 세대분리와 증여의 방법을 사례를 통해 알아보자.

| 사례 1 |

K씨의 부부와 자녀는 같은 집에서 살고 있다. 이러한 상황에서 A주택에 대해 비과세를 받기 위해서는 어떻게 해야 할까?

구분	소유자	비고
A주택	K씨	일시적 2주택에 해당함
B주택	K씨 배우자	
C주택	K씨 자녀	직장인

일단 현재 상태에서 A주택을 양도하면 과세될 수 있다. 1세대 3주택이 되기 때문이다. 이러한 상황에서는 C주택을 가진 자녀를 미리 세대분리를 해둔 후에 양도하면 1세대 2주택이 되고, 양도대상 주택인 A주택은 일시적 2주택으로 비

과세가 가능하게 된다.

| 사례 2 |

L씨네 가족은 아래와 같이 주택을 보유하고 있다. A주택에 대해 비과세를 받으려면 어떻게 해야 할까?

구분	소유자	비고
A주택	L씨	일시적 2주택에 해당함
B주택	L씨	
C주택	L씨 배우자	

현재 상태에서 A주택을 양도하면 1세대 3주택이 되고 중과세의 가능성도 있다. 따라서 이러한 상황에서는 B주택과 C주택 중 1채를 먼저 정리하여 일시적 2주택을 만들어야 비과세가 성립된다. 이때 증여의 방법을 사용할 수 있다.

증여를 통해 수를 조절하면 1세대 2주택이 되고, 양도대상 주택인 A주택은 일시적 2주택으로 비과세의 가능성이 열리게 된다.

다만, 증여를 통해 재산을 이전받게 되면 증여세와 취득세 등이 나온다. 따라서 이러한 의사결정 시에는 비과세로 절감되는 세금과 부담하는 증여세 등의 세금의 크기를 비교해야 한다.

이외 법인을 활용하는 방법 등이 있다. 법인에 대한 자세한 내용은 뒤에서 살펴볼 것이다.

36

누이 좋고 매부 좋은 주택임대사업

요즘 정부와 일반인 모두 주택임대사업자에 대해 관심이 많다.
왜 그럴까?
정부의 입장에서는 임대료상승도 억제하고 주택시장을 관리할 수 있기 때문이다.
한편 일반인의 입장에서는 다양한 세제혜택을 받을 수 있기 때문이다.
누이 좋고 매부 좋은 주택임대사업!
특히 중과세를 걱정하는 층에는 안성맞춤이 될 수 있다.

주택임대사업과 중과세의 관계

어떤 사람이 경매 등을 통해 5채를 가지고 있다고 하자. 이러한 상황에서 중과

세제도가 적용되면 수익률이 크게 하락할 수 있다. 예를 들어 양도차익이 1억

원이 난 상황에서 3주택 중과세가 적용된다고 하자. 보유기간은 5년이며 기본

공제는 미적용한다. 이 경우 세금은 얼마나 증가할까?

구분	중과세가 적용되지 않는 경우	중과세가 적용되는 경우
양도차익	1억 원	1억 원
−장기보유 특별공제	1,500만 원	0원
=과세표준	8,500만 원	1억 원
×세율	24%	55%
−누진공제	522만 원	1,490만 원
=산출세액	1,518만 원	4,010만 원

중과세가 적용되면 장기보유 특별공제가 적용 배제되고 중과세율이 적용되므

로 세금이 많이 증가한다. 따라서 이러한 상황이 되면 중과세제도를 회피하기

위해서라도 주택임대사업자등록을 고려할 필요가 있다. 등록한 후 5년(2018. 4.

1. 이후는 8년) 이상 임대하고 이를 양도하면 중과세를 적용하지 않기 때문이다.

물론 이때 임대주택은 아래와 같은 요건을 충족해야 한다.

구 분		중과 배제 요건			
		임대호수	임대기간	가액기준	면적
신규 임대주택	수도권	1호 이상	5년*이상	임대개시일 기준시가 6억 원 이하	(2013.2.15. 폐지)
	수도권 밖	1호 이상	5년*이상	임대개시일 기준시가 3억 원 이하	

* 2018년 4월 1일 이후에 등록 시에는 8년 이상 임대해야 함.

앞의 내용은 등록한 임대주택을 의무임대기간이 끝난 후에 양도하면 중과세를 적용하지 않겠다는 것을 말한다.

그렇다면 임대등록한 주택 외에 일반주택들이 있다면 이에 대해서는 어떤 식으로 세법을 적용할 것인지가 궁금해질 것이다. 이 부분을 검토해 보자.

임대주택 외의 일반주택이 1채가 있는 경우

다주택자가 임대주택을 모두 등록하고 나머지 주택 1채(일반주택)가 있는 상태에서 일반주택을 먼저 양도하는 경우에는 다음과 같이 세금관계가 형성된다.

- 일반주택에서 전 세대원이 2년 이상 거주한 경우라면 비과세가 가능하다.
- 일반주택에서 전 세대원이 2년 이상 거주하지 않은 경우라면 비과세는 가능하지 않고 일반과세가 적용된다. (중과세는 적용되지 않음)

임대주택 외의 주택이 2채 이상이 있는 경우

다주택자가 임대주택을 모두 등록하고 나머지 주택이 2채(일반주택) 이상이 있는 상태에서 일반주택을 먼저 양도하는 경우에는 다음과 같이 세금관계가 형성된다.

- 일반주택이 일시적 2주택으로 양도대상 주택에서 2년 이상 거주한 경우라면 비과세가 가능하다.
- 일반주택에 대해 비과세가 적용되지 않으면 과세가 적용되며, 이때 중과세의 가능성이 있다.

알 | 쏭 | 달 | 쏭 | 세 | 금 | 팁

양도소득세 중과세 적용배제를 위한 임대주택등록 요건

다주택자가 양도소득세 중과세를 피하고자 임대주택으로 등록한 경우의 요건을 좀 더 세부적으로 알아보자.

① 2018년 4월 1일 전에 등록
–등록 후 임대개시일 현재 기준시가가 6억 원(지방은 3억 원) 이하일 것
–의무임대기간이 5년 이상일 것

② 2018년 4월 1일 후에 등록
–등록 후 임대개시일 현재 기준시가가 6억 원(지방은 3억 원) 이하일 것
–의무임대기간이 8년 이상일 것

위 요건을 충족한 후에 이를 양도하면 중과세를 적용하지 않는다. 여기서 유의할 것은 8년 이상 임대를 하더라도 등록 후 임대개시일 당시에 기준시가가 6억 원(지방은 3억 원)을 초과하면 중과세가 적용된다는 것이다. 따라서 장기보유 특별공제를 받을 수 없는 한편 세율도 올라간다. 다만, 이렇게 기준시가가 6억 원 등을 초과하더라도 전용면적이 85㎡ 이하이면 「조특법」 제97조3에서 규정한 준공공임대주택(장기일반 민간임대주택)으로 등록하여 8년 이상 임대하면 장기보유 특별공제를 최대 50%에서 70%까지 적용받을 수 있다. 「조특법」이 소득세법 같은 개별세법에 우선하여 적용되기 때문이다. 결국 이러한 주택에 대해서는 장기보유 특별공제는 우대받을 수 있지만, 세율 적용 면에서 불이익이 있으므로 이에 유의해야 한다.

☞ 거주주택 양도소득세 비과세 적용 시 임대요건과의 차이점
2018년 4월 1일 이후 등록 시에 의무임대기간에서 차이가 있다. 거주주택 양도소득세 비과세의 경우 5년만 임대하면 되나, 중과세 배제의 경우 8년을 임대해야 하기 때문이다. 거주주택 비과세를 위해서는 단기임대, 중과세 배제를 위해서는 장기임대를 해야 한다는 결론이 나온다.

☞ 2018년 9월 13일 이후 신규 취득 후 임대사업 시 주의할 점
– 양도소득세 중과세를 적용한다.
– 종부세를 과세한다.
– 준공공임대주택은 기준시가 6억 원(지방은 3억 원)이고, 국민주택 규모 이하인 경우에만 장기보유 특별공제 50~70%를 적용받을 수 있다.

법인투자로 중과세 돌파하기!

중과세를 돌파하는 방법 중의 하나는 바로 법인으로 투자하는 것이다.

법인으로 투자하면 일단 법인이익에 대해 10~25%의 세율로
일반법인세가 과세되는 한편 매매차익에 10%만 추가하면 되기 때문이다.
이렇게 내는 세금이 개인에게 중과세가 적용되는 경우보다 유리할 가능성이 높다.
**하지만 법인을 설립하면 지속적인 운영을 해야 하므로
관리비용이 많이 들어간다는 단점도 있다.**
그래서 이에 대한 의사결정을 잘 해야 한다.

개인과 개인사업자 그리고 법인의 세금 비교

전반부에서 주택과 토지에 대해 중과세 등이 적용되면 개인은 양도소득세 중과세, 개인사업자는 종합소득세 비교과세, 법인은 추가과세 제도를 적용함을 알 수 있었다. 이에 대한 실익을 분석하기에 앞서 이들 간에는 어떤 차이가 있는지 사례를 통해 알아보자.

| 사례 |

서울에 거주하고 있는 K씨는 투자용 주택을 처분하여 양도차익이 2억 원 발생했다. 이때 사업 관련 비용은 1억 원이 발생했고, 이 주택들은 모두 양도소득세 중과세(+10%P)가 적용된다고 하자. 이러한 상황에서 개인과 법인에 대해 일반과세가 적용되는 경우의 산출세액과 중과세와 비교과세 그리고 추가과세를 적용한 경우의 산출세액을 비교해 보자.

① 일반과세가 적용되는 경우

일반과세가 적용되는 경우에는 기본적인 세율에 의해서만 과세가 된다. 이처럼 일반과세가 적용되면 양도소득세에 비해 종합소득세와 법인세가 적게 나올 가능성이 높다.

구분	양도소득세	종합소득세	법인세
양도차익	2억 원	2억 원	2억 원
−사업 관련 비용	0원	1억 원	1억 원
=과세표준	2억 원	1억 원	1억 원
×세율	38%	35%	10%
−누진공제	1,940만 원	1,490만 원	0원
=산출세액	5,660만 원	2,010만 원	1,000만 원

② 중과세 등이 적용되는 경우

양도소득세 중과세, 종합소득세 비교과세, 법인세 추가과세가 적용되면 일반
과세에 비해 모두 세금이 증가한다.

구분	양도소득세	종합소득세[Max ①, ②]		법인세(①+②)	
		① 종합소득세	② 양도소득세	① 일반법인세	② 추가법인세
양도차익	2억 원	2억 원	2억 원	2억 원	2억 원
−사업관련 비용	0원	1억 원	0원	1억 원	0원
=과세표준	2억 원	1억 원	2억 원	1억 원	2억 원
×세율	48%	35%	48%	10%	10%
−누진공제	1,940만 원	1,490만 원	1,940만 원	0원	−
=산출세액	7,660만 원	2,010만 원	7,660만 원	1,000만 원	2,000만 원
최종 산출세액	7,660만 원	7,660만 원		3,000만 원	

이제 위의 결과들을 분석해보자.

먼저 일반과세가 적용되는 경우에는 법인의 세금이 가장 적게 나올 가능성이
높다. 세율이 낮기 때문이다. 하지만 법인에 대해 추가과세가 적용되면 개인사
업자와 크게 차이가 나지 않을 수 있다. 따라서 이 경우에는 양도소득세가 가
장 많이 나올 가능성이 높다.

다음으로 중과세가 적용되는 경우에는 법인의 세금이 가장 적게 나올 가능성
이 높다. 개인과 개인사업자에 대해서는 양도소득세 중과세를 적용한 세금을
내야 하기 때문이다. 따라서 중과세가 적용되는 경우에는 법인설립을 검토하
는 것이 좋다.

Q 법인이 주택임대업을 하면 추가과세를 적용받는가?

A 아니다. 주택임대업은 장려의 대상이 되므로 법인이 기준시가가 6억 원(지방은 3억 원) 이하인 주택을 임대등록하고 5년(2018. 4. 1. 이후 등록 시는 8년) 이상 임대를 한 이후에 양도하면 10% 추가과세를 적용하지 않는다. 이외 취득세 중과세를 적용하지 않는다. 따라서 양도세 중과세가 적용되는 상황에서는 법인의 주택임대사업을 적극적으로 검토하는 것도 나쁘지 않다.

※ 주택임대업, 개인과 법인의 세제비교

구분	개인	법인*
취득단계	취득세 : 1~3%	좌동(중과세 없음)
보유단계	• 재산세 • 종부세 합산배제(2018.4.1. 이후 등록 시는 8년 이상 임대)	• 좌동 • 좌동
임대단계	임대소득세 : 30% 감면	법인세 : 30% 감면
양도단계	양도세 중과세 배제(2018.4.1. 이후 등록 시는 8년 이상 임대)	법인세 추가과세 배제(2018.4.1. 이후 등록 시는 8년 이상 임대)

* 2018년 9월 13일 이후 취득분은 종부세 과세, 법인세 추가과세를 할 예정이다.

법인설립은 어떻게 하는 것일까?

법인설립은 '정관의 작성 → 회사의 실체구성 →설립등기' 순으로 이루어진다.

이후 사업자등록을 내면 바로 사업을 시작할 수 있다.

그런데 여기서 몇 가지 알아둘 것이 있다.

1. 설립 장소에 관한 것

법인의 설립 장소가 수도권 과밀억제권역 내에 소재한 상태에서 이 지역의 부동산을 취득하면 5년간 취득세 중과세가 적용될 수 있다.

2. 자본금의 크기

법인설립 시 자본금은 제한이 없다. 최저 자본금제도가 폐지되었기 때문이다. 다만, 법인을 통한 부동산투자 시 자본금이 많아야 하므로 적정 자본금을 확보하는 것이 좋다. 자본금이 부족하면 개인의 자금이 투입되고 그에 따라 회계 투명성이 떨어진다.

3. 이사와 감사에 관한 것

자본금이 10억 원이 안 된 경우 1인 회사도 가능하다. 감사는 있어도 되고 없어도 된다.

4. 주식과 관련된 것

법인설립 시 주식비율에 따른 제반 문제(과점주주에 대한 제2차 납세의무, 간주취득에 따른 취득세 납부의무 등)를 검토하는 것이 좋다. 이때 주식을 명의신탁하는 경우 증여세 과세문제가 발생하므로 명의신탁이 되지 않도록 해야 한다.

5. 세무회계에 주의하자

법인은 통장을 통해 입출금이 되어야 하므로 이에 맞는 증빙 등이 구비되어 있어야 한다. 지출근거가 약하면 대표이사의 상여로 처분되는 것이 원칙이다.

알 | 쏭 | 달 | 쏭 | 세 | 금 | 팁

법인설립 시 주식회사와 유한회사의 비교

아래는 주식회사와 유한회사의 주요 세무특징 등을 요약한 것이다. 유한회사의 장점 등을 눈여겨보길 바란다.

구분	주식회사	유한회사
책임	주주(유한책임)	사원(유한책임)
규모	자본규모에 따라 달라짐 (유한회사보다는 규모가 클 가능성이 높음)	50명 이내 가족회사
장점	지분증권화, 사채발행가능, 상장가능	관련 제도의 적용이 느슨함 (재무제표 공시의무 없음)
단점	「상법」 등의 규제가 강함 (공시의무 있음)	지분증권화 불가능, 사채발행 불가능
설립절차 등	「상법」에 따름	좌동
자본조달	상장, 사채 등	사원들의 출자
현물출자	가능(검사인이나 감정인의 감정이 필요)	가능(검사인이나 감정인의 감정은 불필요함. 법인설립 시 참고할 사항임)
지분양도제한	없음	있음
기관	주주총회, 이사회, 대표이사, 감사(필수기관)	사원총회, 이사회(감사는 임의기관)

☞ 주택임대업의 경우 법인전환에 대한 실익이 없는 경우가 많다. 이에 대한 분석 자료는 카페에서 제공하고 있다.

※ 출처 : 《부동산법인 세무 가이드북》 (신방수 저)

Book in Book

베테랑 세무사 신절세의
고급 절세노트 ⑤

주택 중과세제도 적용법

국내에서 1세대가 2주택 이상을 보유한 상태에서 양도하여 비과세와 감면을 받지 못하면 일반적으로 과세가 적용되며, 자칫 잘못하면 중과세가 적용될 수 있다. (2018년 4월 1일 이후) 따라서 사전에 중과세제도를 파악해 두어야 문제가 없을 것이다.

이하에서 주택 중과세제도에 대해 알아보자.

중과세 대상 주택 수 판정

무조건 주택 수가 많다고 중과세가 적용되는 것은 아니다. 아래 절차를 잘 살펴보자.

① 주택 수는 세대별로 따진다.

중과세 대상 주택 수는 세대단위별로 집계한다. 따라서 주택을 취득하기 전이나 취득을 했더라도 과세기준일 전에 세대를 정리하면 중과세를 피할 수 있다.

② 중과세 대상 주택은 소재지역별로 그 판단 기준이 다르다.

중과세 대상 주택은 주택이 어느 지역에 소재했느냐에 따라 그 판단 기준이 다르다. 만일 수도권(읍·면 지역 제외) 및 광역시·세종시권(군 지역 제외)에 소재한 주택은 가격을 불문하고 무조건 중과세 대상 주택으로 분류되나 기타 지방(수도권의 읍·면 지역, 광역시·세종시권의 군 지역 포함)은 가격이 기준시가로 3억 원(각각의 주택을 기준으로 함)을 초과해야만 중과세 대상 주택으로 분류된다.

③ 입주권도 주택 수에 포함된다.

관리처분 계획인가를 받은 입주권도 주택 수에 포함한다. 다만, 기타 지방(수도권의 읍·면 지역, 광역시·세종시권의 군 지역 포함)에 있는 입주권은 사업시행고시일 현재의 기존주택 가격이 3억 원을 초과해야 중과세 대상 주택으로 분류된다. 앞의 내용을 요약하면 아래와 같다. 이외에 지분으로 소유한 주택은 원칙적으로 각각 1주택으로 간주한다. (동일 세대원이 공동 소유한 주택은 1채로 간주) 한편 주거용 오피스텔도 주택 수에 포함한다.

주택 소재 지역	중과세 대상 주택 수
수도권 및 광역시·세종시권 (군 지역과 도농복합시의 읍·면 지역 제외)	무조건 포함
기타 지역(수도권 읍·면 지역, 광역시·세종시 군 지역 포함)	국세청 기준시가 3억 원 초과한 주택만 포함 (입주권 : 사업시행고시일 현재의 기존주택의 가격)

중과세 배제 주택

중과세 대상 주택이 2채 또는 3채 이상이 되었다고 하더라도 무조건 중과세율을 적용하지는 않는다. 중과세를 적용할 수 없는 주택이 있기 때문이다. 이하는 3주택 중과세제도에서 중과세를 적용하지 않는 주택의 유형이다.

① 양도소득세 감면주택

양도소득세가 감면되는 주택은 중과세제도가 적용되는 상황이라도 감면이 적용된다.

구분	내용	감면
신축주택취득자 (제99조)	'98.5.22.~'99.6.30.(국민주택은 '99. 12.31.) 사이에 취득한 신규주택을 양도 시	−5년 이내 양도 시 100%, −5년 이후 양도 시 5년간 발 생소득을 차감
신축주택취득자 (제99조의 3)	−'01.5.23~'03.6.30.(단 서울, 과천, 5대 신도시는 2003년 이후 계약분은 해당사항이 없음) 사이에 주택건설업자와 최초로 계약하고 계약금을 납부하 거나, 자가 건설주택의 경우 위 기간 내에 사용검 사나 사용을 승인받은 주택	−5년 이내 양도 시 100%, −5년 이후 양도 시 5년간 발 생소득을 차감

따라서 이러한 주택들을 최우선으로 양도하는 것이 좋다. 여기서는 대표적인 감면유형 2가지만 소개한다. 나머지 것들은 「조특법」상의 감면규정을 별도로 확인해야 한다.

② 장기임대주택

일반적으로 임대주택에 대해 감면을 적용받지 못하면 과세가 된다. 그리고 임대주택을 포함해 2주택 이상이면 중과세를 걱정해야 하나, 현행세법에서는 다음과 같은 요건을 갖춘 임대주택에 대해서는 특별히 일반세율을 적용한다. 다만, 이러한 혜택을 받기 위해서는 미리 관할구청과 세무서에 등록이 되어 있어야 한다.

구 분		중과세 배제 요건		
		임대호수	임대기간	가액기준
신규 임대주택	수도권	1호 이상	5년* 이상	임대개시일 기준시가 6억 원 이하
	수도권 밖	1호 이상	5년* 이상	임대개시일 기준시가 3억 원 이하

* 2018년 4월 1일 이후에 등록 시에는 8년임. 기타 조건은 동일함. 단, 2018.9.13. 이후 신규 취득분은 중과세를 적용함.

③ 5년 경과되지 않은 상속주택 등

상속은 비자발적인 사유에 의해 취득한 것이므로 중과세 불이익을 배제한다. 다만 중과세에서 제외되는 상속주택은 5년이 경과되지 않은 1주택에 한한다. (5년 경과된 상속주택은 중과세 가능) 상속주택이 2채 이상이면 피상속인(사망인)이 소유한 기간이 가장 긴 것만 혜택을 준다. 그리고 10년 이상 사원용으로 사용된 주택이나 문화재 주택, 저당권 실행이나 변제를 받기 위해 취득한 주택도 중과세하지 않는다.

④ 1주택인 일반주택

중과세 제외 주택(감면 주택, 장기임대주택, 사원용 주택, 상속주택 등)과 일반주택이 1채가 있으면 이 일반주택에 대해서는 중과세를 배제한다. 이 일반주택이 실질적으로 거주하고 있는 주택에 해당하기 때문이다.

※ 2주택 중과세 판정사례

2주택자에 대한 중과세 판정은 3주택 중과세 판정과 거의 같은 절차를 거쳐 진행된다. 이를 비교해 보면 다음과 같다. 표를 보면 중과세 주택 판정방법은 거의 같으나 중과세에서 제외되는 주택에서는 소형주택과 기타 부분에서 차이가 나고 있다. 여기서 소형주택은 수도권(읍·면 지역 제외)·광역시·세종시권(군 지역 제외) 소재 주택으로 기준시가 1억 원 이하인 주택을 말한다. 따라서 중과세 대상 주택 수가 2주택인 상황에서 기준시가가 1억 원 이하에 해당하는 소형주택을 먼저 양도하면 중과세에서 제외한다. 한편 일시적 2주택 중 기존주택을 나중의 주택을 산 날로부터 3년 이내에 처분하면 비과세를 받을 수 있으나, 양도 당시 비과세 요건을 갖추지 못하는 경우가 있다. 이러한 상황에서는 과세가 적용될 수밖에 없지만 이때에는 중과세가 아닌 일반과세를 적용한다.

구분		2주택 중과세	3주택 중과세
소재 지역별로 판단		중과세 주택 판정방법	좌동
중과세 에서 제외되는 주택	양도소득세 감면주택	감면조건 충족한 임대주택 양도 시 중과세 제외	좌동
	장기임대주택	10년 이상 임대 시 중과세 제외	좌동
	상속주택 등	5년 이내 상속주택 처분 시 중과세 제외	좌동
	소형주택	–	기준시가 1억 원 이하인 주택
	1주택인 일반주택	감면주택 등 외의 일반주택이 1채 있는 경우 중과세 제외	좌동
	기타(추가)		일시적 2주택 등

알 l 쏭 l 달 l 쏭 l 세 l 금 l 팁

다주택자가 일반세율을 적용받은 경우

다주택자가 중과세 대상 주택이 아닌 일반세율이 적용되는 주택을 처분하는 경우에는 서식을 제출해야 한다.

38
(단기, 4년)
일반임대로 할까,
준공공임대로 할까?
(장기, 8년)

> 주택을 매수계약 했는데
> 사업자등록을
> 어떤 식으로 내지?
>
> 일반임대로 할까,
> 준공공임대로 할까?

실무현장에서 보면 주택임대사업을 일반임대(단기)로 할 것인지
준공공임대(장기)로 할 것인지 이에 대한 판단을 내리기가 힘든 경우가 많다.

등록요건이 다소 상이하고 세제혜택도 상이하기 때문이다.

따라서 손해를 보지 않거나 또는 이익을 보기 위해서는 그 차이점을 정확히 이해하는 것이 좋다. 이
하에서 이와 관련된 문제들을 말끔히 해소해 보자.

주택임대사업 시의 세제혜택

① 취득세→신규로 분양되는 전용면적 60㎡ 이하의 주택을 임대등록하면 취득세 감
  면이 가능함

② 재산세→2호 이상의 공동주택을 임대한 경우 재산세의 25~100% 감면이 가능함.
  (85㎡ 이하의 주택도 가능)

③ 종부세→1호 이상의 주택을 임대한 경우로 합산배제 신청 시 비과세 적용함.
  (단독주택도 가능함)

④ 양도소득세→거주용 주택에 대해서는 비과세를 적용하며, 임대주택에 대해서는 장
  기보유 특별공제 40~70%(일반매입임대주택과 준공공임대주택), 양도소득세 감면(준공
  공임대주택에 한함)을 적용하고, 중과세를 적용하지 않음.

이 중 양도소득세 부분이 주요 관심사다. 거주주택에 대한 양도소득세 비과세
와 임대주택에 대한 양도소득세 감면 내용 등을 차례대로 정리해 보자.

거주주택에 대한 양도소득세 비과세

「소득세법」에서는 아래와 같은 요건을 갖춘 '장기임대주택' 외의 1채의 일반주
택에서 2년 이상 거주한 경우 거주한 주택을 먼저 양도 시 비과세를 적용한다.
아래의 요건을 갖춘 준공공임대주택도 위 장기임대주택에 해당된다. 따라서
거주주택에서 2년 이상 거주한 후 이를 양도하면 비과세를 받을 수 있다.

호수	가액기준	면적기준	임대기간
1호 이상	임대개시일 당시 기준시가 6억 원(수도권 밖은 3억 원) 이하(단, 2011.10.14. 전에 등록한 주택은 취득당시 기준)	없음	5년 이상

임대주택에 대한 세제혜택

일반임대는 5년, 준공공임대는 8~10년 이상 임대하면 다양한 세제혜택이 주어지는데, 양도소득세 계산구조에 따라 이를 살펴보자.〈표 1〉

〈표 1〉임대주택에 대한 세제혜택

구분	세제혜택
양도가액	
−취득가액	
−기타필요경비	
=양도차익	
−장기보유 특별공제	• 일반매입임대주택 6년 이상 임대 시 : 2~10% 추가(6년 18%+2%, 10년 30%+10%) • 준공공임대주택 8년 이상 임대 시 : 50%(2019년 부터는 70%) • 준공공임대주택 10년 이상 임대 시 : 70%
=양도소득금액	
−기본공제	
=과세표준	
×세율	중과세 배제 : 5년(8년) 의무임대(2018.9.13. 이후는 중과세 적용)
−누진공제	
=산출세액	
−감면세액	준공공임대주택 10년 임대 시 : 100% 감면 ☞ 단, 위의 장기보유 특별공제와 중복적용하지 않음
=결정세액	
+가산세	
=납부할 세액	

준공공임대주택(장기일반민간임대주택)의 경우 10년 이상 임대하면 장기보유 특별공제를 최고 70%(8년은 50%)까지 적용받거나 취득일로부터 3개월 이내에 임대등록하면 양도소득세를 100% 감면받을 수 있다. (단, 감면은 2018.12.31. 까지 적용됨) 그런데 이 두 가지 제도는 중복하여 적용되지 않으므로 어떤 것을 선택할 것인지 미리 의사결정이 되어야 한다. 사례를 통해 이를 알아보자.

| 사례 |

10년 이상 임대한 준공공임대주택의 양도차익이 1억 원, 3억 원, 5억 원인 경우 앞의 두 제도의 감면효과를 비교해 보자.

〈표 2〉를 보면 어떠한 상황이 되더라도 세액감면이 유리한 것을 알 수 있다.

〈표 2〉 사례_감면효과 비교

구분 양도차익	70% 장기보유 특별공제			100% 세액감면		
	1억 원	3억 원	5억 원	1억 원	3억 원	5억 원
−장기보유 특별공제	7,000만 원	2억 1,000만 원	3억 5,000만 원	3,000만 원	9,000만 원	1억 5,000만 원
=과세표준	3,000만 원	9,000만 원	1억 5,000만 원	7,000만 원	2억 1,000만 원	3억 5,000만 원
×세율	15%	35%	35%	24%	38%	40%
−누진공제	108만 원	1,490만 원	1,490만 원	522만 원	1,940만 원	2,540만 원
=산출세액	342만 원	1,660만 원	3,760만 원	1,158만 원	6,040만 원	1억 1,460만 원
−감면세액	0원	0원	0원	1,158만 원	6,040만 원	1억 1,460만 원
=결정세액	342만 원	1,660만 원	3,760만 원	0원	0원	0원
+지방소득세	34만 원	166만 원	376만 원	0원	0원	0원
+농특세	0원	0원	0원	231만 원	1,208만 원	2,292만 원
=총 계	376만 원	1,826만 원	4,136만 원	231만 원	1,208만 원	2,292만 원

일반임대주택과 준공공임대주택은 어떤 기준에서 선택해야 할까?

선택에 앞서 〈표 3〉의 일반임대와 준공공임대의 감면요건을 확인한 후 둘 다 가능한 경우에는 향후 시세전망 등을 한 후 한 가지 유형을 선택하면 된다. 다만, 의무임대기간에서 현격히 차이가 나므로 어떤 유형을 선택할 것인지에 대해서는 심사숙고할 필요가 있다. 간단한 사례를 통해 이를 정리해 보자.

김미영 씨는 현재 거주주택 외에 1주택을 보유하고 있다. 이 주택들은 모두 서울에 있다. 거주주택 외 주택은 5년 전에 매입한 것으로 현재 기준시가가 5억 원, 전용면적 85㎡를 초과하고 있다. 이 경우 임대주택을 등록하는 경우 과세방식은 어떻게 될까? 그리고 김 씨는 단기임대를 하는 것이 좋을까? 아니면 장기임대를 하는 것이 좋을까?

먼저 양도소득세 관점에서 과세방식에 대해 알아보자.

① 거주주택 양도소득세 비과세 적용가능 여부→가능하다. 기준시가가 6억 원 이하에 해당하기 때문이다. 이 경우 의무임대기간은 5년 이상이다.

② 장기보유 특별공제 50~70% 적용가능 여부→ 가능하지 않다. 전용면적이 85㎡를 초과하기 때문이다.

③ 양도소득세 100% 감면 적용가능 여부→가능하지 않다. 취득 후 3개월 이내에 등록해야 하기 때문이다. 또 전용면적이 85㎡를 초과한다는 것도 문제가 된다.

④ 중과세 적용배제 여부→배제된다. 중과세 적용배제는 전용면적과 관계없이 기준시가가 6억 원(3억 원) 이하에 해당하기 때문이다. 다만, 이 경우 의무임대 기간은 등록시점에 따라 차이가 있다. 2018년 4월 1일 전은 4년, 후는 8년이다.

다음으로, 김 씨가 단기임대를 하는 것이 좋을지, 장기임대를 하는 것이 좋을지 알아보자. 김 씨가 거주주택을 먼저 양도하고자 하는 경우에는 의무임대 기간이 5년 이상이면 되므로 이 경우에는 단기임대를 선택한다. 하지만 임대주택을 먼저 양도하고자 하는 경우에는 임대등록시점에 따라 중과세배제를 위한 의무임대기간이 5년 또는 8년이 되므로 이를 고려하여 단기임대 또는 장기임대 중 하나를 선택해야 한다(단, 2018.9.13. 이후 취득분은 중과세로 인해 실익이 없을 수 있음).

〈표3〉 주택임대사업자등록에 따른 감면 등 적용요건 요약

구분	등록한 임대주택에 대한 감면 등 적용요건						비고
	등록기한	의무 임대호수	기준시가	전용면적	의무 임대기간	임대료 증액제한*	
① 취득세 감면	취득일 ~60일	–	–	신축+60㎡	4년	–	2018. 12. 31. 만료(지특법)
② 재산세 감면	–	2호 이상	–	85㎡	–	–	2018. 12. 31. 만료(지특법)
③ 종합부동산세 비과세	–	–	6억 원(지방 3억 원)	–	'18. 4. 1. : 5년 '18. 4. 1. 이후 : 8년 (공실 2년 인정)	–	2018.9.13. 이후 신규 취득분은 과세
④ 임대소득세 30%(준공공은 75%)감면	–	– (건설 2호 이상)		85㎡	4년 (준공 공은 8년) (공실 3개 월 인정)	–	2019. 12. 31. 만료(조특법)
⑤ 2년 거주주택 양도세 비과세 적용 시의 장기임대주택	–	–	6억 원(지 방 3억 원)	–	5년 (공실 6개 월 인정)	–	
⑥ 중과세 적용배제	–	–	6억 원(지 방 3억 원).	–	'18. 4. 1. : 5년 '18 .4. 1. 이후 : 8년 (공실 6개월 인정)	–	2018.9.13. 이후 신규 취득분은 중과세 적용
⑦ 장기임대주택 장기보유특별공제 32~40%	–	–	6억 원(지 방 3억 원)	–	6~10년 (공실 3개 월 인정)	–	2018. 3. 31. 까지 등록한 주택에 한함. (조특법)
⑧ 준공공임대주택 장기보유특별공제 50%	–	–	2018.9.13. 이후 6억 원 (지방 3억 원)	85㎡	8년 (공실 3개 월 인정)	5%	
⑨ 준공공임대주택 장기보유특별공제 70%	–	–	2018.9.13. 이후 6억 원 (지방 3억 원)	85㎡	10년 (공실 3개 월 인정)	5%	
⑩ 준공공임대주택 양도소득세 100% 감면	취득일~ 3개월	–	–	85㎡	10년 (공실 6개 월 인정)	5%	2018. 12. 31. 만료(조특법)

* 임대등록 후에 임대료를 5% 초과해 인상 시 1,000만 원 이하의 과태료 부과될 수 있음. 5% 규정은 임대등록 후에 새롭게 한 임대차계약을 기준으로 계약갱신 시마다 적용됨.

39

일반매입임대주택을 준공공임대주택으로 전환하면 실익이 있을까?

일반매입임대주택을 준공공임대주택으로 바꾸고 싶어 하는 사람들이 많다.

왜 그럴까?

그것은 다름 아닌 10년 이상 임대한 후에 준공공임대주택을 양도하면 이에 대해 양도소득세 감면을 받을 수 있기 때문이다.

그런데 아쉽게도 이렇게 전환한 경우에는 이 감면은 받을 수 없다. 왜 그럴까?

또 만일 감면이 적용되지 않으면 다른 대안은 없을까?

준공공임대주택으로 전환할 때 알아둬야 할 것들!

1. 양도소득세 100% 감면은 받을 수 없다

준공공임대주택에 대한 양도소득세 감면을 정하고 있는 「조특법」 제97조5의 규정을 보면 감면을 위해서는 해당 주택의 취득일(잔금)로부터 3개월 이내에 준공공임대주택 등으로 등록할 것을 요구하고 있다. (이외 10년 이상 임대, 연간 5% 임대료 제한, 국민주택 규모 이하의 조건이 있음) 따라서 이미 취득되어 일반임대주택으로 등록한 후에 3개월이 지나서 준공공임대로 전환하는 경우 감면요건을 위배해 감면을 받을 수 없게 된다.

2. 장기보유 특별공제는 최대 50~70%까지 받을 수 있다

일반임대주택을 준공공임대주택으로 전환하는 경우 감면은 받을 수 없지만 장기보유 특별공제는 최대 50~70%까지 받을 수 있다. 50%는 8년, 70%는 10년 이상 임대 시의 공제율에 해당한다.

구분	장기보유 특별공제		
	일반매입임대(5년)	준공공임대(8년)	준공공임대(10년)
	30% 공제	50% 공제	70% 공제
양도차익	2억 원	2억 원	2억 원
−장기보유 특별공제	6,000만 원	1억 원	1억 4,000만 원
=과세표준	1억 4,000만 원	1억 원	6,000만 원
×세율	35%	35%	24%
−누진공제	1,490만 원	1,490만 원	522만 원
=산출세액	3,410만 원	2,010만 원	918만 원

앞의 표는 예를 들어 양도차익이 2억 원인 경우 장기보유 특별공제율이 30%, 50%, 70%에 따라 세금이 어떤 식으로 변하는지 분석한 것이다.

일반매입임대의 경우 산출세액이 3,410만 원 나왔지만 준공공임대의 경우 918만 원 등으로 대폭 감소되었다. 물론 양도차익이 더 많아지면 이러한 차이는 더 벌어지게 될 것이다.

따라서 양도차익이 많이 날 것으로 예상한다면 준공공임대주택으로 전환하는 것이 실익이 있을 수 있다. 그런데 여기서 쟁점이 하나 발생한다.

일반매입임대주택으로 등록한 이후 5년 이상을 임대한 경우 이 임대 기간도 승계가 되는지다. 이에 「조특법 시행령」 제97조의3 제4항에서는 5년의 범위에서 일반임대주택으로 임대한 기간의 100분의 50에 해당하는 기간을 준공공임대주택의 임대기간에 포함하도록 하고 있다. 따라서 일반임대의 임대기간이 5년이라면 이의 50%인 2년 6개월이 승계되므로 준공공임대주택으로 전환 후에 나머지 임대기간을 채워야 세제혜택을 누릴 수 있다. 만일 일반임대기간이 10년을 넘어가는 경우에는 최대 5년만을 인정하므로 준공공임대주택으로 전환한 이후 5년을 추가로 임대해야 한다.

> ※ **준공공임대주택의 감면요건의 변경**
>
> 2018년 9월 13일 이후에 주택을 신규 취득해 준공공임대주택으로 등록하여 감면을 받기 위해서는 기준시가가 수도권은 6억 원, 지방은 3억 원 이하이고 국민주택 규모 이하여야 한다. 주의하기 바란다.

알ㅣ쏙ㅣ달ㅣ쏙ㅣ세ㅣ금ㅣ팁

의무임대기간 전에 폐업하는 경우의 과태료부과

의무임대기간(여기서는 4년) 전에 임대업을 폐지하는 경우 「민간임대주택법」에 의한 과태료가 부과될 수 있다. 다만, 아래 제43조처럼 임대사업자에게 포괄승계하면 이러한 과태료 제재에서 벗어날 수 있다.

제67조(과태료) ① 다음 각 호의 어느 하나에 해당하는 자에게는 1천만 원(일부는 3천만 원으로 개정 예정) 이하의 과태료를 부과한다.

1. 제42조 제3항을 위반하여 신고를 하지 아니한 임대사업자
2. 제43조를 위반하여 임대의무기간 중에 민간임대주택을 임대하지 아니하거나 양도한 자
3. 제44조에 따른 임대조건 등을 위반하여 민간임대주택을 임대한 자
4. 제45조를 위반하여 임대차계약을 해제ㆍ해지하거나 재계약을 거절한 임대사업자
5. 제46조에 따른 임대차계약 신고를 하지 아니하거나 거짓으로 신고한 자
6. 제47조에 따른 표준임대차계약서를 사용하지 아니한 임대사업자
7. 제50조를 위반하여 준주택을 주거용이 아닌 용도로 사용한 자

제43조(임대의무기간 및 양도 등)

① 임대사업자는 임대사업자 등록일 등 대통령령으로 정하는 시점부터 제2조 제4호부터 제6호까지의 규정에 따른 기간(이하 "임대의무기간"이라 한다) 동안 민간임대주택을 계속 임대해야 하며, 그 기간이 지나지 아니하면 이를 양도할 수 없다.
② 제1항에도 불구하고 임대사업자는 임대의무기간 동안에도 국토교통부령으로 정하는 바에 따라 시장ㆍ군수ㆍ구청장에게 신고한 후 민간임대주택을 다른 임대사업자에게 양도할 수 있다. 이 경우 양도받는 자는 양도하는 자의 임대사업자로의 지위를 포괄적으로 승계하며, 이러한 뜻을 양수도계약서에 명시해야 한다.
③ 제2항은 임대사업자가 임대의무기간이 지난 후 민간임대주택을 양도하는 경우에도 준용한다. 다만, 양수하는 자가 임대사업자로 등록하지 아니하는 경우에는 제2항 후단을 적용하지 아니한다.
④ 제1항에도 불구하고 임대사업자는 부도, 파산, 그 밖의 대통령령으로 정하는 경제적 사정 등으로 임대를 계속할 수 없는 경우에는 임대의무기간 중에도 대통령령으로 정하는 바에 따라 시장ㆍ군수ㆍ구청장에게 허가를 받아 임대사업자가 아닌 자에게 민간임대주택을 양도할 수 있다.

40

장기임대주택 의무임대기간 종료 후에 어떤 일들이 발생할까?

관할 세무서 등에 임대등록한 이후 5년 이상 임대한 주택이 있다고 하자.
이러한 상황에서 임대주택을 처분하면 다양한 세무상 쟁점들이 발생한다.
바로 임대주택을 1주택 상태에서 양도하면 비과세가 적용되는지와
이의 조건은 무엇인지에 관한 것 등이다.
따라서 의무임대를 다한 등록주택을 처분할 때는
과세가 적용되는 방식 등에 대해 세밀히 살펴봐야 한다.

앞에서 제기된 세무상 쟁점들을 좀 더 구체적으로 살펴보자.

주택을 장기임대 중에 거주주택에 대한 양도소득세 비과세를 받은 상황에서 주택임대사업을 폐업하면 비과세로 받은 세금이 추징될까?

일단 의무임대기간 5년이 되기 전에 폐업하면 당연히 추징이 된다. 하지만 5년 이후에 폐업하는 경우에는 이러한 문제점이 발생하지 않는다. 의무를 모두 이행했기 때문이다.

거주주택에 대한 양도소득세 비과세를 적용받지 않은 상황에서 의무임대기간 5년이 지난 후에 폐업하고 그 상태에서 거주주택을 양도하면 비과세에 해당될까?

의무임대기간을 충족한 후에 임대사업을 폐지하였으므로 거주주택에 대한 비과세 특례를 받을 수 있다. (유권해석을 받아 처리하기 바람)

장기임대주택을 의무임대한 후 이를 양도하면 과세는 어떻게 적용될까?

이때에는 장기임대주택을 포함한 주택 수를 어떤 식으로 보유하고 있느냐에 따라 과세방식이 결정될 것으로 보인다. 예를 들어 1세대 1주택인 경우에는 이를 바로 양도해도 비과세를 받을 수 있다. 이미 보유기간이 2년 이상이 되었기 때문이다. (단, 2017년 8월 3일 이후부터 조정지역의 경우 거주 요건이 추가됨에 유의) 다만, 직전 거주주택에 대해 비과세 혜택을 받았다면 직전 거주주택 양도일 이후에 발생한 양도차익에 대해서만 비과세를 적용하는 것이 원칙이다. 이중 혜택을 주지 않기 위해서다. 이와 관련된 분석 자료를 저자가 운영하고 있는 카페에 탑재해두었다. 카페로 문의하기 바란다. 이외 과세가 되는 경우에는 원칙적으로 중과세가 아닌 일반과세가 적용된다.

참고로 장기임대주택 외에 다른 주택들이 다수 있는 경우에는 다주택자에 해당하여 과세방식이 복잡할 수 있다. 저자 등과 상의하여 대책을 수립하기 바란다.

임대 중에 상속·재건축·공실이 발생한 경우의 임대기간 산정법

등록한 주택의 임대 중에 상속이나 재건축 또는 공실 등이 발생한 경우의 임대기간은 어떤 식으로 이를 정하는지 궁금할 수 있다. 이 부분을 정리해 보자.

① 주택임대 중 상속이 발생한 경우

거주주택에 대한 양도소득세 비과세를 받고 임대주택의 5년 의무임대기간을 채우지 못한 상태에서 주택임대사업자가 사망한 경우 이를 상속받은 상속인이 나머지 의무임대기간을 채워야 할까?
그렇다. 상속을 받은 이후에 나머지 임대기간을 채우는 것이 원칙이다.

② 재건축이 발생한 경우

임대 중에 재건축이 발생한 경우에는 재건축 완공 후에 임대를 개시하면 된다. 물론 임대기간은 재건축 전의 임대기간을 합산하여 산정하게 된다. 이때 기준시가 등이 변동하기 마련인데 이 경우에는 아무런 문제가 없다. 임대등록일을 기준으로 요건을 판단하기 때문이다.

> ※ 관련 예규 : 부동산거래관리과-571, 2012.10.25.
> 장기임대주택의 임대기간을 계산할 때 주택 재개발사업으로 철거된 경우 철거된 재건축 공사기간은 합산하지 아니하고, 재개발 후 신축된 주택의 임대기간은 합산하는 것임.

③ 공실이 발생한 경우

공실기간 6개월을 초과하는 기간은 임대기간에 산입하지 않는다. 다만, 이를 초과하는 경우에는 이를 제외한 임대기간이 만 5년이 되어야 한다. 참고로 의무임대 기간 중 공실인정 기간에 대해서는 209페이지를 참조하기 바란다. 각 규정에 따라 그 내용이 달라지기 때문이다. 위의 규정은 거주주택 비과세 적용시 장기임대주택 등의 의무임대기간과 관련이 있다. 참고로 다음의 표는 준공공임대주택에 대한 장기보유 특별공제 50~70% 적용규정과 관련이 있다. 공실인정 기간에서 앞의 내용과 차이가 난다.

※조세특례제한 집행기준 97-97-5 [임대기간 계산방법]

구분	임대기간 계산방법
원칙	주택임대기간의 기산일은 임대를 개시한 날
임차인이 변경된 경우	기존 임차인의 퇴거일부터 다음 임차인의 입주일까지의 기간 •3개월 이내 : 주택임대기간에 산입 •3개월 초과 : 주택임대기간에 산입하지 않음
상속의 경우	피상속인의 주택임대기간을 상속인의 주택임대기간에 합산
증여의 경우	증여자의 주택임대기간을 통산하지 않음
이혼의 경우	•재산분할 : 전 배우자의 주택임대기간을 합산 •위자료 : 전 배우자의 주택임대기간을 합산하지 않음
재건축한 주택의 경우	재건축공사기간은 임대기간에 포함되지 않음

알ㅣ쏭ㅣ달ㅣ쏭ㅣ세ㅣ금ㅣ팁

장기임대주택 요건을 충족하지 못한 경우의 세금 추징법

그 사유가 발생한 과세연도의 과세표준을 신고할 때 아래 ①에서 ②를 뺀 금액을 양도소득세로 납부해야 한다.

① 거주주택 양도 당시 해당 임대주택을 장기임대주택으로 보지 아니할 경우에 납부했을 세액
② 거주주택 양도 당시 특례를 적용받아 납부한 세액

베테랑 세무사 신절세의
고급 절세노트 ❻

주택임대사업자의 소득세 신고방법

주택임대소득이 발생하면 원칙적으로 소득세를 신고해야 한다. 하지만 「소득세법」에서는 보유한 주택 수 및 임대소득의 크기에 따라 과세방식을 달리 정하고 있다. 이하에서 주택임대소득의 과세방식에 대해 알아보자.

연도별 주택임대소득 과세 여부

주택임대소득에 대해서는 한시적으로 비과세가 적용된다. 이를 포함하여 과세방식을 정리하면 다음과 같다.

구분	2013년	2014~2018년	2019년
1주택자	• 월세 : 비과세(단, 기준시가 9억 원 초과주택은 과세)	좌동	좌동
2주택 이상자	• 월세 : 과세 • 전세 : 비과세 원칙	• 임대소득 　-2,000만 원 이하 : 비과세 　-2,000만 원 초과 : 종합과세	• 임대소득 　-2,000만 원 이하 : 분리과세 　-2,000만 원 초과 : 종합과세

위에서 종합과세제도는 주택임대소득을 다른 소득에 합산하여 6~42%의 세율로 과세하는 방식을 말한다. 따라서 세금 정산 방식을 잘 알아두지 못하면 최고 세율 42%까지도 적용받을 수 있음에 유의해야 한다. 참고로 미등록사업자도 사업자등록 여부와 관계없이

종합소득세를 내는 것이 원칙이다.

신고사례

사례를 통해 종합소득세를 신고하는 방법을 알아보자.

| 사례 |

서울에 거주하고 있는 K씨의 주택임대소득에 대한 자료는 다음과 같다. 장부를 작성하여 신고한
경우와 작성하지 않고 신고한 경우의 세금차이를 계산해 보자. 단, 장부를 작성하지 않는 경우에
는 기준경비율로 신고할 수 있다고 하자. 여기서 기준경비율은 연간 임대료가 2,400만 원 넘는
주택임대사업자가 장부를 작성하지 않을 때 실제경비 대신 적용할 수 있는 경비율을 의미한다.

〈자료〉

• 임대소득 : 5,000만 원
• 필요경비 : 1,000만 원(재산세 등 일반관리비)
• 기준경비율 : 21.1%
• 기타의 내용은 무시함.

위의 자료에 맞춰 답을 찾아보자.

구분	장부로 신고하는 경우	기준경비율로 신고하는 경우	비고
수입금액	5,000만 원	5,000만 원	
−필요경비(실제)	1,000만 원	0원	
−기준경비율(21.1%)	−	1,055만 원	
=소득금액	4,000만 원	3,945만 원	
×세율	15%	15%	
−누진공제	108만 원	108만 원	
=산출세액	492만 원	483만 7,500원	
+가산세	−	967,500원	무기장가산세 20%
=결정세액	492만 원	580만 5,000원	

장부를 작성하지 않고 신고하는 경우에는 경비로 인정받을 수 있는 금액이 실제보다 낮고, 무기장가산세를 부담하게 되므로 장부로 작성한 경우에 비해 세금이 많이 나오는 것이 일반적이다.

참고로 주택임대사업자등록을 한 사업자들은 앞의 소득세(법인은 법인세)를 30% 또는 75%만큼 감면을 받을 수 있다. 여기서 30%는 일반매입임대주택(5년 임대), 75%는 준공공임대주택(10년 임대)에 대해 적용된다. 위의 장부를 작성한 것을 기준으로 감면세액을 계산해 보자.

구분	일반매입임대주택	준공공임대주택
수입금액	5,000만 원	5,000만 원
-필요경비(실제)	1,000만 원	1,000만 원
-기준경비율(21.1%)	-	-
=소득금액	4,000만 원	4,000만 원
×세율	15%	15%
-누진공제	108만 원	108만 원
=산출세액	492만 원	492만 원
-감면세액(30%, 75%)	147만 원	369만 원
=결정세액	345만 원	123만 원

참고로 2019년 이후부터 분리과세가 되는 경우에는 주택의 임대소득에서 70%(미등록 시는 50%)만큼 필요경비로 인정을 해준다. 그리고 400만 원(다른 종합소득이 2,000만 원이 넘으면 공제 불가) 상당액을 공제한 과세표준에 14%로 과세한다.

간주임대료 계산법
2019년부터 모든 주택임대소득에 대해 소득세가 과세될 것으로 보인다. 이때 전세보증금에 대해서는 어떤 식으로 소득파악을 할 것인지가 쟁점이 된다. 여기서 소득을 간주임대료라고 한다.

첫째, 보유한 주택 수가 3채 이상이 되어야 한다.

여기서 주택 수는 부부가 소유한 주택을 기준으로 산정한다. 기준시가 3억 원, 60㎡ (2019년 2억 원, 40㎡) 이하인 소형임대주택은 위 주택 수에서 제외한다.

둘째, 개인의 임대보증금의 합계액이 3억 원을 넘어야 한다.

각 개인이 소유한 주택에서 받은 보증금 액수가 3억 원을 넘어야 간주임대료 계산대상이 된다. 공동명의로 주택을 보유한 경우 6억 원을 공제받을 수 있다.

셋째, 3억 원을 초과한 금액이 나오면 그 초과금액에 60%를 곱한 금액에 간주임대료율(2018년은 1.8%)을 곱해 간주임대료를 계산한다.

| 사례 |

김주택 씨가 보유한 주택은 소형주택 외의 주택이 3주택이며 임대보증금은 7억 원이다. 이 경우 간주임대료는?

· 간주임대료=(7억 원-3억 원)×60%×1.8%=432만 원

이처럼 임대보증금이 많더라도 간주임대료에 대한 세 부담은 극히 미미할 것으로 보인다.

☞ 주택임대소득에 대해 종합소득세 신고가 되면 건강보험료가 추가될 수 있다. 다만, 직장인은 이미 급여소득에서 이를 부담하고 있으므로 연간 종합소득금액이 3,400만 원을 초과하지 않는 이상 건강보험료가 추가되지 않는다. 만약 공동명의로 등기하여 주택임대소득에 대해 종합과세가 적용되는 경우 전업주부 앞으로 별도의 건강보험료가 부과될 수 있다. 2019년부터 2,000만 원 미만이 되면 분리과세가 적용되는데, 등록하는 경우 최대 40~80%를 감면하므로 부담액은 거의 없을 것으로 보인다.

41

임대등록, 다가구 주택에도 좋을까?

이거 허물고
다가구로
만들어볼까?
그러면
세금은 어떡하지?

다가구 주택은 무엇을 의미하고 이에 대한 세금관계는 어떻게 될까?
이러한 내용을 알아야 의사결정을 제대로 할 수 있다.

첫째, 이를 취득한 경우에는 단독주택으로 보아 1~3%의 취득세율을 적용한다.

둘째, 이를 임대하는 경우에는 보유한 주택 수에 따라 임대소득세 과세방식이 달라진다. 보유한 주택이 다가구 주택만 있는 경우 기준시가가 9억 원을 초과하지 않는 한 주택임대소득에 대해서는 무조건 비과세를 받을 수 있다. 하지만 이를 포함해 2주택 이상이고 주택임대소득이 연간 2,000만 원을 초과하면 종합과세되는 것이 원칙이다.

셋째, 이를 양도하는 경우에도 보유 주택 수에 따라 과세방식이 달라진다. 다가구 주택만 있는 경우 2년 이상 보유 및 거주하면 비과세가 가능하며, 이때 양도가액이 9억 원을 초과하면 양도차익 일부에 대해서는 과세된다. 만일 2주택 이상 보유한 경우라면 중과세의 가능성도 있다.

다가구 주택을 단독주택으로 보아 세법을 적용하면 대부분의 문제는 쉽게 해결된다. 그런데 다가구 주택을 임대등록하는 것이 좋을지 아닐지 이에 대한 판단이 쉽지가 않은 경우가 많다. 알다시피 임대등록을 하면 취득세부터 양도소득세까지 다양한 세제감면을 받을 수 있다. 하지만 다가구 주택은 세법상 단독주택에 해당하다보니 일부에서는 감면이 제한된다. 다가구 주택에 대한 감면 여부를 각 세목별로 비교해 보자.〈표 1〉

취득세와 재산세는 지방세에 해당하지만 나머지 세목은 모두 국세에 해당한다. 따라서 〈표 1〉을 보면 다가구 주택에 대한 지방세는 감면혜택이 없지만 국세는 혜택이 있음을 알 수 있다.

그렇다면 언제 어느 상황에서 다가구 주택에 대한 임대등록의 실익이 있는지 살펴보자.

〈표 1〉 다가구 주택 감면 여부

구분	요건	다가구 주택 해당 여부	비고
취득세 감면	신규, 공동주택, 60㎡ 이하 주택	해당사항 없음	단독주택에 해당하므로 감면 적용배제
재산세 감면	공동주택, 85㎡ 이하	상동	상동(단, 2019년부터 각 호별 40㎡ 이하이고, 8년 이상 임대 시 감면 적용)
종부세 비과세	기준시가 6억 원 이하	적용 가능	각호별로 기준시가 산정
임대소득세 감면	임대등록 후 5년(30% 감면), 10년(75% 감면)	적용 가능	등록 후 임대기간이 중요함
거주주택 양도소득세 비과세	기준시가 6억 원(지방은 3억 원) 이하, 5년 이상 임대	적용 가능	상동
임대주택 양도소득세 감면	85㎡ 이하인 준공공임대주택으로 10년 이상 임대	적용 가능	각호별로 전용면적 산정

다가구 주택만 1채 있는 경우

이 경우에는 등록의 실익이 없다. 취득세와 재산세(단, 재산세는 2019년 이후부터 감면적용)는 감면의 혜택이 없고 종부세는 기준시가가 9억 원까지는 비과세가 되기 때문이다. 임대소득세의 경우에도 기준시가가 9억 원을 초과하지 않는 한 비과세된다. 양도소득세는 등록과 무관하게 1세대 1주택으로 비과세혜택을 누릴 수 있다.

다가구 주택을 포함하여 2주택 이상인 경우

2주택 이상이 된 경우에는 앞의 세목들이 과세로 바뀔 수 있다. 특히 임대소득세의 경우 연간 2,000만 원을 넘어가면 종합과세가 적용되므로 이에 대한 세금관리가 필수가 된다. 이외 양도소득세도 과세로 바뀌며 자칫 중과세의 가능성마저 있다. 따라서 이러한 상황에서는 적극적으로 등록을 검토하는 것이 좋다. 결국, 다가구 주택 소유자들은 다가구 주택 외의 주택을 어떤 식으로 보유하느냐에 따라 사업자등록 여부가 결정된다고 할 수 있다. 사례를 보자.

| 사례 |

서울에 거주하고 있는 K씨는 다가구 주택 1채와 아파트 1채를 보유하여 1세대 2주택을 보유하고 있다. K씨는 아파트를 양도하고자 하는데, 이 경우 비과세를 받을 방법은?

① 일시적 2주택으로 비과세를 받는 방법

이는 새로운 주택을 산 날로부터 3년 이내에 기존주택을 처분하는 방법을 말한다. 단, 이 규정에 의해 비과세를 받으려면 2년 보유 등의 비과세 요건을 갖추어야 한다.

② 감면주택이 있는 경우 비과세를 받는 방법

위에서 다가구 주택이 감면주택에 해당하면 아파트는 1세대 1주택으로 보아 비과세의 가능성이 있다. 그러나 다가구 주택이 감면주택에 해당하는 경우는 많지 않아 이 규정에 의한 비과세의 가능성은 낮아 보인다.

③ 임대주택사업자등록을 하여 비과세를 받는 방법

위와 같은 방법들로 비과세를 받을 수 없는 경우에는 다가구 주택을 임대등록 한 후 아파트를 처분하면 비과세를 받을 수 있다. 다만, 아파트에서는 2년 이상 거주해야 한다.

Q 만일 다가구 주택에 대한 사업자등록을 관할 세무서에서만 한 상태에서 거주주택 을 양도하면 거주주택에 대한 양도소득세 비과세를 받을 수 있을까?

A 없다. 관할 시·군·구청에 미리 등록했음을 요건으로 하고 있기 때문이다. 따라 서 늦게라도 등록을 한 후에 거주주택을 처분해야 비과세를 받을 수 있게 된다.

알|쏭|달|쏭|세|금|팁

다가구 주택에 대한 중과세 판단

2주택 이상자에 대한 주택 중과세제도 판단 시 다가구 주택은 1주택으로 보아 주택 수를 판단 한다. 예를 들어 9호로 되어 있는 다가구 주택 1채와 다른 주택이 1채 있는 경우 소유 주택 수 는 2주택으로 보아 중과세 판단을 한다는 것이다.

42

다중주택을 신축해 임대하는 경우의
세무 처리법

대학교 앞에 다중주택을 지어서
임대하려고 합니다.
그런데 땅은 부모님 명의로 취득을 하고,
제 돈으로 건물을 지어 임대하려 하는데
세무상 어떤 문제점들이 있을까요?

신절세 세무사

위 사례에 대한 내용을 해결하기 위해서 먼저 몇 가지를 정리해 보자.

첫째, 다중주택이란 뭘까? 다중주택이란 「건축법」에서 정하고 있는 학생 등 여러 사람이 장기간 거주할 수 있는 주택을 말한다. 이러한 주택도 「건축법」상 단독주택의 하나에 해당한다. 하지만 세법을 적용할 때는 세법에서 정하고 있는 주택의 개념(주거용으로 사용)에 해당해야 한다.
둘째, 땅의 소유자와 건물 소유자를 달리할 수 있는가? 그렇다. 땅과 건물에 대해 각각 등기할 수 있기 때문이다.
셋째, 땅에 대한 임대료는 어떻게 정하면 될까? 인근의 시세를 기준으로 정할 수 있다.

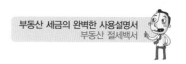

사례에서 나타난 다중주택에 대한 다양한 세무상 쟁점을 좀 더 구체적으로 정리해 보자.

취득하는 과정에서 발생하는 세무상 쟁점

신축공사비에 대해서는 세금계산서를 받아야 할까?

일반적으로 주택을 신축하는 경우 「주택법」에 따른 국민주택 규모의 경우 대부분 부가가치세가 면제된다. 따라서 전용면적이 85㎡ 이하가 되어야 하는데 이때 다중주택이나 다가구 주택은 각호별로 이를 적용하는지가 중요하다. 이에 「조특법 시행령」 제106조 제4항 등에서는 다가구 주택만 가구당 전용면적을 기준으로 한 면적을 말한다고 하고 있다. 따라서 단독주택인 다중주택은 이에서 정한 것이 없으므로 전체 면적을 기준으로 부가가치세 면제 여부가 결정될 것으로 보인다. 따라서 세금계산서를 받는 것이 원칙이다.

사업자등록을 일반과세자로 내면 공사비에 대한 부가가치세를 환급받을 수 있을까?

신축된 다중주택을 임대용으로 사용할 경우 사업자유형은 면세업에 해당하므로 이 경우 부가가치세 환급은 불가능하다. 단, 이를 신축판매하는 경우 이는 과세업에 해당하므로 환급이 가능하다. (이하는 주거용으로 임대 가정) 이외 관광객 등을 위한 숙박용도 과세업에 해당한다. 사업자유형 결정은 실무상 매우 중요하다. 사전에 이에 대한 면밀한 검토가 필요하다.

보존등기 시 취득세는 얼마나 낼까?

단독주택의 취득으로 보아 신축가액의 2.8% 상당액을 취득세로 내게 될 것으로 보인다. 농특세를 포함하면 3.16% 정도가 된다.

임대하는 과정에서 발생하는 세무상 쟁점

임대수입에 대해서는 부가가치세를 내야 할까?

주거용인 주택의 임대료에 대해서는 부가가치세가 면제된다. 다만, 사업을 위한 주거용의 경우에는 부가가치세가 면제되지 않는다.(「부가가치세법 시행령」제41조) 실무적용 시에는 사실판단을 정확하게 하는 것이 중요하다.

임대소득에 대해서는 종합소득세를 내야 할까?

다중주택이 상시 주거용으로 사용된 경우 주택임대소득에 대한 과세방식은 주택 수에 따라 달라진다.

구분	과세방식	비고
1주택 보유 시	기준시가 9억 원 이하 시 비과세	
2주택 이상 보유 시	연간 2,000만 원 초과 시 과세	2,000만 원 이하는 비과세

땅을 무상사용하는 경우에 어떤 문제가 발생할까?

땅을 무상사용하는 자는 증여세의 과세문제가 있으며, 무상대여하는 자는 시가로 계산된 임대료에 대해 부가가치세와 종합소득세가 과세되는 문제가 있다. 세 가지의 쟁점이 발생하므로 사전에 이에 대해 검토해야 한다. 무상사용자에 대한 증여세를 과세할 때 증여재산가액은 다음과 같이 계산한다.

$$부동산 무상사용이익 = 부동산가액 \times 2\% \times 3.79079^*$$

* 3.79079는 5년간의 부동산무상사용이익을 현재가치로 할인하는 연금 현가계수임.

이 경우 부동산의 무상사용을 개시한 날을 증여시기로 하여 5년마다 5년간의 부동산 무상사용이익에 대해 한꺼번에 증여세가 과세된다. 단, 그 5년간의 증여재산가액이 1억 원 이상인 경우에 한한다. 따라서 이 금액 미만은 과세되지 않는다. 한편 상기 산식에서의 부동산가액이란 「상증법」 제60조~제66조에 의하여 평가한 가액을 말하는 것으로, 부동산의 시가가 있는 경우 시가로 평가하고 시가가 없는 경우 보충적 가액(토지 : 개별공시지가)으로 평가한다.

양도하는 과정에서 발생하는 세무상 쟁점

다중주택을 양도하는 경우에 양도소득세가 비과세될까?

다중주택이 상시 주거용에 해당한 경우 이는 단독주택에 해당되므로 1세대 1주택으로 보아 비과세가 가능할 것으로 보인다. 이때 양도가액이 9억 원을 초과하는 경우에는 고가주택에 대한 과세방식이 적용될 것이다. 참고로 다중주택이 세법상의 주택의 정의에 부합하는지 여부는 독립된 주거의 형태를 갖추었는지 여부 및 임대차 계약조건 등 관련사실을 종합하여 관할 세무서장이 사실판단할 사항에 해당한다. 따라서 일반주택처럼 월세계약서 등을 구비해두는 것이 좋다.

다중주택을 양도할 때 부가가치세가 발생할까?

상시 주거용인 주택으로 임대하는 경우 면세업에 해당하며 이러한 상태에서 주택을 양도하면 부가가치세가 발생하지 않는다.

다중주택을 주택임대사업자등록한 후 다중주택 외의 주택을 처분하면 비과세를 받을 수 있을까?

다중주택을 포함한 주택 수가 2주택 이상인 상태에서 거주주택을 처분하더라도 과세의 가능성이 있다. 이러한 상황에서는 다중주택을 주택임대사업자등록하면 거주주택에 대해서도 비과세를 받을 수 있다. 다만, 장기임대주택은 임대개시일 당시 기준시가가 6억 원(지방은 3억 원) 이하가 되어야 하는데, 다중주택도 다가구 주택처럼 각호별로 가액기준을 정하는지가 쟁점이 된다.

이에 대해 세법은 「건축법 시행령」 별표1 제1호 다목에 해당하는 다가구 주택은 각호별로 하도록 하고 있으나, 다중주택에 대해서는 이를 정하고 있지 않다. 따라서 다중주택은 전체의 기준시가를 적용해야 할 것으로 보인다. 그 결과 다중주택의 전체 기준시가가 6억 원을 초과하는 경우에는 거주주택에 대한 비과세를 위한 사업자등록의 의미가 없을 것으로 보인다. 다중주택도 다가구 주택의 수준으로 세법적인 배려를 해주는 것이 타당하다.

참고로 다중주택도 장기보유 특별공제 70% 적용 및 양도소득세 100% 감면을 위해 준공공임대주택으로 등록할 수 있다. 다만, 이러한 혜택을 받기 위해서는 전용면적 85㎡ 이하(단, 2018.9.13. 이후 취득분은 기준시가 6억 원(3억 원) 요건 추가)가 되어야 하는데 이때 준공공임대주택도 다가구 주택처럼 각호별로 하는지가 관건이다. 하지만 세법은 이에 대해 아무런 규정을 하고 있지 않다. 따라서 유권해석을 받아 실무처리를 해야 할 것으로 보인다.

※「건축법」상 용도별 건축물의 종류(제3조의5 관련)

1. 단독주택

가. 단독주택

나. 다중주택 : 다음의 요건을 모두 갖춘 주택을 말한다.

　1) 학생 또는 직장인 등 여러 사람이 장기간 거주할 수 있는 구조로 되어 있는 것

　2) 독립된 주거의 형태를 갖추지 아니한 것(각 실별로 욕실은 설치할 수 있으나, 취사시설은 설치하지 아니한 것을 말한다.)

　3) 1채 동의 주택으로 쓰이는 바닥면적의 합계가 330㎡ 이하이고 주택으로 쓰는 층수가 3개 층 이하일 것

다. 다가구 주택 : 다음의 요건을 모두 갖춘 주택으로 공동주택에 해당하지 아니하는 것을 말한다.

　1) 주택으로 쓰는 층수가 3개 층 이하일 것. 다만, 1층의 전부 또는 일부를 필로티 구조로 하여 주차장으로 사용하고 나머지 부분을 주택 외의 용도로 쓰는 경우에는 해당 층을 주택의 층수에서 제외한다.

　2) 1채 동의 주택으로 쓰이는 바닥면적의 합계가 660㎡ 이하일 것

　3) 19세대(대지 내 동별 세대수를 합한 세대를 말한다) 이하가 거주할 수 있을 것

2. 공동주택

가. 아파트 : 주택으로 쓰는 층수가 5개 층 이상인 주택

나. 연립주택 : 주택으로 쓰는 1채 동의 바닥면적 합계가 660㎡를 초과하고, 층수가 4개 층 이하인 주택

다. 다세대주택 : 주택으로 쓰는 1채 동의 바닥면적 합계가 660㎡ 이하이고, 층수가 4개 층 이하인 주택

라. 기숙사 : 학교 또는 공장 등의 학생 또는 종업원 등을 위해 쓰는 것으로 1채 동의 공동취사시설 이용 세대 수가 전체의 50% 이상인 것

43

알쏭달쏭 고시원 세금의 모든 것

세무사님, 고시원을 운영하면 세금관계는 어떻게 되나요?

다중주택과 고시원이 같은 것을 의미하는 것 같기도 하고 아닌 것 같기도 하고…

신절세 세무사

학생이나 직장인들이 거주하고 있는 고시원의 경우에도
앞에서 본 다중주택과 유사한 형태를 보이고 있다.
그렇다면 고시원도 다중주택과 동일한 세금체계를 가지고 있을까?
그렇지 않다.
지금부터 고시원(고시텔)의 세금체계에 대해 알아보자.

고시원을 취득하고 이를 임대하고 양도하는 과정에서 만나게 되는 세무상 쟁점들을 정리해 보자.

취득과정에서 발생하는 세무상 쟁점

1. 취득 시 건물가액에 대해 세금계산서를 받아야 할까?

이는 고시용 건물의 임대가 부가가치세가 과세되는 사업인지의 여부에 따라 이를 수령할 것인지가 결정된다. 이때 해당 건물이 「건축법」상 제2종 근린생활 중 다중생활시설(「다중이용업소의 안전관리에 관한 특별법」에 따른 다중이용업 중 고시원업의 시설로 국토교통부장관이 고시하는 기준에 적합한 것을 말한다.)로 같은 건축물에 해당 용도로 쓰는 바닥면적의 합계가 500㎡ 미만인 것에 해당하는 경우에는 주택에서 제외되므로 부가가치세가 발생한다. 이는 숙박업에 해당되기 때문이다. 따라서 이때에는 세금계산서를 수령하는 것이 원칙이다.

2. 사업자등록을 일반과세자로 내면 취득 시 발생한 부가가치세를 환급받을 수 있을까?

고시원의 경우 부가가치세가 과세되는 사업에 해당하므로 일반과세자로 사업자등록 시 부가가치세 환급이 가능하다.

운영과정에서 발생하는 세무상 쟁점

1. 운영소득에 대해서는 부가가치세를 내야 할까?

제2종 근린생활시설 중 고시원을 운영하는 경우에는 숙박업 중 하숙업으로 부가가치세가 과세(소비 46015-61, 1997.2.19, 재정경제원장관)되므로 부가가치세를 내야 한다.

2. 운영소득에 대해서는 종합소득세를 내야 할까?

당연히 사업소득에 해당하므로 종합소득과세의 납부의무가 있다.

양도과정에서 발생하는 세무상 쟁점

1. 고시원을 양도하는 경우에 양도소득세가 비과세될까?

고시준비생 등 일반인에게 독립된 방을 제공하거나 독립된 방과 음식을 함께 제공하는 형태의 고시원은 사업을 위한 주거용에 해당되어 상시 주거용으로 볼 수 없다. 다만, 독립된 주거시설로 사용가능하도록 각 실별로 조리

시설·욕실·냉장고·옷장 등의 갖추어져 있어 공부상 사용용도(고시원)와는 다르게 주거용 시설로 확인(주택임대사업)되는 경우에는 주택으로 볼 수도 있다. (사실판단 사항)

2. 고시원을 양도할 때 부가가치세가 발생할까?

고시원은 사업용 과세물건이므로 이를 양도하면 부가가치세가 발생하는 것이 원칙이다. 이때 포괄양수도계약을 맺어 양도하면 부가가치세 없이 거래가 가능하다.

3. 고시원 외 주택을 1채 가지고 있는 상황에서 주택을 처분하면 1세대 1주택에 해당되어 비과세를 받을 수 있을까?

고시원은 주택이 아니므로 이 경우 1세대 1주택에 대한 비과세를 받을 수 있을 것으로 보인다. 다만, 고시원을 주택으로 보는 경우도 있으므로 실무 적용 시 주의하기 바란다.

※ 관련 예규 : 법규재산2013-562, 2014.01.17.

[제목]

1세대 1주택 비과세 적용 시 주택을 판단함에 있어, 공부상 고시원으로 등재되어 있는 건물을 사실상 주거용으로 사용하고 있는 경우에는 주택으로 보는 것이며, 이에 해당하는지는 사실판단할 사항임.

[질의]

가. 본인은 ○○시 ○○동 443 ○○아파트 104동 403호를 2011.6.2. 취득하고 2013.12.17. 양도함.

- 본인은 상기 아파트 양도 당시 해당 아파트와 별도로 경기 부천시 ○○구 ○○동에 소재한 고시원을 보유하고 있음.

o 부천시 고시원
- 동 건물은 당초 지상 13층 지하 5층 규모의 근린생활시설 및 업무시설로 증축되었던 것을 (주)HH가 2010.6월 3층을 취득하고 46개의 상가로 인가받아 개조한 후 2011.3월 일반에 분양하면서 2종 근린생활시설 고시원으로 용도 변경됨.
- 본인은 2011.5.2. 그 중 1채에 해당하는 13.7㎡를 취득
- 고시텔 46개소 각각 4~5평 규모로, 싱글침대 1채, 옷장 1채, 화장실 변기가 설치되어 있음.

나. 공부상 근린생활시설인 고시원으로 등재되어있는 건물을 보유하고 있는 경우 해당 고시원이 주택에 해당하는지 여부

[회신]

위 사실관계와 같이, 「소득세법」 제89조 제1항 제3호 및 같은법 시행령 제154조의 규정에 의하여 양도소득세가 비과세되는 1세대 1주택을 판정함에 있어 "주택"이라 함은 공부상 용도 구분에 관계없이 사실상 주거용으로 사용하는 건물을 말하는 것이므로 공부상 제2종근린생활시설인 고시원으로 등재되어있는 건물이 주택에 해당하는지 여부는 사실판단할 사항임.

* 국심2005서3040, 2006.01.31.
주택과 비주택의 구분은 건물의 실제용도에 의하고, 실제용도가 불분명한 경우 공부상의 용도에 의한다. 사회 통념상 고시원은 1실의 크기가 1~2평이고 독립된 화장실 · 욕실 · 싱크대가 없는 건물이지만, 쟁점건물은 1실의 크기가 4~5평이고 독립된 화장실 · 욕실 · 싱크대가 있으며, 고시원은 고시생들이 월 단위로 사용료를 지불함이 보통이지만, 청구인은 쟁점건물을 임대하면서 임차인들로부터 주택임대차계약과 유사하게 월세 · 전세보증금 · 관리비를 받고 있어 쟁점건물의 실제용도를 주택으로 보는 것이 타당하므로, 부가가치세 환급을 거부한 처분청의 처분은 잘못이 없는 것으로 판단된다.

알 | 쏭 | 달 | 쏭 | 세 | 금 | 팁

다가구 주택 vs 다중주택 vs 고시원의 세무비교

구분	다가구 주택	다중주택	고시원
「건축법」상 주택 여부	단독주택	단독주택	제2종 근린생활시설
세법상 주택 여부	주택에 해당 (상시 주거용)	좌동	숙박용 건물
임대 시 사업자유형	면세사업자	면세사업자	과세사업자
양도 시 과세방식	주택에 대한 세제적용	좌동	일반건물에 대한 세제적용

44

주택 수에 따라 상가주택의 과세방식이 달라진다❗

상가주택 1채와 일반주택 1채를 가지고 있는데…
주택면적을 늘리면 세금이 줄어들까요?

신세무사는 왜 깜짝 놀라는 표정을 지었을까?

그 이유는 상가주택의 양도소득세 과세체계가 주택 수에 따라 달라지기 때문이다. 먼저 이를 정리하면 다음과 같다.

① 상가주택만 가지고 있는 상태에서 이를 양도하면 주택과 상가의 연면적에 따라 과세물건이 달라진다. 주택의 연면적이 상가의 연면적보다 크면 전체가 주택이 된다.

② 상가주택 외 일반주택이 있다면 주택과 상가의 연면적과 무관하게 주택은 주택, 상가는 상가로 본다.

결국 상가주택은 주택 수에 따라 양도소득세 과세체계가 달라질 수 있다.

상가주택 1채만 보유하고 있는 경우

상가주택은 상가와 주택이 결합한 주택이다. 이런 종류의 건물을 취득하거나 보유할 때 발생하는 취득세나 재산세 등 지방세는 상가와 주택을 구분하여 매겨진다. 하지만 국세인 양도소득세에서 주택에 대한 비과세를 적용할 때 면적에 따라 과세물건을 정해 비과세 여부를 결정한다. (옥탑방 등 부수적인 시설은 용도에 따라 구분하되, 용도가 불분명한 경우 아래 면적별로 안분)

- 주택의 연면적 > 상가의 연면적 : 모두 주택으로 본다.
- 주택의 연면적 ≤ 상가의 연면적 : 주택부분은 주택, 상가부분은 상가로 본다.

참고로 상가주택이 9억 원을 초과하는 경우 고가주택이 될 수 있다. 이때에는 상가주택 전체의 실거래가액으로 고가주택 여부를 판정한다. 만일 주택의 면적이 주택 외의 면적보다 작은 경우에는 주택과 그 부수토지의 가액만으로 고가주택 해당 여부를 판정한다.

| 사례 |

K씨는 1~2층은 점포, 3층은 주택으로 이루어진 상가주택을 가지고 있다. 이 건물이 9억 원이라면 어떻게 해야 양도소득세를 줄일 수 있을까? K씨는 다른 건물을 가지고 있지 않다.

이런 상황에서는 건물 전체를 주택으로 인정받는 것이 좋다. 이렇게 되면 전체 양도가액에 대해 비과세를 받을 수 있기 때문이다. 이를 위해서는 주택의 연면적을 상가의 연면적보다 크게 늘리도록 한다. 사례의 경우 미리 2층을 주택으로 용도 변경을 하거나 실제 주택으로 사용하여 주택으로 인정받도록 한다.

단, 전체에 대해 비과세를 받기 위해서는 용도 변경 후 주택으로의 보유 및 거주기간이 2년 이상이 되어야 한다.

상가주택 외 일반주택이 있는 경우

상가주택 외 일반주택이 있는 경우에는 좀 더 정교하게 분석을 할 필요가 있다. 발생 가능한 상황별로 세무상 쟁점들을 정리해 보자.

상가주택을 먼저 양도하는 경우로 일시적 2주택 비과세를 받을 수 있는 경우
이 경우에는 상가주택을 모두 주택으로 인정받는 것이 좋다. 전체 양도차익에 대해 비과세를 받을 수 있기 때문이다.

상가주택을 먼저 양도하는 경우로 일시적 2주택 비과세를 받을 수 없는 경우
이때에는 주택과 상가의 연면적에 무관하게 양도소득세가 과세되는 상황이다. 이때 고려할 것은 주택에 대해 중과세가 적용되는 경우에는 상가가 더 유리할 수 있다는 것이다. 상가 부분에 대해서는 중과세가 적용되지 않기 때문이다.

일반주택을 먼저 양도하는 경우
일반주택을 먼저 양도하는 경우에는 상가주택의 연면적과 무관하게 일시적 2주택에 의한 비과세 또는 과세가 될 수 있다.

상가주택의 과세체계 총정리

상가주택의 취득 시부터 양도 시까지의 과세체계를 정리해 보자.

취득 시에는 주택과 상가를 구분하여 사업자등록을 해야 한다

상가주택을 취득하면 주택과 상가를 동시에 취득하는 것이 된다. 따라서 주택
에 대해서는 주택취득가액에 1~3%의 세율로, 상가에 대해서는 4%의 세율로
취득세를 내야 한다. 한편 주택과 상가에 대한 사업자등록 유무는 〈표 1〉의 기
준을 사용한다.

〈표 1〉 주택과 상가에 대한 사업자등록

구분	사업등록	비고
주택임대사업자등록	선택적으로 할 수 있음	거주주택 비과세 등이 필요한 경우에 등록하는 것이 좋음
상가임대사업자등록	의무적으로 해야 함	일반과세자와 간이과세자 중 선택 가능함

임대 시에는 주택과 상가를 구분하여 임대소득세를 내야 한다

주택은 임대소득의 소득세에 대한 한시적 비과세가 있지만, 상가는 무조건 소
득세를 내야 한다. 이외에도 상가를 일반과세자로 사업자등록을 낸 경우에는
세금계산서 발행의무가 있다.

양도 시에는 부가가치세와 양도소득세 처리에 주의해야 한다

주택의 경우에는 부가가치세가 발생하지 않으나, 상가의 경우에는 부가가치세
가 발생한다. 한편 주택의 양도소득세는 앞에서 검토한 것처럼 주택 수에 따라

과세방식이 달라진다.

참고로 상가주택에 대한 부가가치세를 계산하거나 상가주택에 대해 양도소득세가 과세되는 경우 상가와 주택의 양도가액과 취득가액을 구분할 필요가 있다. 이때 가액을 어떤 식으로 나눌 것인지 정도는 알아두는 것이 좋은데, 이에 대해서는 사례를 통해 알아보기로 하자.

| 사례 |
K씨는 상가주택을 10억 원에 양도했다. 이 경우 어떤 기준에 의해 양도가액을 나눠야 할까?

이에 대해 세법은 상가와 주택의 가액을 객관적으로 정한 경우에는 이 금액을 따르도록 하고 있으나, 그 가액의 구분이 불분명할 때에는 감정평가액, 기준시가, 장부가액 등을 순차적으로 적용하도록 하고 있다. 그런데 문제는 거래당사자가 임의로 정한 가액이 감정평가액, 기준시가 등으로 안분계산한 가액과 100분의 30 이상 차이가 나는 경우에는 감정평가액이나 기준시가, 장부가액 등을 사용해 안분해야 한다는 것이다. 토지와 건물의 양도가액을 인위적으로 조작해 세 부담을 줄이는 것을 방지하기 위해서다.

만약 기준시가로 안분계산하는 경우 주택부분은 개별주택가격으로, 상가건물은 일반건물기준시가로, 상가의 부수토지는 개별공시지가로 안분해야 한다. 이 부분은 지극히 실무적이므로 구체적인 계산절차는 생략한다. (저자의 카페를 활용할 것)

베테랑 세무사 신절세의
고급 절세노트 **7**

상가주택 절세사례

아래는 상가주택 중 주택으로 사용하는 부분이 공부상에는 나타나지 않지만 실제 주택으로 사용되고 있는 상황에서의 절세사례에 해당한다. 어떤 식으로 접근하여 비과세처리를 했는지 살펴보자.

1. 양도당시 주택 보유현황 : 1세대 2주택

구분	취득시기	비고
아파트	2009.10.30.	양도소득세 감면주택에 해당(첨부 : 미분양주택확인서사본)
상가주택	2005.5.31.	양도주택

2. 양도물건 : 상가주택(쟁점주택)

① 건축물 현황

(단위 : ㎡)

구분	용도	면적	비고
지하1층	근린생활시설	66.84	
지하1층	창고	72.24	
1층	점포	113.46	
2층	주택	111.22	
3층	주택	111.22	
4층	주택	122.2	건축물대장에는 없으나 실제 주택으로 사용 (첨부:지적측량결과보고서)

② 양도시기 및 양도가액 : 2016. 1. 12. 980,000,000원

③ 취득시기 및 취득가액 : 2005. 5. 31. 620,000,000원

3. 양도소득세 신고내역

(1) 상가주택의 물건구분

① 지하층~3층을 기준(건축물대장기준)으로 하는 경우

구분	면적	비고
상가연면적의 합계	252.54m²	첨부 : 건축물대장
주택연면적의 합계	222.44m²	

→ 건축물대장을 기준으로 하는 경우 상가연면적이 더 크므로 상가부분은 상가, 주택부
분은 주택으로 구분함.

② 지하층~4층을 기준(실제용도)으로 하는 경우

구분	면적	비고
상가연면적의 합계	252.54m²	
주택연면적의 합계	344.64m²	

→ 실제용도를 기준으로 하는 경우 주택연면적이 더 크므로 상가주택 전체는 주택으로
구분됨. 건축물대장 상에 나타나지 않은 4층은 양도자가 당초 구입 당시부터 주택으로
임대 또는 자가 사용했으며, 특히 양도일 전에는 거주자의 배우자가 거주하고 있었음.
(첨부 : 주민등록초본) 한편 4층에 대한 연면적은 국토정보공사를 통해 실측을 의뢰하여
서 측정했으며, 내부구조는 주거에 적합한 시설들로 이루어짐. (첨부 : 4층 내부 사진)

③ 소결론

4층은 취득 당시부터 존재했던 것으로 실제 거주에 사용하고 있었으므로 '상가연면적
〈주택연면적'을 충족하므로 양도한 상가주택은 전체가 주택에 해당함.

(2) 위 양도주택이 1세대 1주택에 해당되는지의 여부

→ ○○아파트는 「조특법」 제98조의3 규정에 의거, ○○시청으로부터 미분양주택임을 확인
받은 양도소득세 감면주택에 해당함.

※ 「조특법」 제98조의 3[미분양주택의 취득자에 대한 양도소득세의 과세특례(2009.03.25 신설)]

① 거주자 또는 「소득세법」 제120조에 따른 국내사업장이 없는 비거주자가 서울특별시 밖의 지역
(「소득세법」 제104조의2에 따른 지정지역은 제외한다)에 있는 대통령령으로 정하는 미분양주택(이하
이 조에서 "미분양주택"이라 한다)을 다음 각 호의 기간 중에 「주택법」 제54조에 따라 주택을 공급하
는 해당 사업주체(20호 미만의 주택을 공급하는 경우 해당 주택건설사업자를 포함한다)와 최초로 매
매계약을 체결하고 취득(2010년 2월 11일까지 매매계약을 체결하고 계약금을 납부한 경우를 포함한
다)하여 그 취득일부터 5년 이내에 양도함으로 발생하는 소득에 대해서는 양도소득세의 100분의
100(수도권과밀억제권역인 경우에는 100분의 60)에 상당하는 세액을 감면하고, 해당 미분양주택의
취득일부터 5년이 지난 후에 양도하는 경우에는 해당 미분양주택의 취득일부터 5년간 발생한 양도소
득금액(수도권과밀억제권역인 경우에는 양도소득금액의 100분의 60에 상당하는 금액)을 해당 주택
의 양도소득세 과세대상소득금액에서 뺀다. 이 경우 공제하는 금액이 과세대상소득금액을 초과하는
경우 그 초과금액은 없는 것으로 한다.(2016.01.19 개정)

1. 거주자인 경우: 2009년 2월 12일부터 2010년 2월 11일까지의 기간(2009.05.21 신설)

③ 「소득세법」 제89조 제1항 제3호(1세대 1주택 비과세)를 적용할 때 제1항 및 제2항을 적용
받는 주택은 해당 거주자의 소유주택으로 보지 아니한다.(2014.01.01 개정)

---

(3) 전체 결론

감면주택은 「조특법」 제98조의3 제3항에 의거, 거주자의 소유주택에서 제외되므로 양도
주택인 쟁점주택은 1세대 1주택에 해당함. 한편 해당 양도주택은 1세대 1주택에 해당하
나 양도가액이 980,000,000원에 해당하므로 고가주택으로 보아 양도소득세 산출세액을
계산함.

45

입주권만 있는 경우의 비과세 적용법

입주권은 재건축이나 재개발 사업과정에서 조합원 자격을 가지고 있는 완공주택에 입주할 수 있는 권리를 말한다. 이러한 입주권은 사실상 주택과 유사하므로 세법은 이를 주택으로 취급하여 세법을 적용하고 있다. 따라서 이 입주권 하나면 가지고 있다면 비과세를 받을 수 있게 되며, 이 입주권 외에 주택을 더 가지고 있다면 2주택 등으로 보아 과세를 하게 된다.

재건축 등에서 발생한 입주권, 만만하게 보다간 큰 코 다친다!

일단 앞의 사례에서 대두된 문제부터 해결해 보자. 그림의 사례처럼 입주권이 한 개만 있는 경우 대부분 양도소득세 비과세를 받을 수 있다. 세법에서는 부동산인 주택이 권리상태로 바뀌었다고 하더라도 그 실질이 1세대 1주택에 해당하고, 비과세 요건(2년 보유, 일부 조정지역은 2년 거주)을 갖추었다면 비과세를 적용하고 있기 때문이다. 다만, 비과세 요건을 갖춘 날이 언제인지가 중요한데, 세법은 관리처분 계획인가일 또는 철거일 중 빠른 날 현재를 기준으로 하고 있다. 만일 이날을 기준으로 비과세 요건이 갖추어지지 않았다면 관리처분 계획인가일 이후에 실질적으로 주택을 보유 및 거주한 기간을 입증하면 비과세 요건이 충족된 것으로 본다. (입증방법 : 공과금 영수증 등)

Q 관리처분이 끝난 후에 입주권을 승계취득한 경우에도 비과세를 받을 수 있는가?

A 아니다. 입주권 상태에서 승계취득 후 이를 양도하는 경우 주택으로 보유(일부지역은 거주 요건 추가)기간이 전혀 없기 때문에 비과세를 받을 수 없다. 이런 상황이라면 향후 완공 후 2년 이상 보유 및 거주해야 비과세를 받을 수 있게 된다.

입주권과 관련된 다양한 사례들

실무에서 입주권을 둘러싸고 다양한 사례가 발생하고 있다. 이하에서 사례별로 과세 여부를 판단해 보자.

| 사례 1 |
서울 은평구 신사동에 거주하고 있는 김숙 씨는 관리처분 계획인가를 받은 재건축입주권을 1개 가지고 있으며, 부득이한 사유로 이 입주권을 양도하고자 한다. 그런데 이 입주권의 가격이 현재 8억 원 정도 되어 얼마의 세금을 부담해야 할지 난감하다. 김 씨의 세금은 어떤 식으로 부과될까?

일단 김 씨는 보유한 주택과 입주권을 합하여 1입주권자에 해당한다. 따라서 실질이 1세대 1주택에 해당하므로 입주권에 대해서도 비과세를 받을 수 있다. 다만, 비과세를 받기 위해서는 관리처분 계획인가일과 철거일 중 빠른 날 현재 2년 보유 등의 비과세 요건을 갖추고 있어야 한다. 한편 입주권의 양도가액이 9억 원을 초과하면 그 초과한 금액에 대해서는 양도소득세가 과세된다. 이는 앞에서 본 사례와 같다.

| 사례 2 |

경기도 평택시에 거주하고 있는 소설 씨는 나대지를 보유하고 있다. 그런데 재개발사업으로 인해 본인이 보유하고 있는 나대지 대신 입주권을 받을 것인지 상가분양권을 받을 것인지 선택을 하려고 한다.

그런 소 씨에게 주위사람들은 입주권은 주택으로 취급되므로 세금문제에 유의하라고 한다. 그가 부닥치게 될 세금문제에는 과연 어떤 것들이 있을까?

상가나 나대지를 보유하면서 입주권을 받은 경우도 있고 반대로 주택을 보유하면서 상가분양권을 받는 경우가 있다. 그렇다면 이렇게 물건의 유형이 달라지면 세법은 어떻게 이를 취급할까?

- 상가대신 입주권을 받는 경우→이 입주권을 양도하면 비과세를 받을 수 없다. 주택으로 보유기간이 2년이 되어야 하기 때문이다. 만일 이 입주권과 다른 주택이 있는 상황이라면 이 입주권도 주택으로 간주되어 1세대 2주택이 될 수 있다.
- 나대지 대신 입주권을 받는 경우→위와 같은 결론이 나온다.
- 주택 대신 상가분양권을 받는 경우→상가분양권을 양도하면 비과세가 성립되지 않는다. 상가분양권에 대해서는 비과세 규정이 적용되지 않기 때문이다. 다만, 상가분양권은 입주권이 아니므로 주택 수에 포함되지 않는다.

| 사례 3 |

서울 강남구에 거주하고 있는 신왕수 씨는 비과세 요건을 갖춘 1세대 1주택이 재건축에 들어가 2개의 입주권을 받았다. 이 경우 2개의 입주권을 양도하면 모두 비과세를 받을 수 있는가?

아니다. 이때에는 1채의 입주권에 대해서만 비과세를 받을 수 있다. 아래의 예규를 참조하기 바란다.

> ※ 양도 부동산거래관리과-20, 2013.01.17.
>
> [제 목]
>
> 2개의 조합원입주권을 같은 날 양도하는 경우 비과세 판정 방법
>
> [요 지]
>
> 조합원 입주권에 대한 비과세 특례를 적용할 때 2개 이상의 조합원입주권을 같은 날에 양도하는 경우에는 해당 거주자가 선택하는 순서에 따라 조합원 입주권을 양도한 것으로 봄.
>
> [회 신]
>
> 「소득세법 시행령」 제155조 제17항에 따른 조합원입주권에 대한 비과세 특례를 적용할 때 2개 이상의 조합원입주권을 같은 날에 양도하는 경우에는 해당 거주자가 선택하는 순서에 따라 조합원입주권을 양도한 것으로 보는 것임.

알 | 쏭 | 달 | 쏭 | 세 | 금 | 팁

입주권 매매제한

투기과열지구로 지정된 지역 내의 재건축 입주권은 등기 시까지 원칙적으로 매매가 금지되어 있다. (단, 10년 이상 보유 및 5년 이상 거주 시 예외적으로 양도 가능) 한편 2018년 이후부터 재건축 초과이익환수제도가 적용되는데, 재건축으로 인한 초과이익이 3,000만 원을 넘는 경우 초과이익의 최대 50%까지 분담을 할 수도 있다. 이러한 분담금은 향후 양도 시 필요경비로 인정된다.

1입주권과 1주택을 보유 중인 경우의 비과세 적용법

입주권도 집이다!

여기서 입주권은 「도시및주거환경정비법」상의 조합원들이 가지고 있는 입주할 수 있는 권리를 말한다. 통상 사업절차상 관리처분 계획인가일 이후에 보유하고 있는 것이 입주권이 된다. 그런데 이 입주권을 주택으로 취급하는 경우 다른 주택의 과세방식에 영향을 준다. 1입주권과 1주택을 보유하고 있는 경우 1세대 2주택이 되기 때문이다.

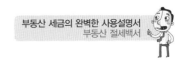

입주권을 포함해 2주택 이상이 된 상황에서도 비과세를 받을 수 있다. 물론 비과세가 성립되지 않으면 과세가 될 것이다. 이하에서는 비과세 위주로 살펴보자.

원조합원의 경우

입주권을 먼저 양도하는 경우

1입주권과 1주택을 보유하고 있다면 세법상 1세대 2주택이 된다. 이러한 상황에서 입주권에 대해 비과세를 받기 위해서는 입주권을 취득한 날로부터 1년 이후에 주택을 취득하고, 그 주택을 취득한 날로부터 3년 이내에 입주권을 양도하면 된다. 다만, 입주권은 관리처분 계획인가일 현재 2년 이상 보유 등의 요건을 갖추어야 한다. 이는 일시적 2주택 비과세 특례에 해당한다.

Q 만일 재건축 전에 2주택을 보유한 자가 1주택이 재건축으로 완공된 후에 다른 주택을 3년 이내에 양도하면 일시적 2주택에 의해 비과세를 받을 수 있을까?

A 받을 수 없다. 원조합원의 경우 재건축에 의한 완공된 주택은 기존주택의 연장에 해당한다. 사례는 비과세를 위한 처분기한 3년을 벗어난 경우에 해당하므로 일시적 2주택 비과세가 성립하지 않는다.

사업시행 중에 대체주택을 구입한 경우의 비과세 적용법

1주택을 소유(거주 여부 불문) 중에 그 주택이 재건축사업으로 멸실되어 공사기간 중에 거주할 수 있는 주택(대체주택)을 구입하는 경우가 있다. 이러한 상황이라면 취득의 불가피성이 있으므로 다음과 같은 조건을 모두 충족한 상태에서 그 대체주택을 양도하면 역시 비과세를 적용한다. 참고로 대체주택은 사업시행인가일 이후에 구입해야 기본적인 조건을 갖추는 것이므로 이에 유의할 필요가 있다.

① 사업시행인가일 이후 대체주택을 취득하고 그곳에서 1년 이상 거주해야 한다.
② 재건축주택 완공 전 또는 완공 후 2년 이내에 그 대체주택을 양도해야 한다.
③ 재건축주택 완공 후 1년 이내 재건축주택으로 세대전원이 이사하고 그곳에서 1년 이상 거주해야 한다.

승계조합원의 경우

주택을 취득한 이후 입주권을 승계취득(원조합원은 해당사항이 없음)하면 두 가지의 방식으로 비과세를 적용한다. 주택이 일시적 2주택에 해당하는 경우는 일반적인 일시적 2주택 비과세 특례를 적용한다. 다른 하나는 입주권이 주택으로 완공된 이후 아래와 같은 요건을 충족하면 비과세를 별도로 적용한다.

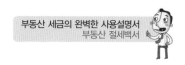

① 재건축주택 완공 후 2년 이내 재건축주택으로 세대전원이 이사하고 그곳에서 1년 이상 거주할 것

② 재건축주택 완공 전 또는 완공 후 2년 이내에 일반주택을 양도할 것

재건축 입주권에 대해 과세되는 경우

만일 다른 주택이 있는 상황에서 입주권에 대해 비과세를 적용받지 못한 경우에는 과세가 된다. 다만, 2018년 4월 1일 이후에 양도하더라도 입주권에 대해서는 중과세를 적용하지 않으므로 일반과세(보유기간에 따른 세율)가 적용된다.

주택과 입주권에 대한 과세방식 비교

구분	주택	입주권
양도차익 계산	실거래가 원칙	실거래가 원칙
장기보유 특별공제	적용함	제외함
1세대 1주택 비과세	일반주택과 동일하게 처리	입주권 비과세 특례가 적용됨 ※ 비과세 요건 기산점 : 관리처분 계획인가일과 철거일 현재 2년 보유 등
공사기간 통산 여부	해당사항 없음	공사기간 보유기간 통산
비과세 판정 시 주택 수	포함	2006년부터 포함
1세대 2주택 중과세 주택 수	포함	2007년부터 포함
1세대 3주택 중과세 주택 수	포함	2006년부터 포함

입주권이 있는 경우에서
주택 양도소득세 비과세 신고사례

아래의 사례는 1입주권과 1주택을 보유한 상황에서 주택에 대한 양도소득세 비과세를 받았던 사례에 해당한다.

관할 세무서에서는 아래와 같이 양도한 주택(이하 '쟁점주택' 이라 함)에 대해서 양도소득세를 신고하라는 안내문을 보내옴. 다만, 이 건의 경우에는 비과세에 해당하는 것으로 판단되므로 이에 대해 검토를 하고자 함.

1. 양도현황

① 양도주택 현황
• 물건지 주소 : 경기도 의정부시
• 양도일자 : 2015. 6. 25.
• 양도가액 : 388,000,000원
• 취득시기 : 2003. 4. 30. (재건축 완공일 : 2007. 6. 22.)

② 양도일 현재 주택 보유현황(1세대 2주택)
• 양도대상 1주택(본인 명의)
• 상가멸실에 따른 1입주권(배우자 명의)

2. 입주권 취득경위

- 2006. 9. 16. 상가취득(남편 명의)
- 2011. 5. 21. 상가재개발로 인한 아파트 동 호수 배정받음
- 2011. 11. 25. 관리처분 계획인가 시행(아파트 입주권 취득)
- 2014. 4. 11. 위 상가멸실
- 2016. 12. 완공 예정

3. 본 양도 건에 대한 비과세 판단

본 양도 건은 1세대가 '1주택과 1입주권' 을 동시에 보유한 상황에서 1주택을 처분한 건으로 이에 대해서는 두 가지 비과세 특례 조항이 적용됨. (「소득세법 시행령」 제156조의 2)

(1) 「소득세법 시행령」 제156조의 2 제3항
「소득세법 시행령」 제15조의 2[주택과 조합원입주권을 소유한 경우 1세대 1주택의 특례 (2005.12.31. 신설)] 제3항의 규정은 다음과 같음.

- 국내에 1주택을 소유한 1세대가 그 주택(이하 이 항에서 "종전의 주택" 이라 한다)을 양도하기 전에 조합원입주권을 취득함으로 일시적으로 1주택과 1조합원입주권을 소유하게 된 경우 종전의 주택을 취득한 날부터 1년 이상이 지난 후에 조합원입주권을 취득하고 그 조합원입주권을 취득한 날부터 3년 이내에 종전의 주택을 양도하는 경우(3년 이내에 양도하지 못하는 경우로 기획재정부령으로 정하는 사유에 해당하는 경우를 포함한다)에는 이를 1세대 1주택으로 보아 제154조 제1항을 적용한다. 이 경우 제154조 제1항 제1호, 제2호 가목 및 제3호에 해당하는 경우에는 종전의 주택을 취득한 날부터 1년 이상이 지난 후 조합원입주권을 취득하는 요건을 적용하지 아니한다.

위의 쟁점주택을 이 규정에 적용해보면 위의 쟁점주택은 입주권으로 취득한 날

(2011.11.25.)로부터 3년을 초과한 상태에서 양도(2015.6.25.)했으므로 이 규정에 의해서는 비과세가 적용되지 않는 것으로 판단됨.

(2) 「소득세법 시행령」 제156조의 2 제4항
「소득세법 시행령」 제156조의 2[주택과 조합원입주권을 소유한 경우 1세대 1주택의 특례(2005.12.31. 신설)] 제4항의 내용은 다음과 같음.

- 국내에 1주택을 소유한 1세대가 그 주택을 양도하기 전에 조합원입주권을 취득함으로 일시적으로 1주택과 1조합원입주권을 소유하게 된 경우 조합원입주권을 취득한 날부터 3년이 지나 종전의 주택을 양도하는 경우로 다음 각 호의 요건을 모두 갖춘 때에는 이를 1세대 1주택으로 보아 제154조 제1항을 적용한다.(2012.06.29. 개정)

① 주택재개발사업 또는 주택재건축사업의 관리처분계획에 따라 취득하는 주택이 완성된 후 2년 이내에 그 주택으로 세대전원이 이사(기획재정부령이 정하는 취학, 근무상의 형편, 질병의 요양 그 밖의 부득이한 사유로 세대의 구성원 중 일부가 이사하지 못하는 경우를 포함한다)하여 1년 이상 계속하여 거주할 것(2012.02.02. 개정)

② 주택재개발사업 또는 주택재건축사업의 관리처분계획에 따라 취득하는 주택이 완성되기 전 또는 완성된 후 2년 이내에 종전의 주택을 양도할 것(2008.11.28 개정)

위의 쟁점주택을 이 규정에 적용해보면
- 종전의 주택은 입주권 취득일(2011.11.25.)로부터 3년이 지난 상태에서 양도하는 것에 해당하고,
- 관리처분계획에 따라 취득하는 주택이 완성된 후 2년 이내에 그 주택으로 세대전원이 이사를 하고 그 주택에서 1년 이상 거주할 계획을 하고 있으며,
- 관리처분계획에 따라 취득하는 주택이 완성되기 전에 기존주택을 양도하는 것에 해당하므로 이에 대해 비과세가 적용되는 것으로 판단됨.

4. 결론

위 양도자 본인이 1세대 2주택 상황에서 양도한 기존주택은 '「소득세법 시행령」 제156조의 2 제4항' 에 의거 비과세가 적용되는 것으로 판단됨.

> **참고**
> 입주권이 포함된 상태에서 양도소득세 비과세를 받을 때에는 서식을 작성해 제출해야 한다.

47

분양권을 양도 또는 증여하면
어떤 문제들이 발생할까?

분양권을 전매하여 차익이 발생한 경우
양도차익에서 기본공제를 적용한 과세표준에
보유기간별 세율이 적용되는 것이 원칙이다.

다만, 조정지역 내의 분양권은 보유기간에 관계없이 50%의 단일세율이 적용된다.
(2018년 1월 1일 이후 양도분)

그림의 분양권에 대한 양도소득세를 계산해 보자. 1,000만 원 중 40% 이상이 세금으로 부과되었다.

구분	금액	비고
양도차익	1,000만 원	
−기본공제	250만 원	
=과세표준	750만 원	
×세율	50%	
−누진공제	0원	
=산출세액	375만 원	
+지방소득세	37만 원	
계	412만 원	

분양권을 둘러싼 세무상 쟁점들

분양권은 청약제도 등을 통해 공급되는 과정에서의 주택을 취득할 수 있는 권리를 말한다. 이를 둘러싼 세무상 쟁점들에 대해 알아보자.

분양권을 취득하는 경우에는 취득세는 없다

분양권은 단순한 권리에 해당하므로 이를 취득한 경우에도 취득세 부담은 없다. 향후 이에 대한 잔금을 지급하는 경우 납세의무가 발생한다.

분양권을 양도하는 경우에는 양도소득세가 무조건 과세된다

분양권을 시장에서 양도하는 경우 프리미엄에 대해 양도소득세가 부과된다. 만일 이 과정에서 다운계약서를 작성해 거래한다면 향후 세무조사 등의 불이익이 있을 수 있다. 한편 2018년 1월 1일부터 조정지역 내의 분양권에 대해서

는 50%의 양도소득세율이 적용되고 있다. (단, 30세 이상의 무주택자와 30세 미만의 혼인 자는 제외)

한편 분양권을 가족 간에 매매할 경우에는 프리미엄 포함 가액으로 자금이 수수되어야 한다. 만일 분양권을 시가보다 5% 이상 낮게 거래한 경우 시가대로 과세됨에 유의해야 한다.

분양권을 증여하는 경우에는 증여세와 양도소득세가 나올 수 있다

분양권을 가족에게 증여한 경우에는 증여재산가액을 정확히 파악해야 한다. 분양권 가액 중 부채가 있는 경우 이는 증여가 아닌 양도가 되기 때문이다.

구분	발생하는 세목	비고
부채 없이 증여가 되는 경우	증여세	
부채와 함께 증여가 되는 경우	증여세와 양도소득세	부담부 증여라고 함

부채없이 분양권을 증여하는 경우에는 프리미엄을 포함한 분양권 가액을 책정한 후 5,000만 원 등의 증여공제를 적용하여 증여세를 계산한다. 그런데 이때 부채를 포함한 경우에는 부담부 증여에 의한 것이므로 아래와 같이 과세방식이 바뀌게 된다.

- 전체 분양권 가액−채무 승계분→증여세 과세
- 채무 승계분→양도소득세 과세

참고로 단독명의에서 공동명의로 변경된 경우에 대출금이 승계되지 않으면 부담부 증여에 해당하지 않는다. 따라서 이 경우 양도소득세 문제는 발생하지 않는다.

| 사례 |

프리미엄을 포함한 분양권의 시세가 1억 원이고 이 중 계약금이 1,000만 원, 중도금이 5,000만 원, 대출이 5,000만 원인 상태에서 자녀에게 부담부 증여할 때 세금관계는? 분양권 보유기간은 3개월이다.

총 1억 원 중 대출을 제외한 5,000만 원은 증여의 대상이 된다. 따라서 이 금액에서 증여공제 5,000만 원을 제외하면 증여세는 부과되지 않는다. 그렇다면 양도소득세는 얼마나 될까?

일단 양도가액은 부채승계액이 되므로 5,000만 원이 된다. 그렇다면 취득가액은 얼마인가?

세법에서는 취득가액(불입가액)을 '인수부채/전체 자산가액'으로 안분하도록 하고 있다. 따라서 불입금액이 5,000만 원이고 인수부채는 5,000만 원, 전체 자산가액은 1억 원이므로 2,500만 원이 취득가액이 된다. 따라서 분양권에 대한 양도소득세는 아래와 같이 계산된다.

• 양도소득세＝[5,000만 원 − 2,500만 원−250만 원(기본공제)]×50％＝1,125만 원

〈추가분석〉
명의는 부모 등으로 되어 있는데 실제 자금은 자녀 등으로 되어 있는 경우에는 실제소유자를 어떤 식으로 파악하는지에 따라 세법의 적용이 달라진다. 아래의 사례를 통해 이 부분을 정리해 보자.

경기도 수원시에 거주하고 있는 K씨는 몇 달 전 아버지 명의로 프리미엄 3,000만 원을 주고 분양권을 하나 구입했다. 이 분양권을 실소유자인 K씨 명의로 변경하려고 한다. 어떤 식으로 해야 문제가 없는가?

실무에서 많이 목격되는 상황이다. 생각할 수 있는 방법들을 고려해서 의사결정을 내려 보자.

매매를 하는 방법

부자간에 매매계약을 체결하고 양도소득세 신고를 하는 경우 관할 세무서에서는 실제 매매대금의 수령 여부 등을 조사할 수 있다. 이때에는 자금거래가 수반되어야 문제가 없다. 그런데 사례처럼 이미 자금이 자녀한테서 나간 경우에는 실소유자가 자녀이므로 프리미엄에 대한 증여세의 문제만 발생할 것으로 보인다. 아래의 예규를 보자.

> ※ 관련 예규 : 상증, 재산세과-365, 2010.06.04.
>
> 아파트 분양권에 대한 실제 소유자가 어머니인 경우로 편의상 자녀명의로 분양계약을 체결한 후 분양대금을 어머니의 금전으로 지급하고, 실제 소유자인 어머니 명의로 아파트에 대한 소유권을 이전하는 경우에는 증여세가 과세되지 아니하는 것임. 다만, 아파트를 우선으로 분양받을 수 있는 권리를 가진 자녀의 지위를 이용하여 어머니가 아파트를 분양받은 경우에 해당한다면 분양 당시의 프리미엄 상당액을 증여받은 것으로 보아 증여세를 과세하는 것으로 당해 분양권의 실제 소유자 여부 및 프리미엄 존재 여부에 대한 구체적인 사실을 확인하여 판단할 사항임.

증여를 하는 방법

계약 및 신고형식에도 불구하고 분양권의 명의변경에 대한 증여세 과세 여부는 당초 분양권의 분양계약경위와 계약금, 분양대금의 지급증빙 등 관련 사실관계를 확인하여 실제 소유자를 판단하여 결정하는 것이 원칙이다. 따라서 사례의 경우 프리미엄에 대해서만 증여세가 과세되는 것이 옳다.

명의를 환원하는 방법

명의를 환원하는 경우에는 「부동산실명법」상의 제재는 받지 않을 것으로 보인다. 이 법은 부동산만을 대상으로 하기 때문이다. 다만, 청약당첨이 불법이라면 관련 법률에 의한 제재가 있을 수 있다.

Q 만일 양도 및 증여세 신고를 하지 않으면 어떻게 될까?

A 신고가 없는 경우에도 분양권 명의변경 자료가 구축되어 있으며, 관할 세무서에서 납세자에게 자료제출 요청을 할 수 있다. 따라서 이 과정에서 무신고 사실이 적발될 가능성도 있다. 다만, 이는 확률의 문제다.

 알ㅣ쏭ㅣ달ㅣ쏭ㅣ세ㅣ금ㅣ팁

분양권을 배우자 등에게 증여할 때에는 프리미엄을 포함해 증여재산가액을 산정하나, 이때 분양권에 담보된 부채를 승계하는지 아닌지 여부에 따라 증여세와 양도소득세의 크기가 달라진다.

48

분양권을 배우자에게 증여한 후에 이를 양도하면 양도소득세가 없다?

배우자에게 분양권을 증여하면 6억 원까지는 증여세가 부과되지 않는다. 그리고 증여받은 배우자가 이를 제3자에게 바로 양도할 때 양도가액과 취득가액이 일치되어 양도소득세마저 나오지 않을 수 있다. 이게 가능할까?

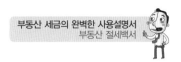
이에 대한 분석을 사례를 통해 알아보자.

| 사례 |

K씨는 분양계약을 체결하고 계약금 5,000만 원과 중도금 5,000만 원을 불입한 상태에 있다. 이 분양권의 프리미엄은 2억 원에 형성되어 있다. 이 상태에서 바로 양도하면 세율이 50%가 적용되어 양도소득세는 1억 원 이상으로 예상된다.

그래서 그는 이 분양권을 배우자에게 증여한 후 배우자가 이를 바로 양도하는 것으로 하는 계획을 세웠다. 문제는 없을까?

이에 대한 답을 순차적으로 찾아보자.

① K씨가 배우자에게 분양권을 증여할 수 있을까?

증여는 증여자와 수증자의 자유로운 의사표시로, 이는 법적으로 가능하다. 물론 투기과열지역 등의 지정을 통해 일정기한까지 전매제한을 할 수는 있다.

② 분양권을 증여받은 배우자는 제3자에게 이를 양도할 수 있을까?

그렇다. 다만, 전매제한제도가 적용되면 전매행위가 금지될 수는 있다.

분양권에 대해 전매가 자유롭다고 가정한다면 이제부터는 세금문제를 검토해야 한다.

첫째, K씨가 바로 양도한다고 가정하면 양도소득세는 다음과 같다.

구분	금액	비고
양도차익	2억 원	
−기본공제	250만 원	
=과세표준	1억 9,750만 원	
×세율	50%	1년 미만 보유 시의 세율
=산출세액	9,875만 원	
+지방소득세	987만 원	
=계	1억 862만 원	

둘째, K씨의 배우자가 증여받아 이를 양도하는 경우의 세금은 다음과 같다.

증여세		양도소득세		계
증여재산가액	3억 원	양도가액	3억 원	
		−취득가액	3억 원	
−증여공제	3억 원	=양도차익	0원	
		−기본공제		
=과세표준	0원	=과세표준		
×세율		×세율		
=증여세 산출세액		=산출세액	0원	0원

K씨가 분양권을 양도하면 1억 원 이상의 세금이 나오는데, 증여를 거친 후 양도하면 세금이 한 푼도 나오지 않게 된다.

그렇다면 세법은 이를 인정할까? 이하에서 검토해 보자.

① 취득가액 이월과세란 제도가 있다.

위의 두 번째에서 양도소득세 계산 시 배우자가 3억 원에 양도하는 것은 세법상 문제가 없지만 취득가액이 문제가 된다. 당초 취득가액(불입가액)은 1억 원이

었으나 증여를 거치면서 3억 원으로 인상되었기 때문이다. 이에 세법은 배우자
나 직계존비속으로부터 증여를 받아 5년 이내에 양도하는 경우 취득가액을 당
초 배우자가 취득한 가액으로 하도록 하고 있다. 따라서 이 제도를 적용하면
양도차익은 여전히 2억 원이 되므로 K씨가 직접 양도하는 경우와 세금이 동일
하게 산출될 가능성이 높다.

구분	금액	비고
양도차익	2억 원	3억 원-1억 원(증여자의 취득가액)
-기본공제	250만 원	
=과세표준	1억 9,750만 원	
×세율	50%	증여자의 취득일로부터 기산하여 적용(1년 미만인 경우 50%)
=산출세액	9,875만 원	
+지방소득세	987만 원	
=계	1억 862만 원	

그런데 문제는 분양권에 대해서는 이러한 취득가액 이월과세제도를 적용하지
않는다는 것이다. 세법에서는 토지, 건물 및 특정시설물 이용권에 한해 이 제
도를 적용하도록 하고 있기 때문이다.

② 「소득세법」상 부당행위계산부인제도를 검토해야 한다.
이 제도는 특수관계인 간에 거래를 통해 세금부담을 낮추는 경우 그 거래행위
를 부인하여 소득금액을 재계산하는 제도를 말한다.
사례의 경우 배우자 간의 증여를 통해 양도소득세가 발생하지 않았다. 그 결과
부당하게 세금부담이 축소되었다. 따라서 이 경우에는 증여자가 직접 양도한
것으로 보아 세법을 적용한다.

실제 「소득세법」 제101조 규정에 따르면 거주자가 특수관계인에게 자산을 증여한 후 그 자산을 증여받은 자가 그 증여일부터 5년 이내에 다시 타인에게 양도한 경우로, 아래 ㉠가 ㉡보다 적은 경우에는 증여자가 당해 자산을 양도한 것으로 본다.

㉠ 증여받은 자의 증여세 + 양도소득세
㉡ 증여자가 직접 양도하는 경우로 보아 계산한 양도소득세

그런데 「소득세법」 제101조 제2항에서 "다만, 양도소득이 해당 수증자에게 실질적으로 귀속된 경우에는 그러하지 아니하다."라는 단서가 추가되어 2010년 이후 양도분부터는 당해 부동산 등의 양도대금이 모두 수증자에게 귀속(수증자를 위해서만 사용되고 증여자에게 귀속되지 않는 등)되었다는 사실을 객관적인 금융증빙자료 등으로 입증하면 부당행위계산부인 규정이 적용되지 아니한다.

이상의 검토결과를 보면 현행법 체계상 분양권을 배우자에게 증여한 후에 이를 바로 양도하여 양도소득세를 줄이더라도 이에 대해 과세하는 것이 만만치 않을 것으로 보인다.

다만, 실무적으로 다음과 같은 쟁점들이 발생할 가능성이 있다.

① 분양권 증여 시 이에 대한 가액을 어떻게 평가할 것인가가 쟁점이 될 수 있다.
분양권에 대한 프리미엄이 있음을 객관적으로 입증해야 하는데, 실제로는 파악이 쉽지 않다. 따라서 이를 두고 과세관청과 마찰이 있을 수 있다. 실무적으

로는 증여를 받은 날로부터 3개월 이내에 분양권을 전매한다. 이때의 양도가액 이 증여재산가액이 되기 때문이다. 「증여세법」에서 증여재산가액을 파악할 때 증여일 전후 3개월 이내에 거래된 가액을 증여재산가액으로 하는 규정을 활용 하는 전략에 해당한다.

② 수증자가 분양권을 양도하여 받은 대가가 증여자에게 귀속되지 않았음에 대한 입 증을 두고 과세관청과 마찰이 발생할 수 있다.

물론 이에 대한 조사가 없는 경우에는 당초 원안대로 통과될 가능성이 있다.

③ 이외에도 「국세기본법」상 실질과세 원칙의 적용 여지도 있다.

실질과세 원칙은 거래의 형식을 부인하고 거래의 실질에 따라 과세하는 것을 말한다. 즉 분양권의 증여행위를 부인하고 증여자가 양도하는 것으로 보아 과 세할 수 있다는 것이다. 하지만 이 방법은 납세자와 조세 마찰을 유발할 수 있 다. 그래서 세법을 손질해 분양권도 이월과세의 적용대상에 포함하도록 세법 을 개정시킬 가능성이 높다.

49

오피스텔 사업자등록하는 방법

오피스텔은 용도에 따라 업무용과 주거용으로 나뉜다!
그에 따라 관련 세법이 달라진다.

- **업무용으로 등록하면**→취득 시 부가가치세 환급, 임대 시 부가가치세와 소득세 납부 등의 업무가 뒤따른다.
- **주거용으로 등록하면**→취득 시 취득세 감면(단, 신규분양분에 한함), 임대 시 소득세 비과세 등의 혜택이 뒤따른다.

그렇다면 어떤 기준에 따라 등록을 해야 할까? 투자자들은 본인의 상황에 맞게 용도를 정하고 세법을 정확히 적용할 필요가 있다. 상황별로 이에 대해 알아보자.

기존 오피스텔을 취득하는 경우

기존 오피스텔을 취득하는 경우에는 주로 양도자의 상황에 따라 세법의 내용이 정해지는 경우가 많다. 다만, 업무용이 그러하며 주거용은 취득 후 업무용으로의 전환은 가능하나 세금관계가 달라진다는 점에 유의해야 한다.

업무용을 주거용으로 사용하는 경우

업무용 오피스텔을 양도하는 경우 보통 건물공급가액의 10% 정도인 부가가치세가 발생한다. 이 부가가치세는 일단 매수자가 부담을 하게 된다. 이때 매수자는 곧바로 일반과세자등록을 해서 이 부가가치세를 환급받게 된다. 하지만 매수자가 주거용으로 사용하거나 임대하는 경우에는 이 부가가치세를 환급받을 수 없다. 따라서 양도자가 업무용으로 사용한 경우 매수자도 업무용으로 사용하는 것이 일반적이다. 한편 매수자는 4% 상당액의 취득세를 별도로 부담해야 한다. 기존 오피스텔을 취득한 경우에는 취득세 감면이 없다는 점도 알아두기 바란다.

주거용을 업무용으로 사용하는 경우

주거용 오피스텔을 양도하는 경우에는 부가가치세의 부담이 없다. 면세용 오피스텔은 이를 양도할 때 부가가치세가 면제되기 때문이다. 그렇다면 이 주거용을 업무용으로 사업자등록하면 어떤 문제가 발생할까? 이때에는 향후 임대 시 월세에 대해 부가가치세 10%(간이과세자는 3% 수준)를 징수하고 임대소득에 대해 종합소득세를 내게 된다. 한편 주거용을 취득한 경우에도 취득세는 4% 상당액이 발생한다. 오피스텔은 「주택법」상 준주택에 해당하여 주택과 다르게 취득세율이 적용되기 때문이다.

신규 분양되는 오피스텔을 취득하는 경우

신규 분양되는 오피스텔은 분양받은 자의 선택에 따라 업무용 또는 주거용으로 사용할 수 있다. 이를 정하는 기준은 주로 취득단계와 임대단계 그리고 양도단계의 세금차이다. 이를 정리하면 다음과 같다.

구분	취득단계	임대단계	양도단계
업무용	부가가치세 환급	• 무조건 종합과세 • 건강보험료 부과	양도소득세 일반과세
주거용	취득세 85% 면제	• 비과세, 분리과세, 종합과세 등 다양 • 건강보험료는 종합과세 시만 부과	양도소득세 비과세, 중과세, 일반과세 등 다양

그렇다면 이들을 선택하는 기준을 무엇일까?

이는 각자가 처한 상황별로 서로의 장단점을 비교하여 결정하는 방식이 될 것이다. 이를 위해서는 거래단계별로 어떤 세금문제가 있는지를 점검할 필요가 있다. 사례를 통해 이 부분을 이해해 보자.

| 사례 |

오피스텔 분양가액이 2억 원(부가가치세 1,000만 원 별도)인 경우 이를 업무용으로 임대하는 것이 유리할까, 아니면 주거용으로 임대하는 것이 유리할까?

우선 거래단계별로 어떤 세금문제가 발생하는지 정리해 보자.

구분		업무용	주거용
취득	취득세	4%(4.6%)	좌동(취득세의 85% 감면 가능)
	부가가치세	1,000만 원(환급 가능)	1,000만 원(환급 불가)
임대–임대소득세		임대소득에 대해 무조건 종합과세	2,000만 원 이하는 비과세, 초과 시는 종합과세
양도–양도소득세		양도차익에 대해 무조건 과세	주택에 대한 세금체계 적용 (비과세, 중과세 등 가능)

위의 취득단계의 취득세와 부가가치세에서 업무용은 취득세 납부와 부가가치세 환급, 주거용은 취득세 85% 감면과 부가가치세 불환급이 적용된다. 따라서 두 가지 세목만 보면 업무용이 다소 유리하다. 부가가치세가 취득세보다 크기 때문이다. 하지만 임대단계에서는 업무용보다는 주거용이 유리하다. 주거용은 주택으로 취급되어 연간 2,000만 원 이하까지는 소득세 비과세(2019년은 분리과세)를 받을 수 있기 때문이다. 양도단계에서는 업무용은 무조건 소득세가 과세되나, 주거용은 주택세제를 적용받아 비과세 등도 가능하다. 하지만 다주택자가 된 경우에는 중과세의 가능성도 있다.

결국 오피스텔을 임대할 때 일반인과 사업자 중 누구한테 하는 것이 임대가 잘될 것인지를 먼저 고려한 후 형태에 따라 달라지는 세제를 고려하는 것이 중요하다. 이때 업무용을 선택한 이후 이를 주거용으로 전환하는 경우에는 환급받은 부가가치세의 일부를 반환해야 함에 주의해야 한다. 이에 대해서는 바로 뒤에서 살펴보자.

50

오피스텔 용도를 전환할 때
알아야 할 것들

오피스텔 소유자들은 업무용에서 주거용 또는
주거용에서 업무용으로 전환할 때 유의해야 할 것들이 있다.

첫째, 업무용을 주거용으로 전환하면 부가가치세 추징을 당할 수 있다.
둘째, 주거용을 업무용으로 전환하면 부가가치세를 환급받을 수 있다.

이게 도대체 무슨 소리인가?

업무용을 주거용으로 전환하는 경우

일단 오피스텔을 분양받을 때 일반과세자로 등록하면 부가가치세를 환급받을 수 있다. 이 오피스텔은 과세사업용에 공여되기 때문이다. 즉 일반과세자는 미리 부가가치세를 환급받은 후에 임대 시 임차인으로부터 부가가치세 10%를 징수하여 국가에 납부하게 된다.

그런데 업무용으로 분양받은 오피스텔을 주거용으로 전환하는 경우에는 문제가 발생한다. 주거용 오피스텔의 임대료에 대해서는 부가가치세 징수를 할 수 없기 때문이다. 따라서 이때에는 미리 환급받은 부가가치세 중 일부를 반환하는 것이 타당하다. 그렇다면 얼마를 반환해야 할까?

이에 대해 「부가가치세법 시행령」 제49조에서는 10년 중 미경과한 과세기간(6개월) 연수에 해당하는 부가가치세를 반환하도록 하고 있다. 예를 들어 당초 1,000만 원의 부가가치세가 발생해 이를 환급받았는데 5년 후에 이를 주거용으로 전환한 경우 나머지 5년분에 해당하는 부가가치세에 대해서는 반환을 해야 한다는 것이다. 그리고 이때 초과환급가산세(일반 10%, 부당 40%)를 덧붙여 납부해야 한다.

주거용을 업무용으로 전환하는 경우

주거용 전환으로 부가가치세가 추징된 이후 다시 과세사업용으로 전환하는 경우 일정액의 부가가치세를 다시 공제(환급)받을 수 있다. 앞의 반환과 같은 원리가 적용되기 때문이다. 관련 규정을 참조하기 바란다.

〈건물〉

- 공제되는 세액 = 취득 당시 해당 재화의 면세사업과 관련하여 공제되지 아니한 매입세액 × (1 − 5/100 × 경과된 과세기간*의 수)

  * 부가가치세 신고단위인 6개월을 말함.

이외 양도소득세에는 어떤 영향을 줄까?

업무용에서 주거용으로 또는 그 반대로 용도를 전환하는 경우 양도소득세와 관련된 세제에도 많은 영향을 준다. 이에 대한 내용을 알아보자.

① 업무용에서 주거용으로 전환된 경우

업무용에서 주거용으로 전환되는 경우 주택에 대한 세제가 적용된다. 이때의 관심은 1세대 1주택에 대한 비과세가 가능한지, 과세되는 경우 과세방식이 어떤 식으로 바뀌는지의 여부가 된다.

- 비과세의 경우 : 1세대 1주택으로 보유기간 및 거주기간이 2년 이상이 되면 비과세가 가능하다. 이때 주의할 것은 보유기간 등은 전환일 이후의 기간부터 산정한다는 것이다.
- 과세의 경우 : 1세대 1주택인 경우에는 일반과세, 2주택 이상인 경우에는 중과세의 가능성이 있다. 주택 수가 많아지면 양도소득세 세제에서는 불리해진다.

② 주거용에서 업무용으로 전환된 경우

주거용이 업무용으로 전환된 경우에는 주택이 아니므로 일반건물에 준하는 방식으로 과세가 된다. 이때 장기보유 특별공제와 세율을 적용하기 위한 기간은 당초 취득일로부터 산정한다.

수익형 부동산 취득 시 부가가치세 환급절차

오피스텔이나 상가 등 수익형 부동산을 취득하면 계약서상에 계약금, 중도금 그리고 잔금 지급 일자에 맞추어 부가가치세가 표시되고 있다. 그런데 여기서 부가가치세는 환급을 받을 수 있다. 다만, 이 부가가치세를 돌려받기 위해서는 계약 당시에 일반과세자로 사업자등록을 하고 조기환급신고를 신청하면 된다.

이하에서 이러한 문제들에 대해 알아보자.

수익형 부동산에 대한 부가가치세를 돌려받는 절차

① 부가가치세를 환급받기 위해서는 사업자등록이 필수다.
사업자등록을 신청할 때는 간이과세자가 아닌 일반과세자로 신청해야 환급된다. 사업자등록신청은 임대용 부동산이 소재한 곳의 관할 세무서 1층에서 한다. 신청서류는 그곳에 비치되어 있으며 준비물은 매매계약서 사본 1부, 임대소득자의 도장, 신분증 등이 필요하다.

② 사업자등록을 뒤늦게 하면 부가가치세를 환급받을 수 없다.
사업자등록은 원칙적으로 사업을 개시한 날로부터 20일 이내이지만 사업개시 전에 신청할 수 있다. 따라서 매매계약을 체결하자마자 사업자등록을 신청하는 것이 좋다.

③ 만일 부가가치세를 빨리 환급을 받으려면 매월 말일자로 마감하여 부가가치세 신고(조기환급신고)를 하도록 한다.

여기서 조기환급신고는 매월, 또는 매 2월, 또는 분기 단위 중 선택에 의하며, 조기환급신고기한(매월 또는 매 2월, 분기 다음 월 25일)경과 후 15일 이내에 환급된다.

부가가치세를 환급받으면 이행해야 하는 세무

부가가치세를 환급받으면 이는 사업자가 되었다는 것이고 그러면 아래의 표과 같은 납세의무를 이행해야 한다.

일단 사업자등록을 하면 1년에 2회에 걸쳐 부가가치세 신고의무가 발생한다. 다만, 1/4분기나 3/4분기에 사업을 하는 경우에는 부가가치세 예정신고를 1회 더 해야 한다.

한편 임대업을 하면서 벌어들인 이익에 대해서는 1년에 한 번 하는 종합소득세 신고의무가 발생한다. 신고는 다음 해 5월(성실신고 확인대상 사업자는 6월) 중에 한다. 법인은 임대이익에 대해 다음 해 3월(12월 말 법인의 경우) 중에 법인세 신고의무가 있다.

구분	내용	업무주기
원천징수	직원 등을 고용한 경우	매월(반기도 가능)
4대 보험료	임직원에게 보수를 지급한 경우	매월
부가가치세	임대료 및 전세보증금을 받은 경우	반기(법인은 분기)
종합소득세(법인은 법인세)	임대소득이 발생하는 경우	다음 해 5월(성실신고는 6월)
양도소득세	상가 등을 양도하는 경우	예정신고(양도 말일~2월) 또는 확정신고(다음 해 5월)

51

성실신고 확인대상 임대사업자의 신고방법

임대사업자들은 성실신고 확인제도에 관심을 둬야 한다.

왜 그럴까?

신고를 잘못하면 사후검증, 세무조사 등을 받을 수 있기 때문이다.

이렇게 되면 많은 세금이 나올 수밖에 없다.

성실신고 확인대상 사업자란 무엇을 의미하고 어떤 식으로 신고하는지 알아보자.

성실신고 확인대상 사업자란?

이 제도는 사업자의 매출 및 비용계상 등의 적정성을 세무사가 확인·검증하도록 하는 제도를 말하는데, 가공경비 계상 등 허위 기장신고에 대한 검증강화를 위해 도입되었다.

이는 마치 외부 감사인이 재무제표에 대해 감사하는 것과 같은 모양새를 하고 있다. 이러한 과정을 통해 사업자들의 결산내용이 검증되고 그에 따라 적정세수가 확보되는 효과를 누릴 수 있게 된다. 만일 이러한 업무를 성실하게 이행하지 않으면 사업자에게는 가산세가, 세무대리인에게는 업무정지 같은 징계가 뒤따르게 된다. 이에 대한 적용기준은 전년도의 수입금액을 기준으로 하고 있다. 부동산임대업의 경우 '5억 원'이 기준금액이 된다.

구분	성실신고 확인제도 적용기준금액	비고
1차 산업, 도·소매업 등	20억 원	이 기준금액이 점점 인하될 예정임
음식점업/건설업 등	10억 원	
부동산임대업, 의료업 등 개인서비스업	5억 원	

성실신고 확인대상 임대사업자는 어떻게 신고하는 것일까?

| 사례 |

서울에 거주하고 있는 K씨의 상가 등의 임대수입이 연간 5억 원 가량이 된다. K씨는 평소 소득률을 수입의 40%로 맞춰 신고했다. 그런데 성실신고 확인제도를 적용받은 경우에는 경비 등에 대한 투명성이 강화되어 60% 정도의 수준에서 신고해야 한다고 하자. 이 경우 세금차이는 얼마나 될까?

구분	성실신고 확인제도 적용 전	성실신고 확인제도 적용 후	차이
수입금액	5억 원	5억 원	
×소득률	40%	60%	
=소득금액(과세표준)	2억 원	3억 원	
×세율	38%	38%	
−누진공제	1,940만 원	1,940만 원	
=산출세액	5,660만 원	9,460만 원	

성실신고 확인제도를 적용받게 됨에 따라 세금이 3,800만 원 증가한다. 이렇게 세금이 증가하는 이유는 성실신고 확인업무를 처리하는 과정에서 업무 무관비용에 대한 판단이 엄격해지기 때문이다.

부동산업 관련 성실신고 확인대상 사업자의 신고법

부동산과 관련된 사업업종은 크게 세 가지 형태가 있다. 이들을 중심으로 성실신고를 하는 요령을 간략히 살펴보자.

① **부동산매매업** : 부동산매매업은 주택이나 토지, 상가 등을 사업적으로 매매하는 것을 말한다. 이 업종은 매출액이 15억 원 초과 시 성실신고 확인제도가 적용된다. 이들에 대해서는 종합소득세와 양도소득세 중 많은 세액을 산출세액으로 하는 비교과세제도가 적용되고 있으므로 과세방식에 유의해 신고해야 한다. 만일 비교과세가 적용되지 않는 경우로서 장부를 작성한 경우 가사비용 등 경비처리에 유의해야 한다.

② **주택신축판매업(건설업)** : 주택신축판매업은 주택을 신축하여 분양하는 사업으로 세법은 이를 건설업으로 분류한다. 매출액이 7.5억 원 초과 시 성실신고 확인

제도가 적용된다. 이러한 업종은 대부분 장부를 통해 신고한다. 가공경비 등에 유의하고, 증빙을 통한 원가입증에 최선을 다해야 한다. 일부도급, 자영건설의 경우 5~30% 상당액만큼 소득세 감면이 가능하다.

③ **부동산임대업** : 부동산임대업은 부동산을 임대하여 수익을 창출하는 업종으로 이에는 크게 주거용 건물의 임대와 비주거용 건물 등의 임대가 있다. 성실신고 기준은 5억 원이다. 임대수입이 소액인 경우에는 정부가 정한 경비율을 통해 신고할 수 있지만, 성실신고 확인대상자인 경우에는 장부를 통해 신고하는 것이 일반적이다. 수익에서 차감되는 필요경비가 거의 없기 때문에 항상 가공경비가 문제되는 경우가 많다. 법인설립 등을 통한 대안을 만드는 것이 중요하다. 참고로 주택임대업과 일반부동산임대업의 과세방식을 비교하면 다음과 같다.

구분	주택임대업	일반부동산임대업
사업자유형	면세사업자	과세사업자
등록 여부	임의	강제
신고	사업장 현황신고 (다음 해 2월 10일)	부가가치세 신고 (1년 2회)

알 | 쏭 | 달 | 쏭 | 세 | 금 | 팁

성실신고 확인대상 범위의 확대

개인사업자들에 대해 적용되고 있는 성실신고 확인대상 범위가 아래처럼 단계적으로 확대된다.

구분		농업, 도소매업 등	제조업, 건설업 등	서비스업 등
현행		20억 원 이상	10억 원 이상	5억 원 이상
개정	'18~'19년	15억 원 이상	7.5억 원 이상	5억 원 이상
	'20년 이후	10억 원 이상	5억 원 이상	3.5억 원 이상

52

성실신고 대상 임대사업자의 대책은?

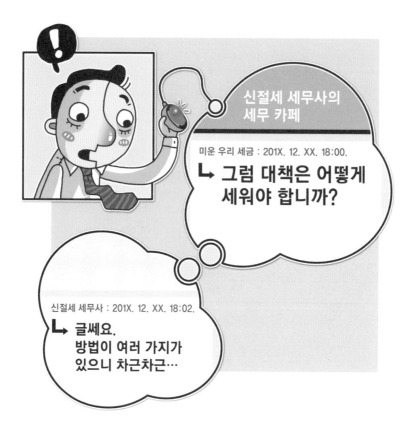

성실신고를 해야 하는 임대사업자들은 어떤 대책이 있을까?
이에는 아래와 같은 것들이 있을 수 있다.

- 수입금액 관리 → 수입금액이 성실신고 확인대상이 되지 않도록 전세보증금 등으로 조절한다.
- 비용 관리 → 지출 시 비용인정 여부, 갖추어야 할 증빙 종류 등을 점검한다.
- 법인전환 등 → 법인으로 전환하거나 법인관리회사 등을 만든다.

성실신고 확인대상 사업자들의 가장 큰 고민은 뭘까?

가장 큰 고민은 뭐니 뭐니 해도 비용처리에 있지 않을까 싶다. 임대업과 관련된 경비는 재산세와 대출이자비용, 수선비 정도만 발생하기 때문이다. 그래서 세금을 조금이라도 줄이려는 욕심에 사업과 관련 없는 비용들을 장부에 반영하게 된다. 물론 세무조사가 나오면 이러한 비용들은 부인당하기 일쑤다.

이러한 상황에서 가장 먼저 고려할 대안이 바로 법인으로의 전환 또는 관리회사를 만드는 것이다. 법인으로 관리를 하게 되면 대표자의 급여를 비용으로 처리하면 투명성이 높아지고 이익도 조절할 수 있는 이점이 있다. 하지만 법인에 대한 관리비용이 증가하는 등의 단점이 발생한다.

성실신고 확인대상 사업자들은 비용처리에 있어 다양한 관점에서 대책을 세우는 것이 좋다.

사례를 통해 어떤 식으로 대책을 세워야 하는지 알아보자.

| 사례 |

서울에서 상가임대업을 하고 있는 K씨의 연간임대수입은 5억 원 정도 되어 성실신고 확인대상 사업자에 해당한다. 그는 소득신고율을 40% 정도에 맞춰 소득세 신고를 해왔다. 그런데 국세청에 보는 적정 소득신고율은 60% 정도가 된다. 따라서 소득률이 평균에 미달하므로 세무조사의 가능성이 늘 열려있다. 이 경우 어떤 대책이 있을까?

먼저 과소신고에 따른 추징예상세액을 계산해 보자. 〈표 1〉

과소신고에 따른 예상추징세액이 대략 6,800만 원(지방소득세 포함 시 7,500만 원)에 이른다.

<표 1> 사례_추징예상세액

구분	현재	조사에 의한 추징 시
수입금액	5억 원	5억 원
×소득률	40%	60%
=과세표준	2억 원	3억 원
×세율	38%	38%
−누진공제	1,940만 원	1,940만 원
=산출세액	5,660만 원	9,460만 원
+신고불성실가산세(20% 가정)	–	1,892만 원
+납부불성실가산세 (3/10,000, 365일 기준)	–	1,035만 원*
=계	5,660만 원	1억 2,387만 원

* 9,460만 원 × 3/10,000 × 365일≒1,035만 원

그렇다면 대책은 없을까? 생각해볼 수 있는 대책을 나열해 보자.

① 성실신고를 하는 것이다.

이는 개인사업자의 위치에서 세법에 맞게 세무회계처리를 하는 것을 말한다.
이때 비용처리에 대해서는 아래와 같은 기준에 따라 관리한다.

구분	100% 경비인정	경비인정 불분명	100% 경비불인정
계정과목	• 임직원 인건비 • 복리후생비(식대, 건강보험료 등) • 통신비 등	• 가족 인건비 • 차량비 • 개인사업용 접대비 • 1인 사업자의 복리후생비 • 상품권 구입비 등	• 가공경비(인건비 등) • 업무 무관 비용(공휴일에 사용한 경비, 골프비용, 백화점 지출 등) • 한도 초과(접대비, 기부금, 감가상각비 등)
관리 포인트	–	업무 관련성 및 지출을 입증하는 것이 중요	고액의 비용을 처리한 경우 문제가 발생하므로 성실신고를 기본으로 신고

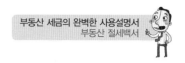

② 법인으로 전환하는 방법이 있다.

앞과 같이 성실신고를 하면 세금이 많이 나오는 것이 일반적이다. 임대업의 경우 임대관련 필수비용이 거의 발생하지 않기 때문이다. 그래서 이때에는 법인으로 전환하여 임대하는 방법을 생각해볼 수 있다. 법인으로 임대하면 앞에서 본 대표이사의 급여 등으로 비용처리를 할 수 있기 때문이다.

③ 개인임대부동산을 별도로 관리하는 법인을 만들 수도 있다.

개인임대사업을 법인으로 전환하는 경우 법인설립 시 비용이 발생하여 법인전환의 걸림돌로 작용할 수 있다. 따라서 이때에는 별도의 관리회사를 만들어 운영하는 것을 검토할 수 있다. 다만, 법인을 설립하여 부동산임대업을 관리하게 되면 법인세 및 개인소득세, 건강보험료, 관리비용이 일부 증가될 수 있고, 지급수수료의 과다로 인해 자료 소명을 요구받을 수 있다. 따라서 정교한 검토가 필요함은 두말할 필요가 없다.

※ 관리회사 운영방안

−관리회사 설립

- 법인명 : 자유롭게 정할 수 있음.
- 설립자본금 : 자유롭게 책정 가능(예 : 1,000만 원도 가능)
- 주주구성 : 빌딩 지분율 기준

− 매월 월 보수료에 대한 전자세금계산서 수수 및 자금이체

- 보수료는 법인과 임대사업자 간에 계약에 의함.
- 소소한 비용들은 통장을 근거로 지출해야 하므로 계좌와 증빙이 일치되어야 함.

53

상가빌딩 양도 시
점검해야 할 것들❗

이 건물을
매매할까?…말까?
하지만 세금이
만만치 않을 것 같은데…
상가를 양도할 때
어떤 점에 주의해야
하지?

상가(빌딩) 양도 시 점검할 것들은 무엇일까?

첫째, 부가가치세에 대한 과세문제가 있다.

둘째, 양도소득세에 대한 과세문제가 있다.

셋째. 권리금에 대한 과세문제가 있다.

이들에 대한 세금문제를 명확히 해야 한다.

앞의 문제들에 대해 순차적으로 답을 찾아보자.

부가가치세

상가(빌딩)를 양도하면 전체 공급가액 중 건물의 공급가액에 대해 10% 만큼의 부가가치세가 발생한다. 다만, 매수자와 포괄양수도계약*을 맺으면 부가가치세 없이 거래가 가능하다.

*사업에 관련된 모든 자산과 부채를 포괄적으로 양수도하는 계약을 말한다. 부가가치세 없이 거래할 수 있는 장점이 있다. 사업의 동질성이 이어지므로 이러한 혜택을 부여한다.

양도소득세

상가(빌딩)를 양도하면 양도차익에 대해 양도소득세가 발생한다. 상가의 경우 양도소득세 중과세는 적용되지 않는다.

위의 내용들을 사례를 통해 알아보자.

| 사례 |

서울에 거주하고 있는 K씨는 상가를 다음과 같이 양도했다. 이 경우 부가가치세와 양도소득세는 얼마인가? 양도소득세의 경우 기본공제는 적용하지 않으며 세율은 6~42%를 적용한다.

구분	건물가액	토지가액	계
취득가액	1억 원	1억 원	2억 원
양도가액	2,000만 원	4억 원	4억 2,000만 원
보유기간	10년	10년	

먼저 부가가치세의 경우 K씨가 일반과세자라면 양도 시의 건물가액 2,000만 원의 10%인 200만 원이 부가가치세가 된다.

Q 만일 건물가액과 토지가액이 구분되지 않으면 부가가치세는 어떻게 계산해야 하는가?

A 부가가치세는 건물가액에 대해서만 부과되므로 '감정평가액→기준시가' 비율 순으로 건물가액과 토지가액을 안분계산한다.

다음으로, 양도소득세는 양도가액에서 취득가액을 차감한 2억 2,000만 원에 장기보유 특별공제 등을 적용하여 산출한다.

구분	금액	비고
양도차익	2억 2,000만 원	
−장기보유 특별공제	6,600만 원	30%
=과세표준	1억 5,400만 원	
×세율	38%	
−누진공제	1,940만 원	
=산출세액	3,912만 원	

Q 만일 이 상가의 임대 중에 상가에 대해 감가상각비를 2,000만 원 처리했다면 위의 양도소득세에 어떤 영향을 미칠까?

A 임대소득세 신고에 반영된 감가상각비는 양도소득세 신고 시 취득가액에서 차감되므로 위의 양도차익이 늘어나게 된다. 따라서 양도소득세 또한 늘어날 수 있다.

알 | 쏭 | 달 | 쏭 | 세 | 금 | 팁

권리금에 대한 과세방식

세법은 부동산과 함께 양도하는 영업권(권리금)은 양도소득으로 본다. 따라서 양도소득세로 과세가 된다. 하지만 부동산과 관계없이 받는 권리금은 기타소득(필요경비 2018년 4월~12월까지 70%, 2019년은 60% 인정)으로 본다. 한편 부동산을 취득하면서 지급한 권리금은 취득가액에 포함되나, 기타의 경우에는 장부에 영업권 계상을 한 후에 감가상각을 통해 경비처리를 할 수 있다.

상가빌딩임대업! 개인이 좋을까, 법인이 좋을까?

상가나 빌딩을 개인이 임대하는 것이 좋을까, 법인으로 임대하는 것이 좋을까? 이하에서
이에 대해 분석해 보자.

과세방식 비교

건물임대업을 개인사업자가 영위하면 6~42%의 세율이, 법인사업자는 10~25%의 세율이
적용된다. 이 둘의 과세방식을 비교하면 다음과 같다.

구분	소득세	법인세
과세표준	수익-비용 ※ 대표자의 급여는 비용처리를 할 수 없음	수익-비용 ※ 대표자의 급여는 비용처리할 수 있음
세율	6~42%	10~25%
배당에 대한 세금	없음	있음(14% 원천징수)

개임임대와 법인임대의 장단점

① 개인임대의 장단점

우선 소규모 임대를 하는 경우에는 개인임대가 유리하다. 세율도 유리하고 관리비용 등
이 비교적 적게 들기 때문이다. 만약 공동사업을 하는 경우에는 세금이 더 줄어든다. 하지

만 대규모 임대를 하는 경우에는 소득세의 누진세율 증가로 인해 세금부담이 증가하며, 성실신고 확인제도가 적용돼 세무간섭이 증가하는 등의 단점이 있다.

②법인임대의 장단점
법인임대의 경우 세율이 개인보다 유리한 경우가 많다. 또한, 경비처리의 폭도 개인보다 넓다. 다만 이러한 형태는 어느 정도 임대소득이 나오는 경우에 안성맞춤이 된다. 반면 소규모 임대업의 경우에는 개인이 더 유리할 수 있다. 한편 법인은 개인보다 투명성이 강조되므로 이에 대한 관리비용이 많이 든다는 등의 단점도 있다.

개임임대와 법인임대의 선택

임대업을 개인으로 할 것인지 법인으로 할 것인지의 결정은 세금요소 및 기타요소 등을 두루 감안하여 결정하는 것이 좋다. 일반적으로 개인의 임대소득세가 많고 임대업을 지속적으로 하고자 하는 경우에는 법인임대가 더 낫다.

 알|쏭|달|쏭|세|금|팁

소규모 임대법인에 대한 두 가지 규제
– 소규모 임대법인의 경우 접대비 한도와 업무용 승용차에 대한 감가상각비 한도가 일반법인에 비해 1/2로 축소된다.
– 2018년부터 소규모 임대법인 등에도 성실신고제도가 적용된다.

54

농지가 휴경된 상태에서도
감면이 될까?

애석하게도 그렇지 않다.
왜 그럴까?

이는 「조특법 시행령」 제66조 제5항에서
양도소득세 감면이 되는 농지를 '양도일 현재의 농지'로 규정하고 있기 때문이다.

따라서 양도시점에서 농사를 짓지 않으면 양도소득세 감면이 되지 않을 수 있다.

농지에 대한 감면을 잘 받는 방법

농사를 오래 지었더라도 농지에 대해 감면이 적용되지 않을 수 있다. 농지감면에 대한 제도가 매우 까다롭기 때문이다.

그래서 농지에 대한 감면을 받기 위해서는 먼저 법에서 정하고 있는 감면요건부터 정확히 따져볼 필요가 있다.

세법은 전·답·과수원의 소유자가 해당 지역에서 거주한 상태에서 8년 이상 직접 자경하면 양도소득세를 100% 감면하고 있다. 이때 감면요건은 아래와 같다.

① 소유자가 취득일부터 양도일 사이에 8년간 농지가 소재하는 시·군·구(자치구인 구를 말함)와 그와 연접한 시·군·구, 또는 해당 농지로부터 직선거리 30km 이내의 지역에 거주하면서 그 소유농지에서 농작물의 경작 또는 다년생 식물의 재배에 상시 종사하거나 농작업의 2분의 1 이상을 자기의 노동력에 의하여 경작 또는 재배한 사실이 있을 것

② 양도일 현재 농지일 것

③ 양도일 현재 특별시·광역시(광역시에 있는 군 지역을 제외함) 또는 시(도·농 복합 형태의 시의 읍·면 지역을 제외함)에 있는 농지로 「국토의 계획 및 이용에 관한 법률」에 의한 주거지역·상업지역 및 공업지역내의 농지로 이 지역에 편입된 후 3년이 경과되지 않을 것

④ 농지가 「도시개발법」 그 밖의 법률에 의하여 환지처분 전에 농지 외의 토지로 환지예정지 지정을 받은 경우에는 그 환지예정지 지정일부터 3년이 경과되지 않은 농지의 양도일 것

②의 요건과 관련하여 사례를 들어 이를 분석해 보자.

> | 사례 |
>
> K씨는 농지를 20년 이상 보유하면서 8년 이상 자경했다. 이 농지를 양도하고자 하는데 양도
> 일 현재 휴경상태에 있다. 이 경우 양도소득세 감면이 가능할까?

가능하지 않다. 감면대상이 되는 농지는 원칙적으로 양도일 현재 실지로 경작
에 사용되는 농지를 의미하기 때문이다. 다만, 계절적인 휴경인 경우에는 예외
로 한다.

> ※ 관련 예규 등
>
> ① 재산-733, 2009.11.13.
> 양도일 현재 실지로 경작에 사용되지 아니한 토지는 경작에 사용되지 못한 사유가 계절적
> 인 사유 등 일시적인 휴경상태로 인한 것이 아닌 한 양도일 현재 자경농지 감면대상 농지로
> 볼 수 없음.
>
> ② 조심2012전1635, 2012.08.16.
> 쟁점토지는 휴경상태로 보이고, 양도일 현재 휴경토지는 토지 소유자의 자의나 타의, 계절
> 적인 사유 등 일시적 휴경상태로 인한 것이 아닌 한 자경농지 감면대상 농지로 볼 수 없으
> 므로, 쟁점토지에 대해 8년 자경감면을 배제하여 과세한 처분은 잘못이 없음.
>
> ③ 부산지법2011구합5255, 2012.02.16.
> 토지 일부에 밤나무가 식재되어 있다 하더라도 밤나무밭을 매년 가꾸는 등의 행위를 하지
> 않아 실제 경작하고 있었다고 보기 어렵고, 밤나무 외 잡목, 잡풀 등이 있었으며 다른 사업
> 을 하고 있었던 점 등에 비추어 양도일 현재 실제 경작하고 있지 않은 토지로 일시적 휴경
> 상태라고 보기도 어려움.

Q 8년 재촌·자경한 농지는 1년간 1억 원, 5년간 2억 원을 감면받을 수 있다. 이 경우 재촌·자경의 요건은 어떤 식으로 입증해야 할까?

A 재촌 요건→농지 소재지의 관할 시·군·구, 이와 연접한 시·군·구, 농지 소재지와 직선거리로 30km 내에 거주해야 한다. 통상 주민등록초본 등을 통해 입증한다.

자경 요건→소유자가 자기의 노동력으로 경작해야 한다. 농지원부, 비료·농약구입 영수증, 농작물 판매확인서, 조합원 등재서류, 인우보증서 등으로 입증한다. 참고로 수십 년 동안 자경한 경우에는 이장이나 주민들의 확인서(인우보증서)로 갈음할 수 있다.

자경을 해도 감면이 제한되는 경우들

휴경농지 외에도 자경해도 양도소득세 감면이 제한되는 경우들이 있다. 이들에 대해 정리해 보자.

① 재촌·자경기간이 부족한 경우
자경한 농지에 대해 감면을 받기 위해서는 기본적으로 8년 이상 재촌·자경을 해야 한다. 따라서 이 기간을 충족하지 못하면 감면을 받을 수 없다. 참고로 상속농지의 경우 피상속인의 재촌·자경기간을 승계받을 수 있는데 이에 대해서는 다음을 참조하기 바란다.

※ **상속농지의 절세법**

피상속인이 8년 이상 자경한 농지를 상속받은 경우 감면과의 관계를 알아보자.

①의 구간 → 상속개시일로부터 3년 이내에 농지를 양도하면 감면을 받을 수 있다.

②, ③의 구간 → 상속개시일로부터 3년 이내에 양도하지 않은 경우 상속인이 1년 이상 재
촌·자경을 하면 감면을 받을 수 있다.

② 농지소재지가 주·상·공지역에 있는 경우

농지가 주거지역 등에 소재한 경우에는 실질적인 농지가 아니므로 원칙적으로
감면을 받을 수 없다. 다만, 주거지역 등으로 편입된 농지에 대해서는 다음과
같이 감면규정을 적용한다.

구분	편입일로부터 3년 이내 양도	편입일로부터 3년 이후 양도
특별시·광역시·시 지역	취득일~편입일까지의 소득금액에 대해 감면	감면배제
광역시의 군 지역, 도농복합시의 읍·면 지역*	취득일~편입일까지의 소득금액에 대해 감면	좌동(감면적용)
대규모 개발사업의 단계적 시행 및 보상지연지역		좌동(감면적용)
참고 : 일반 군 지역, 녹지지역, 개발제한구역	취득일~양도일까지의 소득금액에 대해 감면 좌동(감면적용)	

* 이 지역에 소재한 농지가 2011.12.31. 이전에 주거지역 등에 편입된 경우에는 취득일~양도일까지의 양도소득금액 전체에 감면이 적용된다.

③ 사업소득이나 근로소득이 3,700만 원을 넘어간 경우

감면제도는 전업농민을 위해 존재하는 제도에 해당하기 때문에 이러한 규정을

두고 있다.

 알ㅣ쏭ㅣ달ㅣ쏭ㅣ세ㅣ금ㅣ팁

도시지역에 있는 농지를 재촌·자경한 경우 비사업용 토지 판단(양도소득세 집행기준
104의3-168의8-1)

지역 구분	도시지역 편입일	비사업용 토지 판단
• 특별시 • 광역시(군 지역 제외) • 시 지역(읍·면 지역 제외)	농지 취득 전	비사업용 토지
	편입일부터 소급하여 1년 미만 재촌·자경	비사업용 토지
	편입일부터 소급하여 1년 이상 재촌·자경	편입일부터 3년 동안은 사업용 토지로 봄

국토의 계획 및 이용에 관한 법률에 따른 녹지지역 및 개발제한구역은 제외함.

55

임지와 입목을 양도하는 경우의
과세방식은?

땅 위의 나무가 경제적 가치가 있는 경우가 있다.

그래서 이를 따로 판매할 수도 있고 아니면

임지와 같이 동시에 처분할 수도 있다.

이 경우 과세방식이 어떻게 될까?

앞의 내용에 대한 답을 찾기 위해 순차적으로 접근해 보자.

1. 입목을 임지와 구분하여 양도할 수 있는가? 이 경우의 과세방식은?

가능하다. 계약은 자유롭게 할 수 있기 때문이다. 그렇다면 이때 과세방식은
어떻게 될까?

일단 입목을 임지와 분리하여 양도하는 것은 '사업소득'에 해당될 가능성이 높
다. 그런데 이의 판매자가 사업자등록을 하지 않고 판매하는 경우에는 계산서
등이 발급되지 않아 매출누락이 발생할 가능성이 높다. 그래서 입목을 따로 양
도하는 경우 과세되는 경우가 많지 않다.

2. 구분하지 않고 양도하는 경우의 과세방식은?

이때에는 전체를 임야에 대한 양도대가로 본다. 따라서 전체에 대해 양도소득
세가 부과되는 것이 원칙이다.

> ※ 양도소득세 집행기준 96-162의2-2 임지와 입목을 일괄 양도하는 경우
> 토지의 양도가액을 실지거래가액으로 산정할 때 임지와 입목을 일괄 양도하는 경우 「입목
> 에 관한 법률」에 따라 등기되지 아니한 수목은 토지의 일부로 간주되므로 입목의 양도소득
> 이 사업소득에 해당하지 아니하는 경우 입목의 양도가액은 임야의 양도가액에 포함된다.

| 사례 |

강원도에 거주하고 있는 K씨는 임야를 양도하면서 입목을 별도로 구분하여 계약할 경우 입목에 대한 금액에 대해 사업소득(산림소득)으로 과세되는지 궁금하다. 이외 사업소득으로 과세되려면 임업과 관련한 사업자등록 및 입목등기가 필수사항인지도 궁금하다. K씨의 궁금증을 풀어보자.

임지와 입목을 함께 양도하는 경우로 입목을 계속적, 반복적으로 벌채하거나 양도한 사실이 확인되지 않고 입목의 가격산정을 위해 별도 감정평가를 받은 사실이 없어 육림사업을 한 것으로 보기 어려운 경우에는 입목의 거래를 임지의 매매거래의 일부분으로 보아 전체 가액에 대해서 양도소득세가 과세된다. (재산-1482, 2009.7.20. 등)

사례의 경우 입목의 가격이 양도가액에 포함되는지 여부는 입목의 취득 · 생립·조림·식재의 토양 및 동 금액의 지급사유, 지급조건, 당사자 간 약정내용 (매매계약 등), 평가내역 등 구체적인 사실관계를 종합적으로 조사·확인하여 판단할 사항이다.

실무적으로는 입목을 임야에 포함하는 것으로 거래하는 것이 안전하다. 다만, 수용 등이 있어 입목에 대해 객관적인 평가자료가 있는 경우에는 임지와 구분하여 소득세 신고를 할 수 있을 것으로 판단된다.

 알|쏭|달|쏭|세|금|팁

태양광 발전시설

임야 등에 태양광 발전시설 등을 설치하게 되면 해당 토지는 사업용 토지가 될 수 있다.

건물이 멸실된 경우의 비사업용 토지 판단요령

건물을 멸실한 후의 토지는 사업용 토지인가, 비사업용 토지인가?

이게 문제가 될 수 있다!

비사업용 토지에 해당하면 양도소득세 중과세가 적용되기 때문이다.

그렇다면 세법은 멸실된 대지에 대해 어떤 식으로 과세방식을 정하고 있을까?

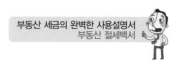

비사업용 토지는 어떤 식으로 판단하는지부터 알아보자

세법은 토지 소유 기간 동안 지목이 변경된 경우에는 각각의 지목별로 비사업용 여부를 판단하고, 그 비사업용 토지의 해당 기간을 합산하여 최종적으로 비사업용 토지 여부를 판정하도록 하고 있다. (서면4팀-963, 2006.4.13.)

사례를 통해 이를 분석해 보자.

| 사례 |

단독주택을 5년간 보유한 사람이 이를 멸실시킨 후 나대지 상태로 양도하고자 계획을 세우고 있다. 아래의 ①~④의 단계별로 이를 양도하는 경우 비사업용 토지에 대한 판정은 어떻게 할까?

취득　①주택　5년　②나대지　7년　③나대지 10년　④나대지
—▲————————▲——————▲————————▲———————

① 주택상태에서 양도하는 경우

주택의 부수토지는 사업용으로 사용되었다. 따라서 비사업용 토지에 해당하지 않는다. 주택상태에서 양도하면 주택에 대한 양도소득세 규정이 적용된다.

② 5년에서 7년 사이에서 양도하는 경우

주택의 부수토지가 사업용으로 사용되는 기간이 5년 그리고 나대지 상태에서 사업용으로 인정되는 기간이 2년이므로 전체 사업용 기간은 7년이 된다. 따라

서 나대지 상태에서 양도해도 해당 토지는 사업용으로 인정한다.

참고로 주택을 멸실하는 과정에서 한 가지 주의해야 할 것이 있다. 주택 멸실이 잔금청산 이전에 이루어지면 매매계약일 현재를 기준으로 주택 수를 판단한다는 것이다. (서면4팀-547, 2005.4.11.) 따라서 다주택자 중 나대지 상태로 양도하고자 하는 사람들은 이에 유의할 필요가 있다.

③ 10년째에 나대지를 양도하는 경우

사업용으로 보유한 기간이 총 7년(주택 부수토지 보유기간 5년+2년간의 멸실 기간)이 된다. 따라서 5년 이상 보유한 토지에 대한 사업용 기간 조건을 고려해야 한다. 이때 아래처럼 판단한다.

- 양도일 직전 5년 중 3년 이상 사업에 사용 : 양도일 직전 5년 중 2년만 사업용으로 사용했기 때문에 이에 해당사항 없음.

↓

- 양도일 직전 3년 중 2년 이상 사업에 사용 : 양도일 직전 3년 중 사업용으로 사용된 기간이 없으므로 이에 해당사항 없음.

↓

- 토지 전체 소유기간 중 60% 이상 사업에 사용 : 10년 중 7년을 사업용으로 사용하여 60% 기준을 초과하므로 이의 토지는 사업용에 해당함.

Q 만일 15년 후에 양도하면 비사업용 토지가 될까?

A 이 경우 전체 보유기간 중 사업용으로 사용한 기간이 60% 이하가 되므로 비사업용 토지에 해당한다.

사업용 토지와 비사업용 토지의 동시양도 시 세무처리법

사업용 토지와 비사업용 토지를 동시에 양도하는 경우가 있다. 이 경우 사업용 토지에 대해서는 일반세율, 비사업용 토지에 대해서는 중과세율이 적용된다. 이 경우 토지의 가액을 사업용과 비사업용으로 각각 구분하여 세율을 적용해야 한다. 사례를 통해 이 부분을 알아보자.

| 사례 |

K씨가 보유한 1필지의 토지 위에는 건물이 들어서 있다. 그런데 전체 토지 1,000㎡ 중 절반은 사업용 토지, 절반은 비사업용 토지에 해당한다고 하자. 이 토지를 10억 원에 양도하는 경우 양도소득세는 얼마나 예상될까? 취득가액은 4억 원이며, 보유기간은 10년이다. 한편 세율은 2018년에 적용되는 것을 사용한다. 단, 세율을 적용할 때에는 비사업용 토지와 사업용 토지를 각각 다른 자산으로 보기로 한다. 따라서 한 해에 2회 이상 다른 자산을 양도하는 경우 양도소득 산출세액을 아래와 같이 계산해야 한다. (비교과세)

• Max[①, ②]
① 자산별로 세율을 적용한 산출세액의 합계액
② 과세표준 합계액에 기본세율(6~42%)를 적용한 산출세액

이러한 내용들을 감안하여 주어진 정보에 따라 산출세액을 계산하면 다음과 같다. 단, 기본공제 250만 원은 제외한다.〈표 1〉

표의 정보를 토대로 계산한 결과 사업용 토지와 비사업용 토지를 각각 과세하는 것보다 이들의 과세표준을 합산한 후 기본세율(6~42%)을 적용한 것이 약간 더 나온 것으로 관측되었다. 따라서 1억 4,260만 원을 납부해야 한다.

〈표 1〉 사례_산출세액 계산

구분	Max[①, ②]			
	①개별과세			②합산과세
	사업용 토지	비사업용 토지	계	
양도가액	5억 원	5억 원		
−취득가액	2억 원	2억 원		
=양도차익	3억 원	3억 원		
−장기보유 특별공제	9,000만 원	9,000만 원		
=과세표준	2억 1,000만 원	2억 1,000만 원		4억 2,000만 원
×세율	38%	48%*		40%
−누진공제	1,940만 원	1,940만 원		2,540만 원
=산출세액	6,040만 원	8,140만 원	1억 4,180만 원	1억 4,260만 원

* 2018년 비사업용 토지 중과세제도 : 기본세율+10%p, 장기보유 특별공제는 적용함.

알 | 쏭 | 달 | 쏭 | 세 | 금 | 팁

1필지의 토지가 사업용 토지와 비사업용 토지로 구분될 경우의 세율 적용법(2018년 개정세법)

2018년 1월 이후부터 양도되는 1필지의 토지가 비사업용 토지와 사업용 토지로 구분될 경우 각각 다른 자산으로 보아 세율을 적용한다.

Book in Book

**베테랑 세무사 신절세의
고급 절세노트 ⑪**

나대지를 비사업용 토지에서 제외하는 방법

나대지는 토지 위에 정착물이 없는 토지로 농지나 임야 또는 목장용지 외의 토지를 말한다. 그런데 이 토지를 양도하는 경우에는 사업 또는 거주에 필수적인 토지가 아니면 대부분 중과세율이 적용된다. 따라서 나대지를 가지고 있는 토지 소유자는 이를 사업용으로 활용하는 등의 대책을 꾸릴 필요가 있다. 이하에서 이런 문제들을 살펴보자.

나대지 위에 창고를 지어 임대하면

나대지 위에 창고를 지어 임대하는 일이 많이 발생한다. 이렇게 하면 비사업용 토지에서 제외되는지 알아보자.

먼저, 창고건물이 있는 토지에 대한 재산세 과세방식을 보자.
부속토지에 대한 재산세 과세방식이 별도합산과세로 되어 있으면 사업용 토지로 인정받는다. 위의 창고는 영업용으로 사용되므로 이 건축물의 부수토지에 대한 재산세도 별도합산과세가 된다. 단, 여기서 주의할 것은 건축물의 시가표준액(세법상 평가금액)이 당해 부속토지의 시가표준액(개별공시지가)의 100분 3에 미달하는 건축물 및 무허가 건축물은 건축물로 보지 않는다. 참고로 다가구 주택을 지어 일정기간 임대한 후 양도하거나 다세대주택을 지어 분양하는 경우에는 비사업용 토지에서 제외된다.

다음으로, 창고가 있는 토지가 별도합산토지로 판정을 받았다고 하더라도 사업용 기간 조건을 충족하는지를 따져보아야 한다. 만약 해당 토지를 5년 이상 보유했다면 5년 중 3년, 그 3년 중 2년이라는 전체 소유기간의 60%의 기간 중 하나의 사업용 조건을 충족해야 한다. 따라서 5년 이상 된 토지는 양도일 직전 최소한 2년 이상을 사업용으로 사용해야 최종적으로 사업용으로 인정된다.

나대지를 주차장으로 운영하면

주차장용 토지를 소유한 자가 「주차장법」에 의한 노외주차장(도로의 노면 및 교통광장 외의 장소에 설치된 주차장)으로 사용하는 토지로 연간수입이 토지가액에서 차지하는 비율이 3% 이상인 토지는 사업용 토지로 봐준다. 다만, 당해 토지를 주차장용으로 임대하는 경우에는 당해 기간은 사업에 사용하는 토지로 보지 아니한다. (서면 5팀-2618, 2007.9.20.) 즉 주차장업은 본인이 직접 해야 문제가 없다는 것이다.

나대지를 사업용으로 임대하면

나대지를 그대로 임대하는 경우 임대자 입장에서는 사업용으로 사용한다고 할 수 있다. 하지만 세법은 임차인의 토지 이용현황으로 비사업용 토지 여부를 판단한다. 사업을 가장할 우려가 있기 때문이다. 예를 들어 나대지를 다음과 같이 임대할 수 있으나 이 경우 임대사업장에서 나온 수입금액이 토지가액(기준시가)의 일정률 이상이 나와야 한다.

구분	수입금액 비율
블록 · 석물 및 토관제조업용 토지	100분의 20
조경작물식재업용 토지 및 화훼판매시설업용 토지	100분의 7
자동차정비 · 중장비정비 · 중장비운전에 관한 교습하는 학원용 토지	100분의 10

알|쏭|달|쏭|세|금|팁

부득이한 사유가 있어 비사업용 토지로 보지 아니하는 토지의 판정 기준 등

토지 보유기간에 사업에 사용하지 못하는 부득이한 사유가 있는 경우 당해 기간을 사업에 사용한 것으로 간주한다. (「소득세법 시행령」 168조의 14)

① 토지를 취득한 후 법령에 따라 사용이 금지 또는 제한된 토지 : 사용이 금지 또는 제한된 기간

② 토지를 취득한 후 「문화재 보호법」에 따라 지정된 보호구역 안의 토지 : 보호구역으로 지정된 기간

③ 그 밖에 기획재정부령이 정하는 사유에 해당하는 사유 : 기획재정부령이 정하는 기간(「소득세법 시행규칙」 제83조의 5)

- 저당권의 실행 그밖에 채권을 변제받기 위해 취득한 토지 및 청산절차에 따라 잔여재산의 분배로 인하여 취득한 토지 : 취득일로부터 2년
- 건축물이 멸실·철거되거나 무너진 토지 : 당해 건축물이 멸실·철거되거나 무너진 날로부터 2년
- 거주자가 2년 이상 사업에 사용한 토지로 사업의 일부 또는 전부를 휴업·폐업 또는 이전함에 따라 사업에 직접 사용하지 아니하게 된 토지 : 휴업·폐업 또는 이전일부터 2년 등

참고로 토지를 취득한 후 소유권에 관한 소송이 계속 중인 토지는 법원에 소송이 계속되거나 법원에 의하여 사용이 금지된 기간에는 비사업용 토지가 아닌 것으로 보아 비사업용 토지 여부를 판정한다.

57

경매투자자 등이 알아야 할
부동산매매업 실전 사례들

나는 경매투자자!
그동안 매매업자에 대한 세금체계는
익히 잘 알 수 있었다.
하지만 앞으로 주택 중과세제도가 적용되면
그 적용법이 달라진다는데…
머리싸매고 열심히 공부해 보자!!!

경매나 갭 투자 등으로 주택 수를 늘린 매매사업자들은 주택 중과세제도가 적용되면 소득세 신고 때 유의해야 한다. 비과세제도가 적용되기 때문이다. 이 제도는 매매차익에 대해 종합소득세로 내는 것과 양도소득세로 내는 것 중 많은 것으로 과세하는 방식을 말한다.

이제 매매사업자들도 세금 공부가 절대적으로 필요한 시대가 되었다.

주택에 대한 양도소득세 중과세가 적용되는 경우 매매사업자들의 과세방식이
어떤 식으로 변하는지 상황별로 알아보자.

중과세가 적용되지 않는 주택을 매매하는 경우

주택에 대해 양도소득세 중과세가 적용되지 않으면 종합소득세로 세금을 내면
된다. 이 경우 2개월 이내에 예정신고를 한 후에 다음 해 5월 중에는 다음과 같
은 구조로 소득세를 정산해야 한다.

• 소득금액=총 수입금액−필요경비
• 종합소득 과세표준=소득금액−종합소득공제
• 산출세액=과세표준×세율(6~42%)
• 납부할 세액=산출세액−공제세액+가산세

참고로 예정신고 시에는 매매차익의 6~42%를 적용하나, 확정신고 시에는 매
매차익에서 일반관리비를 차감하고 이에 종합소득공제액을 반영한 과세표준
에 6~42%을 적용한다. 예정신고는 대략적인 신고로 이때 납부된 세금은 종합
소득세 신고 때 공제가 된다.

중과세가 적용되는 주택을 매매하는 경우

중과세 대상 주택을 매매하는 경우에는 다음 중 많은 세액을 주택매매사업자
의 소득세로 정산한다. (비교과세)

① 종합소득 과세표준×종합소득세율

② 주택 매매차익* ×양도소득세 중과세율+(종합소득 과세표준−주택 매매차익)
×종합소득세율

* 주택 매매차익=실지 양도가액−실지취득가액−기타필요경비

위의 주택 매매차익 계산은 양도소득세 계산방법을 준용한다. 따라서 주택 양도소득세 중과세가 적용될 때 장기보유 특별공제가 적용되지 않으므로 주택 매매차익을 계산할 때에도 이를 적용하지 않는다.

중과세가 적용되지 않는 주택과 적용되는 주택을 각각 매매하는 경우

중과세가 적용되지 않는 주택은 종합소득세로 계산되나, 중과세가 적용되는 주택은 비교과세를 적용해야 하므로 이 둘의 물건을 구분하여 신고해야 한다. 이와 관련된 부분을 사례를 통해 알아보자.

| 사례 |
경기도 고양시에 거주하고 있는 K씨는 아래와 같이 주택을 매매했다. 이 경우 종합소득세는 얼마나 나올까? 단, 2018년 4월 1일 전과 이후로 나눠서 살펴보자.

〈자료〉
• A주택 : 양도가액 5억 원, 취득가액 4억 원(3주택 중과세 대상 주택임)
• B주택 : 양도가액 3억 원, 취득가액 2억 원(일반과세 주택)
• 보유기간 : 1년 미만
• 일반관리비 : 1,000만 원
• 종합소득공제액 : 500만 원

먼저 2018년 4월 1일 전에 매매한 경우의 종합소득세를 계산해 보자.

구분	금액	비고
수입금액(양도가액)	8억 원	
−비용1(취득가액 및 필요경비)	6억 원	전액 경비로 인정(단, 가사비용 등은 제외)
−비용2(일반관리비)	1,000만 원	
=이익	1억 9,000만 원	
−종합소득공제액	500만 원	
=과세표준	1억 8,500만 원	
×세율	38%	
−누진공제	1,940만 원	
=산출세액	5,090만 원	

다음으로, 2018년 4월 1일 이후에 매매한 경우의 종합소득세를 계산해 보자. 이 경우 중과세 대상 주택은 비교과세가 적용됨에 유의해야 한다.

① 종합소득 과세표준×종합소득세율

② 주택 매매차익*×양도소득세 중과세율+(종합소득 과세표준−주택 매매차익) ×종합소득세율

*주택 매매차익=실지 양도가액−실지 취득가액−기타필요경비

위 ①은 앞에서 계산된 5,090만 원을 말하므로 이하에서는 ②의 부분에 대해서만 계산하면 된다. 〈표1〉

따라서 사례의 산출세액은 ①과 ②중 많은 세액인 5,528만 원이 납부할 소득세가 된다.

〈표 1〉 사례_비교과세가 적용되는 경우의 계산법

구분	매매차익에 대한 양도소득세	매매차익 외 종합소득세	계
수입금액(양도가액)	5억 원	3억 원	
−비용1 (취득가액 및 필요경비)	4억 원	2억 원	
−비용2(일반관리비)	−	1,000만 원	
=이익	1억 원	9,000만 원	
−종합소득공제액	−	500만 원	
=과세표준	1억 원	8,500만 원	
×세율	55%(35%+20%)	24%	
−누진공제	1,490만 원	522만 원	
=산출세액	4,010만 원	1,518만 원	5,528만 원

알ㅣ쏭ㅣ달ㅣ쏭ㅣ세ㅣ금ㅣ팁

주택매매사업자와 주택 중과세제도의 관계

부동산매매사업자도 3주택 또는 2주택 이상인 상태에서 매매하면 양도소득세 중과세율을 적용받을 수 있다. 이때 3주택, 2주택 주택 수는 개인의 양도소득세 중과세 판정법과 궤를 같이 한다.

주택 소재 지역	중과세 대상 주택 수
수도권 및 광역시 · 세종시권(군 지역과 도농복합시의 읍 · 면 지역, 도 지역 제외)	무조건 포함(매매용 주택도 포함함)
기타지역 (수도권 읍 · 면 지역, 광역시 군 지역, 도 지역)	국세청 기준시가 3억 원 초과한 주택만 포함 (입주권 : 사업시행고시일 현재의 기존주택의 가격)

주택 매매사업자의 매매용 주택은 중과세 판정 시에 주택 수에 포함되는 것이 원칙이다. 주의하기 바란다.

※ 부동산매매사업자들이 알아두면 좋을 지식

- **부동산매매사업자가 일반주택을 1채 보유하고 있다면 양도소득세 비과세가 가능한가?** 가능하다. 매매용 주택은 사업용 주택에 해당하기 때문이다. 다만, 비과세를 받기 위해서는 양도일 현재 비과세 요건을 충족해야 한다.
- **부동산매매사업자가 보유한 주택은 양도소득세 중과세 판정 시 주택 수에 포함되는가?** 그렇다. 이를 포함하여 양도소득세 중과세 대상 주택 수를 산정한다. 임대업도 마찬가지다.
- **부동산매매사업자가 양도소득세 중과세 대상 주택을 양도하면 비교과세를 적용받는가?** 그렇다. 비교과세란 종합소득세와 양도소득세 중 많은 세액을 납부하는 제도다. 2018년 4월 1일 이후 양도분이 이에 해당한다.
- **보유한 부동산을 개인용 또는 사업용으로 임의로 분류할 수 있는가?** 그렇다. 소유자의 의도가 중요하다. 물론 사업용으로 분류한 경우에는 이에 대한 입증을 해야 한다. (입증수단 : 재무제표 등)
- **부동산매매사업자도 임대업을 영위할 수 있는데 이때 사업자등록은 별도로 내야 하는가?** 부동산매매업과 임대업의 사업장 소재지가 동일할 수 있으므로 같이 낼 수는 있다. 하지만 매매업과 임대업을 구분하여 경리하므로 사업자등록은 별도로 내는 것이 좋다. 참고로 부동산매매업은 일반적으로 일반과세자, 임대업은 주택은 면세사업자, 상가는 일반과세자 또는 간이과세자로 구분된다.
- **매매용으로 보유한 주택을 임대용으로 등록해도 일반인과 같은 혜택을 누릴 수 있는가?** 그렇다. 자신의 선택에 따라 임대용으로 등록할 수 있다.
- **임대등록한 주택을 의무임대 후 양도 시 이를 매매업으로 신고할 수 있는가?** 개인이 임대용으로 사용한 주택을 양도하면 '양도소득'으로 분류되는 것이 원칙이나, 이를 사업적으로 사용하면 '사업소득'으로 분류될 수 있다. 실무적으로 계정재분류(유형자산→재고자산)하여 일 처리를 도모할 수 있다. (저자 문의)
- **부동산매매사업자가 전용면적 85㎡ 초과주택을 양도하면 부가가치세를 징수해야 하는가?** 그렇다. 사업자 지위에서 부가가치세 과세대상 물건을 양도하면 이의 징수의무가 발생한다.
- **주택임대사업자가 전용면적 85㎡ 초과주택을 양도하면 부가가치세를 징수해야 하는가?** 그렇지 않다. 주택임대사업자는 「부가가치세법」상 면세사업자에 해당하기 때문에 이의 징수의무가 없다. 잘 음미해보기 바란다.
- **부동산매매사업자도 법인으로 전환하여 사업을 영위할 수 있는가?** 가능은 하다. 다만, 이때에는 법인에 처분하는 형식으로 해야 하므로 소득세와 취득세가 발생한다. 세 감면은 없다. 매매용 주택은 사업용 고정자산 즉 유형자산에 해당하지 않고 재고자산에 해당되기 때문이다.
- **부동산임대사업자가 법인으로 전환하여 사업을 영위하면 세 감면을 받을 수 있는가?** 그렇다. 법에서 정한 요건을 충족한 상태에서 임대용 자산(유형자산)을 법인에 양도하면 양도소득세 이월과세와 취득세 감면 등을 받을 수 있다. 여기서 참고할 것은 개인이 임대사업자등록을 하지 않은 상태에서는 세 감면을 받을 수 없다는 점이다.
- **개인이 임대등록한 주택을 법인으로 전환하면 실익이 있는가?** 단정적으로 말하기는 힘들다. 법인설립 과정에서 비용이 발생하기 때문이다. 이에 대한 분석 자료를 저자가 운영하고 있는 카페에 탑재를 해두었으니 카페로 문의하기 바란다.

58

양도물건, 매매물건은
마음대로 선택할 수 있을까?

신세무사는 왜 이런 표정을 하게 되었을까?

그것은 본인에게 유리한 것만 골라서 매매사업으로 할 수 있는지의 여부가

알쏭달쏭 했기 때문이다.

과연 세법은 어떻게 되어 있을까?

우선 앞의 상황이 어떤 상황인지부터 정리해 보자.

부동산매매업은 부동산을 단기매매할 때 양도소득세율이 아닌 종합소득세율을 적용받는 한편, 사업과 관련된 경비를 비용으로 처리할 수 있는 유용성이 있는 제도에 해당한다. 물론 매매사업을 하고 있음을 입증해야 하지만, 사업자등록을 내고 매매업을 하면 큰 문제가 없는 것도 사실이다. 그런데 2018년 4월 1일부터 주택에 대해서도 중과세가 적용되면 매매업의 이점이 다소 반감될 수 있다. 비교과세제도가 적용되기 때문이다.

한편 매매사업자들이 전용면적 85㎡ 초과 주택을 매매하면 건물공급가액의 10%만큼 부가가치세를 징수하여 납부해야 한다.

실제 이 두 가지가 매매사업자들을 괴롭히게 된다. 그래서 혹자들은 매매업을 할 때 중과세가 적용되지 않는 주택과 전용면적 85㎡ 이하 주택만을 대상으로 하고 싶어 하는 경우가 많다.

그렇다면 앞의 사례는 어떤 식으로 해결해야 할까?

① 중과세가 적용되는 주택은 개인적으로 보유하나 사업적으로 보유하나 세금 측면에서는 대동소이하다. 어차피 중과세율을 적용한 양도소득세로 세금을 내야 하기 때문이다. 다만, 매매용이 아닌 거주용 주택을 양도할 때에는 매매용으로 묶어 두는 것이 유리하다. 매매용 주택은 거주용 주택의 비과세 판단 때 주택 수에서 제외하기 때문이다.

② 전용면적 85㎡ 초과 주택은 부가가치세가 발생한다. 따라서 이러한 주택들은 가급적 개인적으로 보유하는 것이 좋다. 비사업자가 양도하는 것은 부가

가치세가 면제되기 때문이다. 다만, 매매사업자가 임대한 후에 이를 매매하면 부가가치세가 발생하지 않는다. 아래의 예규를 참조하기 바란다.

※ 관련 예규 : 서면인터넷방문상담3팀-2661(2007.09.27.)

사업자가 부가가치세가 면제되는 주택임대용역에 사용하던 주택을 양도하는 경우에는 면세사업과 관련하여 부수되는 재화의 공급으로 「부가가치세법」 제12조 제3항의 규정에 의하여 부가가치세가 면제되는 것이나, 귀 질의가 이에 해당하는 지는 사실판단 할 사항임.

사업자등록을 하기 전에 보유한 주택도 사업용 주택으로 취급될 수 있을까?

일단 가능하다. 다만, 이를 위해서는 아래와 같은 조치들이 필요하다.

① 장부를 통해 재고자산임을 입증하도록 한다.

이를 위해서는 보유한 주택이 사업용이라는 것을 장부에 반영하고 종합소득세 때 신고를 한다. 물론 사전에 매매사업자 등록이 되어 있어야 한다.

② 사업성을 최대한 확보한다.

사실 사업이라는 것은 계속적·반복적으로 영리행위를 해야 함을 요구하고 있다. 따라서 세금을 회피하기 위해 사업자등록을 내고 부동산을 매매하면 사업성으로 인정받기가 힘들 수 있다. 따라서 사업성을 최대한 확보하도록 한다. 참고로 거주용을 처분할 때에는 세무전문가와 충분히 상의한 후에 처분하는 것이 좋다.

※ 관련 예규 : 서면4팀-558, 2007.02.12.

[제목]

매매사업용으로 취득한 주택이 매매사업용 재고자산에 해당하는지는 부동산매매의 규모, 거래횟수, 반복성 등 거래에 관한 제반사항을 종합하여 판단함.

(사실관계)

- 2004.1.27. 주택매매사업자로 등록하고 매매사업용으로 매입한 2채를 보유하고 있으며 매매사업이전부터 보유하고 있는 1주택을 양도하려고 하고 있음.

(질의내용)

- 위의 양도하는 주택에 1세대 1주택 비과세 규정을 적용할 수 있는지 여부에 대하여 질의함.

[회신]

「소득세법」 제89조 제1항 제3호 및 같은 법 시행령 제154조 제1항에 의한 "1세대 1주택"을 판정함에 있어서 부동산 매매업자 및 주택신축 판매업자의 판매용 재고주택은 주거용 주택으로 보지 아니하는 것이나, 귀 사례의 매매사업용으로 취득한 주택이 매매사업용 재고주택에 해당하는지 여부에 대하여는 부동산매매의 규모 · 거래횟수 · 반복성 등 거래에 관한 제반 사항을 종합하여 판단하는 것임.

③ 이외에도 적극적으로 법인을 설립하는 것을 생각해 볼 수 있다.

법인은 개인과 완전히 분리되는 인격체이므로 법인설립을 통해 주택을 매매하면 모두 사업용 주택으로 인정받을 수 있다. 다만, 법인을 설립할 경우에는 미리 설립비용, 취득세 중과세 문제, 이익배당과 관련된 제세 문제를 검토해야 한다.

Book in Book

베테랑 세무사 신절세의

고급 절세노트 ⑫

매매업, 법인이 좋을까?

주택에 대한 양도소득세 중과세제도가 도입되면 부동산매매업을 하더라도 양도소득세
중과세가 적용되므로 매매업으로의 실익이 줄어든다. 따라서 이러한 상황에서는 법인으
로 영위하는 것이 좋을지에 대해 관심이 많을 수 있다. 이하에서 사례를 들어 대략적인
의사결정을 해 보자.

| 사례 |

서울에 거주하고 있는 K씨는 부동산을 취득해 이를 적절한 시기에 양도하고자 한다. 이때 개인이
양도하는 경우와 법인이 양도하는 경우의 세금차이는 얼마나 될까?

〈자료〉

• 예상양도차익 : 1억 원
• 보유기간 : 1년 미만

중과세가 적용되지 않는 경우

먼저 개인이 부동산을 양도하는 경우 양도소득세(매매사업자는 종합소득세)가 얼마나
나오는지 알아보자. 단, 양도소득세율은 40%를 적용한다.

구분	양도소득세	종합소득세
양도차익	1억 원	1억 원
×세율	40%	35%
−누진공제	–	1,490만 원
=산출세액	4,000만 원	2,010만 원

다음으로, 법인이 부동산을 양도하는 경우 기본세율(2018년 10~25%)을 적용한 일반법인
세가 발생한다. 다만, 법인이 양도한 주택과 비사업용 토지에 대해서는 10%의 추가과세
가 적용될 수 있다.

구분	일반법인세	추가법인세	계
양도차익	1억 원	1억 원	
×세율	10%	10%	
−누진공제	–	–	
=산출세액	1,000만 원	1,000만 원	2,000만 원

개인에게 중과세가 적용되지 않은 경우에 법인이 이를 양도하면 양도소득세보다는 적게
나오나 종합소득세보다는 엇비슷하거나 배당소득세 등을 고려해보면 더 많이 나올 수도
있다. 하지만 대표이사 등의 급여 등을 추가하면 법인이 더 적게 나올 수도 있다.

중과세가 적용되는 경우

중과세가 적용되는 경우 개인이 양도하든 개인사업자가 양도하든 양도소득세로 세금을
납부해야 한다. 참고로 단기매매 부동산에 대해 중과세가 적용되는 경우 단기세율에 의
한 양도소득세율과 중과세율을 적용한 것 중 높은 세율이 적용된다.

구분	양도소득세	종합소득세
양도차익	1억 원	
×세율	40%	좌동
−누진공제	–	
=산출세액	4,000만 원	

사례에서는 편의상 40%가 적용된다고 가정했다.

한편 법인의 경우에는 부동산을 양도하는 경우 기본세율(2018년 10~25%)을 적용한 일반 법인세가 발생한다. 이외에 추가법인세를 고려해야 한다.

구분	일반법인세	추가법인세	계
양도차익	1억 원	1억 원	
×세율	10%	10%	
−누진공제	−	−	
=산출세액	1,000만 원	1,000만 원	2,000만 원

부동산에 대해 양도소득세 중과세가 적용되면 개인과 개인사업자는 양도소득세로 세금을 내나, 법인의 경우에는 일반법인세와 추가법인세를 내게 된다. 이러한 상황에서는 일반적으로 법인으로 운영하는 것이 유리하다.

추가분석

현재 개인이 보유하고 있는 부동산이 중과세가 적용되는 경우, 이를 법인에 양도한 후 법인이 처분하는 경우 세금관계는 어떻게 될지 사례를 통해 알아보자.

| 사례 |

개인이 보유한 주택의 시세가 4억 원(취득가액 2억 원)인 상태에서 이를 양도하면 양도소득세가 40%의 세율을 곱한 만큼 나온다고 하자. 이를 법인에 2억 원에 양도한 다음 법인이 이를 4억 원에 양도하는 경우 세금은 얼마나 차이가 날까? 취득세율은 1%, 법인세율은 20%를 적용한다.

개인이 양도		법인이 취득 후 양도		
양도소득세	법인에 저가 (2억 원)양도 ➡	취득세	법인세	계
8,000만 원		200만 원	4,000만 원	4,200만 원
근거: 2억 원×40%		근거: 2억 원×1%	근거: 2억 원×20%	−

이러한 이유로 개인 부동산을 특수관계에 있는 법인에 양도한 후 법인이 재양도하게 할 수 있다. 하지만 세법은 개인이 법인 등 특수관계인과의 거래를 통해 저가로 양도하는 경우에는 시가에 맞게 양도소득세를 부과하도록 하고 있다.

개인에게 양도차익이 많이 발생하고 중과세제도가 적용되는 상황에서 이렇게 거래하려는 시도가 많이 일어날 수 있다. 하지만 거래금액이 시가와 차이가 난 경우에는 조세회피행위로 보아 세금을 추징할 가능성이 높으므로 이에 유의해야 한다.

 알ㅣ쏭ㅣ달ㅣ쏭ㅣ세ㅣ금ㅣ팁

개인사업과 법인을 동시에 운영하면 세무상 어떤 문제점이 있을까?

일반적으로 법인이 개인사업보다 세 부담이 낮다. 하지만 모든 상황에서 법인이 유리한 것은 아니다. 따라서 사전에 어떤 사업형태를 취할 것인가를 결정하는 것이 중요하다. 그런데 현장에서 보면 개인사업자와 법인을 동시에 운영하는 경우들이 있다. 예를 들어 개인사업자는 임대업, 법인은 매매업 이런 식이다. 이렇게 사업을 하면 세법상 문제가 없을까?

일단 개인사업체를 하나 갖든 두 개를 갖든 이외에 법인을 갖든 세법이 이를 금지할 수는 없다. 다만, 두 사업주체가 특수관계(가족 등)에 해당된 상태에서 조세회피를 위해 부당하게 거래하면 이를 제재하는 규정들이 다수 있다. 예를 들어 개인이 사용한 경비를 법인으로 처리하는 경우 이를 부인하는 식으로 불이익을 준다. 따라서 사업형태를 결정할 때에는 이러한 점들을 충분히 고려할 필요가 있다.

참고로 법인이 부동산매매업이나 주택임대업을 영위하는 경우 사업자등록은 하나면 되나, 상가를 임대할 때에는 원칙적으로 사업장별로 사업자등록을 내야 한다. 법인에 대한 세무회계처리법은 저자의 ≪부동산 법인세무 가이드북≫을 참조하기 바란다.

59

나대지로 양도하는 것이 좋을까, 주택을 신축해서 분양하는 것이 좋을까?

나대지를 양도하면 양도소득세,
주택을 신축해서 분양하면 사업소득세가 나온다.

이때 어떤 것이 유리한지는 세후 현금흐름을 가지고 판단한다.
물론 이외에 사업리스크 등을 감안해야 한다.
이하에서 사례를 통해 알아보자.

| 사례 |

서울 양천구 목동에 거주하고 있는 심영수 씨는 이 지역에서 10년 넘게 나대지를 보유하고 있다. 이 토지는 비사업용 토지에 해당하여 한동안 양도할 수 없었으나 최근 양도소득세 중과세 제도가 다소 완화되어 이를 양도할지 아니면 주택을 지어 분양할지 고민 중이다. 이런 상황에서 심 씨는 어떤 세금문제를 검토해야 하는가? 그리고 심 씨가 알면 좋을 절세방법은?

〈자료〉

분양수익은 총 13억 원, 건축원가는 5억 원이며 토지가액 등은 다음과 같다고 하자.

• 토지 취득시점 : 2000년

• 토지 취득가액 : 2억 원(기준시가 1억 원)

• 현재 토지 시가 : 5억 원(기준시가 3억 원)

토지를 비사업용 토지로 양도하는 경우

이 상태에서 양도하면 양도소득세가 다음과 같이 예상된다. 장기보유 특별공제는 적용되며 기본공제는 미적용한다. 세율은 16~52%를 적용한다.

따라서 양도대가 5억 원에서 8,140만 원을 제외한 4억 1,800만 원이 수중에 남게 된다.

구분	금액	비고
양도차익	3억 원	
−장기보유 특별공제	9,000만 원	30%
=과세표준	2억 1,000만 원	
×세율	48%	38%+10%
−누진공제	1,940만 원	
=산출세액	8,140만 원	

주택을 신축하여 분양하는 경우

심 씨가 위의 토지를 바로 양도하지 않고 주택을 신축하여 분양한다고 하자. 이 경우 예상되는 세후 현금흐름을 따져보자. 단, 사업의 형태는 단독 개인사업으로 한다고 하자.

분양수익 13억 원에서 건축원가 5억 원과 세금 2억 1,660만 원을 제외하면 5억 8,300만 원 정도의 현금이 남는다. 이는 앞에서 본 4억 1,800만 원보다 1억 6,500만 원 정도 많은 액수다. 따라서 이 경우 사업을 통해 토지를 개발하는 것이 더 나아 보인다.

구분		장부로 신고하는 경우	비고
분양수익		13억 원	
분양원가	토지원가	2억 원	실제 취득가액
	건축원가	5억 원	
	계	7억 원	
=분양이익		6억 원	
×세율		42%	2018년 6~42% 기준
−누진공제		3,540만 원	
=산출세액		2억 1,660만 원	

Q 개인이 나대지 위에 주택을 지어 신축 후 2년 뒤에 양도하면 과세방식은?

A 분양이 아닌 일시적인 양도이면 양도소득세 과세체계를 따라간다. 따라서 해당 주택이 1세대 1주택에 해당하면 비과세도 가능하다.

알 | 쏭 | 달 | 쏭 | 세 | 금 | 팁

주택신축 수익모델

토지 위에 주택을 지어서 파는 사업을 할 때 고려할 수 있는 모델은 다음과 같다.

① 지주가 단독사업을 하는 형태

이는 지주가 사업에 대한 모든 책임을 지는 형태를 말한다. 비교적 단순하게 일 처리를 할 수 있으나 토지취득시기가 오래전이라면 낮은 취득원가로 인해 이익이 많이 발생한다는 것이 단점이다.

② 지주가 배우자에게 증여하여 사업을 하는 형태

지주가 배우자에게 증여하면 토지가액을 올릴 수 있다는 장점이 있다. 다만, 증여와 관련해서는 여러 가지 규제를 두고 있으므로 세무전문가를 통해 이에 대한 문제점을 사전에 확인하는 것이 좋다.

③ 지주와 시공자가 공동사업을 하는 형태(지주공동사업)

공동사업을 하는 경우에는 세금이 분산되는 장점이 있다. 또한, 토지취득가액을 감정평가를 받아 처리할 수 있어 이를 올릴 수 있는 장점도 있다. 다만, 현물출자는 토지양도가 되므로 지주에게 양도소득세가 부과되고 이자비용도 제대로 비용을 처리할 수 없다는 단점이 있다.

④ 제3자가 토지를 인수하여 개발하는 형태

법인 등 제3자가 토지를 인수하여 개발할 수도 있지만, 이 경우 지주는 양도소득세를 내야 한다.

주택신축판매업의 단독사업 *vs* 공동사업 *vs* 법인 의사결정

주택신축판매업을 개인으로 하는 경우에는
사업소득세, 법인으로 하는 경우에는 법인세가 과세될 수 있다.

이때 개인은 공동사업으로도 할 수 있다.
어떤 사업형태가 좋을지 분석해 보자.

| 사례 |

개인 2명이 서울 인근 지역에서 빌라를 지어 분양하려고 한다. 총투자금액은 제세공과금을 포함하여 20억 원 정도가 되며, 분양수익은 30억 원을 기대하고 있다. 이 경우 개인은 공동사업형태로 하는 것이 좋은지 법인형태로 하는 것이 좋은지 검토해 보자. 단, 빌라는 모두 국민주택 규모 이하에 해당한다.

이 사례의 주요 관심사는 개인의 소득세를 줄이는 것이다. 공동사업이 유리한지 또는 법인이 유리한지 이를 분석해 보자.

개인이 단독으로 사업하는 경우

먼저 개인이 단독으로 사업을 하는 경우의 예상되는 세금을 파악해 보자. 세율은 2018년 6~42%, 10~25%를 적용한다.

구분	개인	비고
분양수익	30억 원	
−분양원가	20억 원	
=분양이익	10억 원	
×세율	42%	6~42%
−누진공제	3,540만 원	
=산출세액	3억 8,460만 원	

공동사업 또는 법인으로 사업하는 경우

위의 사업을 2인 공동사업 또는 법인으로 하는 경우의 세금을 파악해 보자.

구분	공동사업(2인 기준)	법인
분양수익	30억 원	30억 원
−분양원가	20억 원	20억 원
=분양이익	10억 원	10억 원
=과세표준	5억 원/5억 원	10억 원
×세율	40%	20%
−누진공제	2,540만 원	2,000만 원
=산출세액	1,746만 원/1,746만 원 (=3억 4,492만 원)	1억 8,000만 원

공동사업으로 하는 경우 3억 4,500만 원, 법인은 1억 8,000만 원 정도 발생하는 것으로 예측되었다. 따라서 법인형태가 유리한 것으로 보인다.

참고로 공동사업의 경우 분양이익이 많으면 공동사업에 의한 소득분산효과가 덜 발생함을 알 수 있다.

공동사업 시 주의해야 할 세금문제

공동사업을 시작할 때에는 먼저 현물출자에 따른 양도소득세 문제에 주의해야 한다. 세법은 이에 대해 현물로 출자한 날 또는 등기접수일 중 빠른 날에 당해 주택과 부수토지가 유상으로 양도된 것으로 보아 양도소득세를 과세하기 때문이다. 이외에도 이자비용의 처리에도 주의해야 한다. 공동사업자가 공동사업장에 출자하기 위해 차입한 차입금의 이자비용은 공동사업장의 업무와 관련 없는 경비로 필요경비로 인정하지 않기 때문이다. 단, 당해 사업과 직접 관련하여 발생한 차입금에 대한 이자비용은 필요경비에 산입하므로 둘을 잘 구분해야 한다.

K씨는 본인의 소유 부동산을 공동사업에 출자하기로 했다. 이 경우 양도소득세를 계산해야 하는데 양도가액은 어떤 근거로 할까?

현물출자계약서가 있는 경우에는 계약서에 기재된 가액으로 한다. 다만, 계약서에 표시된 실지거래가액이 세법상의 실지거래가액으로 인정 또는 확인할 수 없는 경우에는 「소득세법」 제114조 제5항의 규정에 의하여 산정한 가액(기준시가)으로 한다. (서면5팀-902, 2008.04.28.)

F씨는 공동으로 사업을 진행하면서 건축자금을 차입했다. 이에 대한 이자는 건축원가로 인정될까?

당연하다. 당해 차입금의 실질적인 차용인이 공동사업장으로 당해 공동사업을 위해 사용된 차입금의 이자비용에 해당하기 때문이다.

건축주가 알아야 할 주택신축판매업의 세금

보유한 단독주택을 허물고 그 위에 연립주택을 지어 분양하고자 하는 사람들이 많다. 하지만 여러 가지 세금문제 등이 나타나기 때문에 섣불리 사업에 손대다가는 손해를 볼 가능성이 높다. 따라서 건축을 생각하기 전에 세금문제부터 따져보는 것이 좋다.

사업자등록은 해야 할까?

연립주택을 지어 분양하는 것은 주택신축판매업에 해당한다. 따라서 사업에 해당하므로 사업자등록을 해야 한다. 참고로 세법은 주택신축판매업을 건설업에 해당하는 것으로 본다.

그렇다면 사업자등록은 언제 해야 할까?

이에 대해 세법은 보통 사업개시일에 맞춰 사업자등록을 하도록 하고 있다. 다만, 사업자의 편의성을 고려하여 그 이전도 가능하도록 하고 있다. 따라서 사업자등록 시점은 임의로 선택할 수 있다. 하지만 일반적으로 사업자등록번호가 있어야 세금계산서나 계산서를 수수할 수 있으므로 착공 전에 등록하는 것이 좋다. 참고로 주택신축판매업에 대한 사업자등록은 사업장소재지가 있는 관할 세무서장에게 한다.

| 사례 |

K씨는 6개월 전에 사업을 시작했으나 현재 사업자등록을 하지 않고 있다. K씨는 어떤 불이익을 받을까?

K씨의 사업이 85㎡를 초과한 주택이나 상가 등을 공급하는 경우에는 세금계산서상의 부가가치세를 환급받을 수 있다. 그런데 사업자등록을 하지 않았으므로 이를 환급받을 수 없게 된다. 따라서 사업과 동시에 사업자등록을 하는 것이 상책이다.

주택신축판매업으로 사업자등록을 내면 부가가치세는 환급이 가능할까?

부가가치세를 환급받기 위해서는 먼저 사업자가 일반과세자로 등록이 되어야 한다. 그리고 사업자가 공급하는 물건이 국민주택(전용면적 85㎡)을 초과하거나 상가나 오피스텔 또는 오피스 같은 수익형 부동산에 해당돼야 한다. 이러한 상태에서 매입세액이 발생하면 환급받을 수 있다.

하지만 전용면적 85㎡ 이하의 국민주택 공급과 관련된 매입세액은 환급을 받지 못한다. 그리고 이렇게 환급받지 못한 금액은 건축원가에 포함된다.

| 사례 2 |

H씨는 주택을 분양하는 사업자다. 그가 분양하는 주택은 모두 국민주택규모 이하에 해당한다. 부가가치세를 환급받을 수 있는가?

받을 수 없다. H씨가 공급하는 주택은 면세품목에 해당한다. 따라서 소비자한테 팔 때 부가가치세를 거둘 수 없으며, 이와 관련된 매입세액도 공제를 받을 수 없다.

| 사례 3 |

W씨는 주택을 분양하는 사업자다. 그가 분양하는 주택 중에는 국민주택 초과분도 섞여 있다. 부가가치세를 환급받을 수 있는가?

국민주택 초과분을 공급하면 소비자로부터 부가가치세를 받아 정부에 납부해야 한다. 따라서 이에 관련된 매입세액은 공제를 받을 수 있다. 하지만 국민주택에 해당하는 부분은 공제를 받을 수 없다. 참고로 이렇게 한 사업에서 공제와 불공제가 동시에 발생하면 안분계산의 문제가 발생한다.

사업소득은 어떻게 정산받을까?

건설업자에게 도급을 하여서 주택을 신축하여 판매하는 경우 이는 건설업(주택신축판매업)에 해당한다. 그런데 이때 사업소득은 장부기장으로 파악하는 것이 원칙이나 업종별로 직전년도 수입금액이 일정규모 이하인 경우 추계의 방식으로 소득금액을 계산할 수 있다. 추계방식은 정부가 정한 경비율로 세금을 계산하는 것을 말한다. 그런데 장부기장(복식, 간편)의무자가 추계의 방식으로 소득세 신고 시 무기장가산세가 부과된다. 다만, 사업을 시작한 첫해의 경우 무기장가산세는 없다.

구분	부동산 매매업	건설업	부동산임대업, 서비스업	추계 시 적용경비율
간편장부대상자	6,000만 원 미만	3,600만 원 미만	2,400만 원 미만	단순경비율
	6,000만 원 이상	3,600만 원 이상	2,400만 원 이상	기준경비율
복식부기의무자	3억 원 이상	1억 5,000만 원 이상	7,500만 원 이상	

단, 주택신축판매업은 법인형태로 할 수 있으나 법인을 설립해야 하는 불편함이 있다. 그래서 일반적으로 단독주택 등을 보유한 상태에서 연립주택을 신축해 판매하는 사업은 개인사업의 형태가 많다.

참고로 사업을 시행하기 전에는 주택신축판매업과 관련된 세금에 어떤 것들이 있는지, 조세 감면을 포함하여 최종 예상되는 세금이 얼마나 되는지 등을 검토한다. 한편 사업을 시작할 때에는 사업자등록을 미리 하는 것이 중요하다. 이때 신축주택이 전용면적 85㎡ 이하라면 면세사업자, 그 밖의 경우에는 일반사업자로 등록을 한다.

알|쏭|달|쏭|세|금|팁

사업시행 이후에 점검해야 할 것들

사업시행 이후에는 부가가치세 문제와 소득세 문제를 해결할 필요가 있다.

구분		내용
부가가치세	철거비용 관련 매입세액은 환급받을 수 있는가?	주택을 짓기 위해 건물을 철거하는 경우 부담한 비용은 모두 새로운 건물의 자본적 지출로 본다. 따라서 이 건축물이 국민주택 규모 이하라면 이때 부담한 매입세액은 공제를 받지 못한다.
	건축공사를 하면서 부담한 매입세액은 환급받을 수 있는가?	• 85㎡ 이하 주택을 건축하는 경우 : 건축공사 중에 부담한 부가가치세는 환급받지 못한다. 환급할 수 없는 부가가치세는 건축원가를 구성한다. • 85㎡ 초과 주택을 건축하는 경우 : 건축공사 중에 부담한 부가가치세는 환급할 수 있다.
	분양할 때 부가가치세를 받아서 납부해야 하는가?	85㎡ 초과분을 공급하는 경우 분양자로부터 부가가치세를 받아서 정부에 납부해야 한다.
소득세	소득세 정산은 어떻게 하는가?	소득세는 장부를 통해서 할 수 있고, 장부 없이 할 수도 있다. 그 구조는 대략 다음과 같다. 장부를 통한 경우　　　　장부 없이 하는 경우 당기순이익　　　　　　　수입금액 ±세무조정　　　　　　　－(수입금액×경비율) =과세소득　　　　　　　=과세소득 －종합소득공제　　　　　－종합소득공제 =과세표준　　　　　　　=과세표준
	장부를 작성하는 경우 토지원가는 어떻게 따지는가?	장부를 작성하는 경우 분양수익에서 분양원가(토지와 건축원가, 일반관리비 등)를 차감해서 이익을 내는데 이때 토지원가는 당초 취득일(실제 또는 기준시가)을 기준으로 한다. 공동사업자는 현물출자일의 시가(보통 감정평가액)로 한다.
	미분양으로 보유하고 있는 주택은 세법상 어떻게 취급될까?	미분양 주택은 종부세나 양도소득세 과세대상이 아니다. 왜냐하면, 이 주택들을 개인이 소유한 주택이 아니라 사업상 보유한 주택들에 해당하기 때문이다.

증여(상속)재산가액 평가가 중요한 이유

증여재산가액은 어떻게 파악할까?

일단 증여를 생각할 때 먼저 증여재산가액을 어떤 식으로 평가할 것인지가 중요하다. 이 금액에 따라 과세표준이 결정되는 경우가 많기 때문이다.

이에 세법은 증여일 현재의 해당 재산의 시가로 평가하도록 하고 있다. 그런데 여기서 시가에는 증여일 전후 3개월(상속은 6개월) 이내의 매매사례가액이나 감정가액도 인정한다. 하지만 이마저도 없다면 최종 기준시가로 정해진 경우가 많다.

증여(상속)로 이전되는 부동산은 일반적으로 시가를 알기가 힘들다.

그래서 납세자는 기준시가로 신고하는 경우가 많다. 그러나 과세관청은 시가
과세원칙을 고수하고 있으므로 매매사례가액 등을 찾아 이를 기준으로 과세하
는 경우가 많다. 그렇다면 어떻게 하는 것이 좋을까?

기준시가 신고가 필요한 경우에는 매매사례가액 등이 있는지 확인하자

증여세는 증여일 전후 3개월(상속은 6개월) 이내에 매매사례가액이나 감정가액
등이 발견되면 이 금액으로 과세가 될 수 있다. 따라서 이 기간에 매매사례가
액 등이 있는지를 미리 점검할 필요가 있다.

특히 은행을 통해 대출을 받을 때 감정평가를 받을 수 있는데 이때 시가가 발
견될 가능성이 높으므로 가급적 3개월을 벗어난 상태에서 감정평가를 받도록
한다.

기준시가 발표일을 살펴보자

만일 매매사례가액이 없다고 한다면 이제는 마음 놓고 기준시가로 신고해도
문제가 없다. 그렇다면 언제 증여하는 것이 좋을까?

이에 관련되는 문제는 다음과 같이 기준시가 발표일과 관련이 있다.

구분	아파트	단독주택	토지
발표일	매년 4월 30일 경	좌동	매년 5월 31일 경

만일 아파트를 증여하고자 하는 경우에는 매년 4월 30일 전에 하면 작년도의
기준시가를, 이 날 이후에 증여하면 새로 고시된 기준시가로 신고해야 한다.
적용시점에 주의할 필요가 있다.

이외에도 아래와 같은 것들을 알아두면 실무에서 도움을 받을 수 있다.

매매사례가액이 좋은 경우도 있다

상속세나 증여세는 시가가 아닌 기준시가로 과세되면 당장 세금을 줄일 수 있다. 하지만 과세관청은 해당자산이나 유사한 자산에 대한 매매사례가액 등이 있으면 이를 시가로 간주하고 있으므로 상속세나 증여세가 증가할 소지가 있다. 하지만 상속받은 재산을 곧 양도하고자 하는 경우에는 취득가액을 높여야 양도차익이 줄어들게 되므로 이런 상황이라면 상속재산가액이 높은 것이 좋을 수 있다.

| 사례 |

K씨가 5월 1일에 사망했다. 이때 시가 3억 원(기준시가 1억 원)짜리 부동산을 상속개시일로 부터 6개월 전과 후에 양도하는 경우에 양도소득세 과세방식을 알아보자.

구분	6개월 이내에 양도하는 경우	6개월 후에 양도하는 경우
양도가액	3억 원	3억 원
−취득가액	3억 원	1억 원
=양도차익	0원	2억 원

즉 6개월 이내에 양도하면 양도가액과 취득가액이 같다. 상속개시일로부터 6개월 이내에 매매하는 경우 이때의 가액이 상속개시일 당시의 시가가 되며, 이 금액이 양도소득세 신고 시의 취득가액이 되기 때문이다. 하지만 6개월 후에 양도하는 경우에는 상속개시일 당시의 평가액이 기준시가로 되는 경우가 많다.

결국, 상속재산을 양도할 예정이라면 미리 상속재산의 평가액에 따라 어떤 세금차이가 나타나는지를 미리 따져볼 필요가 있다. 이때 주의할 것은 6개월 이내에 양도하면 상속재산가액이 늘어나 상속세가 증가할 수 있다는 점이다.

시가로 신고가 필요한 경우에는 감정평가를 받자

위의 매매사례가액이 없는 상태에서 감정평가를 받으면 이 가액을 요긴하게 사용할 수 있다. 주로 상속재산가액이나 증여재산가액을 높이고 싶을 때가 그렇다. 증여세의 경우 배우자에게 증여한 후 5년 이후에 양도를 할 때, 상속세의 경우 향후 양도소득세를 줄이고 싶을 때 감정평가를 받는 것이 유리할 수 있다.

현행 「상증법 시행령」 제49조에서는 다음의 감정가액도 시가의 일부로 취급하고 있다.

• 2 이상(10억 원 이하는 1 이상)의 공신력 있는 감정기관이 평가한 감정가액이 있는 경우에는 그 감정가액의 평균액
• 일정한 조건이 충족될 것을 전제로 당해 재산을 평가하는 등 상속세 및 증여세의 납부목적에 적합하지 아니하거나 평가기준일 현재 당해 재산의 원형대로 감정하지 아니한 감정가액은 제외한다.
• 감정가액이 보충적 평가방법인 기준시가의 80%에 미달하는 경우에는 세무서장이 다른 감정기관에 의뢰하여 감정한 가액에 의하되, 그 가액이 상속세 또는 증여세 납세의무자가 제시한 감정가액보다 낮은 경우에는 그러하지 아니하다.

순수하게 증여할까, 부담부로 증여할까?

많은 사람이 관심을 가지고 있는 부담부 증여에 대해 총정리를 해 보자.

부담부 증여란 증여재산에 담보된 채무를 인수하는 조건으로 증여한 것을 말한다. 이러한 부담부 증여와 관련되는 과세 체계는 다음과 같다.

항목	증여세	양도소득세
채무로 인정되면	채무로 공제됨	채무 공제분은 유상양도로 간주하여 증여자에게 양도소득세가 과세됨
채무로 인정되지 않으면	채무로 공제되지 않고 전체에 대해 증여세가 과세됨	해당 사항 없음

부담부 증여는 증여와 양도가 결합한 것으로 증여세와 양도소득세가 동시에 발생한다. 따라서 자세한 분석을 위해서는 양도소득세가 일반과세되는 경우와 중과세가 적용되는 경우로 나누어 분석하는 것이 좋다. 사례를 들어 이에 대해 알아보자.

| 사례 |

서울에 거주하고 있는 K씨는 아래와 같은 부동산을 자녀에게 증여하고자 한다. 이 부동산이 주택인 경우로 일반과세가 적용되는 경우와 3주택 중과세가 적용되는 경우의 부담부증여에 따른 실익분석을 해 보자.

〈자료〉

- 증여 시 평가액 5억 원
- 취득가액 : 3억 원(보유기간 10년)
- 위 증여재산에 담보된 채무 2억 원을 수증자가 부담하는 조건임.
- 수증자 : 25세인 자녀
- 기타 사항은 무시함.

양도소득세가 일반과세되는 경우

양도소득세가 일반과세되는 경우에는 다음과 같은 세금이 나온다.

① 증여세

구분	금액	비고
증여재산가액 (+) 증여재산가산액	5억 원	
(=) 총 증여재산가액 (−) 부담부 증여 시 인수채무	5억 원 2억 원	인수채무는 유상양도에 해당
(=) 과세가액 (−) 증여공제 (−) 감정평가수수료공제	3억 원 5,000만 원	성년자 공제
(=) 과세표준 (×) 세율	2억 5,000만 원 20%(1,000만 원)	1,000만 원은 누진공제액
(=) 산출세액 (+) 세대생략가산액	4,000만 원	과세표준×20%−1,000만 원
(=) 산출세액 합계 (−) 세액공제 (+) 가산세	4,000만 원 200만 원	증여일이 속한 달의 말일로부터 3개월 이내 신고 시 5% 할인
(=) 납부세액	3,800만 원	

② 양도소득세

구분	금액	비고
양도가액	2억 원	
−취득가액	1억 2,000만 원	3억 원×(2억 원/5억 원)=1.2억 원
=양도차익	8,000만 원	
−장기보유 특별공제	2,400만 원	30%
−기본공제	250만 원	
=과세표준	5,350만 원	
×세율	24%	
−누진공제	522만 원	
=산출세액	762만 원	

③ 계

양도소득세가 일반과세되는 경우의 증여세와 양도소득세의 합계액은 대략 4,562만 원 정도 된다.

양도소득세가 중과세되는 경우

양도소득세가 중과세되는 경우에는 아래와 같은 세금이 나온다.

① 증여세

증여세는 앞에서 계산된 3,800만 원이 된다.

② 양도소득세

양도소득세의 경우 3주택 중과세가 적용된다고 가정하자. 이 경우 장기보유 특별공제는 적용이 배제되며 세율은 기본세율에 20%p가 가산된다.

구분	금액	비고
양도가액	2억 원	
−취득가액	1억 2,000만 원	3억 원×(2억 원/5억 원)=1.2억 원
=양도차익	8,000만 원	
−장기보유 특별공제	−	적용배제
−기본공제	250만 원	
=과세표준	7,750만 원	
×세율	44%	24%+20%
−누진공제	522만 원	
=산출세액	2,888만 원	

③ 계

양도소득세가 중과세되는 경우의 증여세와 양도소득세는 대략 6,688만 원 정도 된다. 앞의 일반과세가 적용되는 경우에 비해 2,126만 원 정도 많이 발생한 것으로 분석되었다.

〈추가분석〉
만일 위의 증여재산을 부채 없이 증여하는 경우의 증여세는 얼마가 예상되는가?

이 경우 5억 원에서 5,000만 원을 차감한 4억 5,000만 원이 과세표준이 된다. 이에 20% 세율과 누진공제 1,000만 원을 적용하면 8,000만 원의 증여세 산출세액이 도출된다. 이에 5%의 신고세액공제를 적용하면 7,600만 원의 증여세 납부세액이 나온다. 앞의 중과세가 적용되는 경우와 세금차이가 거의 나지 않는다.

결국 부담부 증여는 증여자가 부담하는 양도소득세가 없거나 낮을 때 유효한 자산이전 수단이 된다는 것을 알 수 있다.

참고로 최근 다주택자에 대한 중과세제도의 도입으로 인해 자녀 등에게 증여하는 행위들이 많이 발생함에 따라 이에 대한 세무조사가 강화되고 있다. 증여재산가액의 평가 및 부담한 부채 등에 대한 적정성 여부, 부채상환에 따른 자금출처조사 등이 주요 이슈다.

알 l 쏭 l 달 l 쏭 l 세 l 금 l 팁

부담부 증여와 취득세

부담부 증여 시의 취득세는 증여는 무상취득에 대한 취득세(4%), 부채인수는 유상취득으로 보아 취득세(1~4%)를 부과하는 것이 원칙이다. 다만, 2018년부터는 배우자 또는 직계존비속 간의 부담부 증여는 종전과는 달리 수증자의 소득이 확인되지 않으면 그 전부를 증여(즉 무상취득)로 보아 4%의 취득세를 내야 할 것으로 보인다. (「지방세법」 제7조 제12항 참조)

증여로 받은 부동산의 양도 시 주의할 것들

증여로 받은 이 주택을 양도하면 비과세를 받을 수 있을까?

주택을 증여한다

증여를 받은 주택을 보유하고 있는 경우 과세방식은 어떻게 될까?

- 1세대 1주택으로 보유기간이 2년(조정지역은 2년 거주) 이상인 경우→양도소득세 비과세가 가능하다.
- 1세대 2주택이 된 경우→일시적으로 2주택이 된 경우 비과세의 가능성이 있으나, 그렇지 않은 경우 일반과세 또는 중과세의 가능성이 있다.

증여의 경우에도 주택 수에 따라 과세방식이 바뀐다.

그림의 경우 비과세가 확실할까?

일단 비과세 요건을 갖춘 경우라면 비과세가 가능하다. 여기서 요건은 양도일 현재 1세대가 1주택을 2년 이상 보유(일부는 거주)한 경우여야 한다. 따라서 앞의 사례자가 이 요건을 갖추었다면 당연히 비과세가 적용된다.

그런데 일부에서는 부모로부터 증여받은 주택을 5년 이내에 처분하면 비과세가 적용되지 않는다고 생각하는 경우가 있다. 이월과세 또는 부당행위계산부인제도가 적용될 여지가 있기 때문이다.

하지만 이월과세제도는 증여받은 부동산 등에 과세되는 경우에 적용되며, 부당행위계산부인제도는 수증자의 양도소득이 증여자에게 귀속되는 경우에 적용된다. 따라서 이러한 조건에 해당하지 않으면 비과세를 적용받는 데에 문제가 없다.

증여는 언제든지 부동산을 이전할 수 있는 수단에 해당한다. 언제라도 소유권을 무상으로 이전하면 되기 때문이다. 증여가 향후 양도소득세에 어떤 영향을 미치는지 주택을 중심으로 살펴보자.

비과세 관련

증여도 하나의 취득에 해당하므로 일반취득과 동일하게 비과세 요건을 적용한다. 예를 들어 자녀가 주택을 증여받았다면 수증일 이후 2년 이상 보유 및 거주하면 비과세를 적용한다. 또한, 일시적 2주택도 일반취득과 기본적으로 같은 원리가 적용된다.

한편 주택을 증여한 입장에서는 증여한 주택은 주택 수에서 제외되므로 1세대 1주택에 대한 비과세 등을 바로 누릴 수 있게 된다.

과세 관련

증여받은 주택에 대해 비과세가 되지 않으면 과세가 된다. 이때에는 양도소득세 계산구조 속에서 차이점을 비교할 수 있어야 한다. 일반취득과 비교하면 다음과 같다.

구분	일반취득	증여취득
양도가액	실거래가액	좌동
−취득가액	실거래가액(없으면 환산가액 등)	수증일 현재의 시가 (없으면 「상증법」상 평가액) →이월과세제도가 적용되는 경우에는 당초 증여자의 취득가액으로 함.
−기타필요경비	실제 경비, 환산 시는 개산공제	실제 경비(취득가액을 기준시가로 하는 경우에도 실제 경비를 사용함. 개산공제는 환산한 경우만 가능)
=양도차익		
−장기보유 특별공제	취득일로부터 3년 이상 보유	수증일로부터 3년 이상 보유
=양도소득금액		
−기본공제		
×세율	• 취득일로부터 보유기간 산정 • 중과세율 적용	• 수증일로부터 보유기간 산정 • 증여주택은 일반주택과 동일하게 중과세 적용
−누진공제		
=산출세액		
−감면세액	「조특법」상 요건에 부합해야 함	좌동 →증여자의 감면요건은 수증자에게 승계되지 않음
=결정세액		
+가산세		
=납부할 세액		

증여는 인위적으로 재산을 이전하는 행위에 해당하므로 자칫 조세회피 행위가 일어날 수 있다. 그래서 상속처럼 우대하지 않는 한편, 불이익을 주는 제도들이 많다. 후자의 경우 대표적인 제도가 바로 이월과세란 제도다. 이는 배우자나 직계존비속으로부터 부동산을 증여받은 날로부터 5년 이내에 이를 양도하면 양도소득세 계산 시 취득가액을 증여한 배우자 등이 취득한 가액으로 하는 제도를 말한다. 그 결과 당초 증여자가 양도하는 효과가 발생하게 된다.

64

배우자로부터 증여받은 부동산 양도 시 주의할 점

배우자에게 부동산을 증여받아 이를 양도하는 경우 취득가액 이월과세가 적용된다. 이 제도는 수증자의 양도소득세 계산 시 취득가액을 당초 증여자가 취득한 가액으로 하여 세금부담을 줄이는 것을 방지하는 제도를 말한다. 다만, 모든 거래에 대해 적용하는 것이 아니라 증여받은 날로부터 5년 이내에 양도하는 경우에만 적용한다.

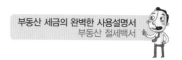

이월과세제도를 적용받지 않는 비법

취득가액 이월과세를 적용받으면 증여를 통한 양도소득세 절감을 하지 못하고 돈만 날릴 수 있다. 따라서 이에 대한 타당성부터 판단할 필요가 있다.

1. 실익판단을 해본다

주로 취득시기가 오래된 경우, 다운계약서를 가지고 있거나 계약서를 분실한 경우, 오래전에 상속이나 증여 등을 받은 경우 등의 공통점은 양도차익이 많다는 것이다. 이러한 상황에서 해법이 없는 경우에는 배우자증여를 통한 양도전략을 활용하는 것도 나쁘지 않다.

2. 감정평가를 받는다

증여하기 위해서는 먼저 1 이상(10억 원 초과 시는 2 이상)의 감정평가를 받는 것이 좋다. 왜냐하면, 신고된 증여가액을 향후 양도소득세 계산 시 취득가액으로 하기 위해서다. 이때 감정평가수수료가 발생한다.

3. 등기를 한다

증여계약서를 작성한 후 관할등기소에 증여등기를 한다. 이때 취득세가 발생한다. 통상 4% 정도 된다. 이외 채권매입에 따른 비용이 추가로 발생한다.

4. 증여세 신고를 한다

증여일이 속하는 달의 말일로부터 3개월 이내에 증여세를 신고한다. 이때 배우자간의 증여재산가액이 6억 원이 되지 않으면 증여세 과세문제는 없다.

5. 5년 후 양도한다

이상의 절차를 거친 후에 5년 이상 보유하고 이를 양도하면 취득가액이 증여 당시의 가액으로 되어 양도소득세를 줄일 수 있게 된다.

Q 만일 증여 이후에 이혼이나 상속이 발생한 경우에는 어떻게 해야 할까?

A 증여받은 후 양도 당시 혼인관계가 소멸된 경우도 이 제도를 적용하나, 사망으로 혼인관계가 소멸한 경우는 이를 적용하지 아니한다.

이월과세제도, 알아두면 실생활에 도움이 되는 제도다!

이는 「소득세법」 제97조의2 규정에 의거, 배우자나 직계존비속으로부터 부동산 또는 시설이용권을 증여받아 5년 이내에 양도하는 경우에는 취득가액을 당초 증여자가 취득한 가액으로 양도소득세를 계산하는 제도를 말한다. 그런데 1세대 1주택 비과세에 해당하는 경우와 이월과세를 적용하여 계산한 양도소득세가 이를 적용하지 않고 계산한 양도소득세보다 적은 경우에는 이 제도를 적용하지 않는다. 예를 들어 보자.

| 사례 1 |
K씨가 아버지로부터 1주택을 증여받아 2년 보유 등을 한 후에 1세대 1주택으로 양도하면 비과세가 가능할까?

가능하다. 수증자가 양도하는 주택은 양도소득세 계산과 무관한 비과세가 적용되기 때문이다. 이월과세는 양도소득세가 과세될 때 적용되는 제도이므로 이 상황에서는 이를 적용할 이유가 없다. 다만, 부당행위계산부인제도를 적용해야 하는데 이때에도 해당 소득이 K씨에게 직접 귀속되면 이 제도도 적용하지 않는다.

| 사례 2 |

L씨는 남편이 2억 원에 취득한 부동산을 1억 원에 증여받은 후 5년 이내에 처분했다. 이 경우 이월과세가 적용될까?

종전의 경우에는 무조건 이 제도가 적용되었지만, 2017년 7월 1일 이후부터는 이월과세제도를 적용해 세금이 증가하는 경우에만 이 제도를 적용한다.

> ※ 이월과세 적용 시 세금 계산법
>
> ① 납세의무자 : 수증자
>
> ② 취득가액 : 증여자가 취득한 취득가액(취득세 포함)
>
> ③ 필요경비 : 양도 시 중개수수료 및 증여세
>
> * 수증자(양도자)가 증여받을 당시 부담한 취득세는 공제되지 않음.
>
> ④ 세율 적용 시 보유기간 계산 : 증여자의 취득일 ~ 양도일
>
> ⑤ 장기보유 특별공제 보유기간 : 증여자의 취득일 ~ 양도일

알 | 쏭 | 달 | 쏭 | 세 | 금 | 팁

직계존비속 간의 이월과세

직계존비속 간에 증여를 통해 양도하는 경우 증여세가 많이 나오기 때문에 증여 후에 양도하는 전략은 거의 사용되지 않는다.

65

가족 간 매매 시에는 증여로 추정한다

가족 간에 매매가 가능할까?

당연하다. 이를 법률적으로 제한할 수가 없기 때문이다.

그런데 실제 증여임에도 불구하고 이를 매매로 가장하거나 저가나 고가로 양도, 양수하는 경우에는 세법상 문제가 발생한다.

양도를 통해 편법적인 부의 이전이 일어났기 때문이다. 가족 간 부동산을 거래할 때에는 이러한 점들에 유의해야 한다.

부모와 자녀 간은 세법상 특수관계인 간에 해당한다. 따라서 마음만 먹으면 언제든지 다양한 방법으로 세금부담을 줄일 수 있다.

이에 세법은 이들의 행위에 대해 다양한 방법으로 규제한다.

예를 들어 거래금액을 낮추어 양도하면 양도소득세가 적게 나오므로 「소득세법」에서 부당행위계산부인 규정을 두어 규제한다. 이때 양수자는 저가양수로 인해 이익을 보았으므로 증여세를 부과한다. 물론 양도대가를 주고받지 않은 경우에는 실질이 증여이므로 이익을 본 자에게 증여세를 부과한다.

그렇다면 현실적으로 이 부분이 어떤 식으로 작동되는지 사례를 들어 살펴보자.

| 사례 |

경기도 일산에 거주하고 있는 K씨는 아버지가 보유한 주택을 매수하고자 한다. 이 주택의 시가는 5억 원인데, K씨는 이를 3억 원에 계약하려고 한다. 이 경우 세법상 어떤 문제가 있을까?

1. K씨 아버지에 대한 세무상 쟁점 검토

일단 K씨의 아버지는 자녀에게 저가양도하는 것인 만큼 부당행위계산제도가 적용되는지 살펴봐야 한다. 이 제도는 시가와 5% 이상 차이가 발생하는 경우에 적용되므로 과세관청으로부터 적발된 경우 대부분 시가로 과세될 가능성이 높다. 그 결과, 사례의 경우 과세관청은 아버지에게 양도소득세를 다음과 같이 고쳐서 과세할 가능성이 높다.

당초		변경
양도가액 3억 원	⟳	양도가액 5억 원

2. K씨에 대한 세무상 쟁점 검토

자녀, 즉 K씨는 이 거래를 통해 이익을 본 경우에 해당한다. 따라서 이 이익에 대해서는 증여세를 과세하는 것이 타당하다. 다만, 이때 이 이익의 크기가 시가의 30% 또는 3억 원 이상이 되어야 증여세를 과세할 수 있으므로 이 부분을 먼저 따져보아야 한다.

이 사례에서 시가는 5억 원이며 이 금액의 70%는 3억 5,000만 원이므로 저가양도에 대한 증여규정이 적용된다. 따라서 자녀가 받은 이익에 대해 증여세가 과세된다. 다만, 이때 5억 원에서 3억 원을 차감한 2억 원에 대해 과세하는 것이 아니라, 이 2억 원에서 다음 중 적은 금액을 차감한 잔액에 대해 과세한다.

㉠ 시가의 30%[사례의 경우 1억 5,000만 원(5억 원×30%)]
㉡ 3억 원

따라서 증여세는 다음과 같이 과세된다.

* 증여재산가액 5,000만 원(=2억 원-1억 5,000만 원) - 증여공제 5,000만 원(위의 자녀가 성년자인 경우) = 과세표준 0원

결국, 저가양도를 하면 양도소득세는 시가로 과세될 수 있지만, 증여세는 증여공제 등이 있으므로 현실적으로 이 세금이 과세되기 어려울 가능성이 높다.

알|쏭|달|쏭|세|금|팁

저가양도 및 고가양도와 세법

저가양도와 고가양도 시 적용되는 세법을 나열하면 다음과 같다. 참고용으로 봐주기 바란다.

구분		특수관계에 있는 경우	특수관계가 없는 경우
저가양도	양도자	• 시가로 양도소득세 과세(부당행위계산의 부인에 해당)	• 세무상 문제없음
	매수자	• 증여세 과세 • 증여재산가액=(시가−양수대가)−Min(시가×30%, 3억 원)	• 증여세 과세 • 증여재산가액=(시가−양수대가)−3억 원
고가양도	양도자	• 증여세 과세 • 증여재산가액=(양도대가−시가)−Min(시가×30%, 3억 원)	• 증여세 과세 • 증여재산가액=(양도대가−시가)−3억 원
	매수자	시가초과분 취득가액 불인정	• 세무상 문제없음

부동산! 상속이 좋을까, 증여가 좋을까?

상속은 사후에 자산이 이전되는 방식, 증여는 생전에 자산이 이전되는 방식이다. 그 결과 보유한 자산을 언제 이전할 것인가의 결정에 따라 세금의 종류가 달라진다. 그러나 둘 모두 무상이전의 재산에 대해 부과된다는 점에서 과세구조가 유사하다.

구분	상속세	증여세
과세방법	피상속인의 유산총액에 대해 과세	수증인이 취득한 재산가액에 대해 과세
과세표준	상속재산가액−상속공제	증여재산가액−증여공제
세율	10~50%	좌동

상속과 증여 중 선택을 앞두고 이런저런 고민이 상당히 많다. 지금부터는 자산 관리 업무와 관련되어 반드시 알아두어야 할 내용을 정리해보기로 한다.

상속공제 · 증여공제 이하는 세금이 없다

일반적으로 상속공제와 증여공제는 다음과 같이 받을 수 있다. 다만, 상속공제에 있어서 피상속인의 배우자가 먼저 사망한 경우에는 배우자 상속공제를 적용받을 수 없으므로 이때 공제액수는 5억 원이 된다.

상속공제	증여공제
배우자 상속공제 : 5억 원 일괄공제 : 5억 원	• 배우자로부터 증여받은 경우: 6억 원 • 직계존비속으로부터 증여받은 경우: 5,000만 원 (미성년자는 2,000만 원) • 기타 친족으로 증여받은 경우: 1,000만 원
계 : 10억 원	계 : 6억 6,000만 원

상속 또는 증여가 유리한 경우

① 상속이 유리한 경우

상속재산이 10억 원이 안 될 것으로 예상하는 경우에는 기본적으로 10억 원만큼 상속공제를 받을 수 있다. 따라서 이런 상황이라면 상속으로 재산을 이전받는 것이 유리할 수 있다. 만일 배우자가 없는 상황이라면 5억 원을 기준으로 의사결정을 해야 한다.

② 증여가 유리한 경우

상속재산이 10억 원을 초과할 것으로 예상하는 경우에는 상속세가 나올 가능성이 있으므로 사전에 적절한 재산분산 활동이 요구된다.

사례를 통해 위의 문제를 해결해 보자.

| 사례 |

서울에 거주하고 있는 H씨가 보유한 재산이 총 15억 원이라고 하자. 이 경우 H씨의 재산을 상속으로 물려주는 것이 좋을지 증여로 물려주는 것이 좋을지 세금을 예측해 보자. 단, 증여의 경우 1인 자녀를 대상으로 한다고 하자.

(단위 : 원)

상속세		증여세	
구분	금액	구분	금액
상속재산가액	15억	증여재산가액	15억
−상속공제	10억	−증여공제	5,000만
=과세표준	5억	=과세표준	14억 5,000만
×세율(10~50%)	20%(1,000만 원*)	×세율(10~50%)	40%(1억 6,000만 원*)
=산출세액	9,000만	=산출세액	4억 2,000만

* ( )은 누진공제액을 의미함.

이 표를 보면 상속세는 9,000만 원, 증여세는 4억 2,000만 원으로 무려 3억 3,000만 원 정도로 상속세가 더 적다. 따라서 단순히 세금 계산구조만 놓고 볼 때 증여세가 상속세보다 훨씬 많이 나온다는 것을 알 수 있다. 이렇게 차이가 발생한 이유는 공제액수가 서로 다르기 때문이다.

Q 만일 앞의 재산을 3인에게 증여하는 경우에는 증여세는 얼마나 될까?

A 이 경우 한 사람 당 증여금액이 5억 원이고 이에 증여공제 5,000만 원을 적용하면 1인당 과세표준은 4억 5,000만 원이 된다. 따라서 산출세액은 대략 8,000만 원[=4억 5,000만 원 × 20% − 1,000만 원(누진공제)]이 된다. 그 결과 전체적으로 2억 4,000만 원(=8,000만 원 × 3명)이 된다.

알|쏭|달|쏭|세|금|팁

상속이 발생할 때 가장 신경 써야 할 것들

첫째, 상속세를 신고해야 하는지의 여부

통상 피상속인(사망자)의 재산가액이 상속공제액인 10억 원(배우자가 없는 경우에는 5억 원)을 초과하면 상속세가 나올 수 있다. 이때 주의할 것은 상속개시일로부터 소급하여 10년 이내에 증여한 재산이 있는 경우에는 상속개시일 현재의 상속재산가액에 합산한다는 것이다.

둘째, 상속세를 신고한다면 상속재산가액은 어떤 식으로 평가해야 하는지의 여부

상속세 신고 시 시가를 기준으로 신고해야 하지만 시가가 없다면 「상증법」에서 정하고 있는 대로 평가해야 한다. 이때 평가는 '매매사례가액→감정가액→기준시가' 순으로 하게 되어 있다. 따라서 향후 양도소득세를 줄이고 싶다면 감정평가액 등으로 신고를 해두는 것이 중요하다.

셋째, 상속재산은 어떤 식으로 배분할 것인지의 여부 등

상속재산을 배우자가 많이 배분받으면 배우자 상속공제가 늘어나 상속세를 줄일 수 있다. 한편 부동산을 상속받은 후 이를 양도하는 경우 어떤 식으로 상속을 받았는지에 따라 양도소득세의 과세방식이 달라질 수 있다.

상속세 절세측면에서
증여보다는 매매가 좋은 이유

나이든 어르신들이
재산을 이전할 땐
증여보다는 매매가 좋습니다.

신절세 세무사의 세무아카데미

자녀 등에게 재산을 증여가 아닌 매매로 이전하는 것이 좋은 이유는 이렇다.

첫째, 상속재산에 합산되지 않는다.
둘째, 유류분 청구대상이 되지 않는다.

이게 무슨 말일까?

유의해야 할 상속세 합산과세

상속개시일을 기준으로 소급하여 10년(5년) 이전에 발생한 증여재산가액은 상속재산가액에 합산하여 과세된다. 사례를 들어 앞의 문제를 정리해 보자.

구분	합산기간	비고
상속인	10년	상속개시일로부터 10년 이내의 것은 합산
비상속인(손자·녀 등)	5년	상속개시일로부터 5년 이내의 것은 합산

| 사례 |

경기도 부천시에 거주하고 있는 김기풍 씨는 7년 전에 부친으로부터 5억 원을 증여받아 증여세를 납부했다. 한편 손주 2명은 6년 전에 한 사람당 2,000만 원씩 총 4,000만 원을 증여받았다. 2018년에 부친이 돌아가셔서 배우자와 자녀가 합하여 10억 원을 별도로 상속받았다. 이 경우 김 씨 형제와 손주들이 받은 사전증여재산가액은 상속재산가액에 합산되는가?

상속인이 상속개시일로부터 10년 이내에 사전증여를 받은 재산이 있는 경우 그 재산가액은 상속재산가액에 가산한다. 하지만 손주들처럼 상속인이 아닌 경우에는 합산과세기간이 5년이다. 따라서 사례의 경우에 합산해야 할 증여재산가액은 5억 원이 된다.

그런데 매매를 하는 경우에는 이러한 합산과세가 적용되지 않는다. 합산과세 제도는 증여의 경우에만 적용하기 때문이다.

사전증여분에 대해서는 유류분 청구소송이 가능하다

유언으로 재산을 상속하는 경우 자칫 한 사람에게만 재산이 상속되거나 타인에게 재산이 유증될 수 있다. 이렇게 되면 상속분쟁 등이 발생할 가능성이 높기 때문에 「민법」에서는 각 상속인이 최소한도로 받을 수 있는 상속분을 법으로 정하고 있다. 이를 '유류분' 이라고 한다.

상속권이 있는 상속인의 유류분은 다음과 같다.

- 피상속인의 배우자 및 직계비속 : 법정상속분의 1/2
- 피상속인의 직계존속 및 형제자매 : 법정상속분의 1/3

유류분권을 행사할 수 있는 사람은 순위상 상속권이 있는 사람이다. 만약 1순위인 자녀와 배우자가 있는 경우에는 제2순위인 직계존속이나 3순위인 형제자매는 유류분권을 행사할 수 없다. 상속인 중 직계비속, 배우자, 직계존속, 형제자매만 이 제도를 활용할 수 있다.

그런데 사전에 증여한 재산에 대해서는 유류분 청구를 할 수 있을까?

이에 대해 「민법」에서는 유류분 반환청구권의 소멸시효는 피상속인 사망 후 증여 또는 유언에 의한 증여 사실을 안 날로부터 1년, 상속이 개시한 때로부터 10년 이내에 권리를 행사하도록 규정하고 있다. (「민법」 제1112조 또는 1118조)

참고로 유류분청구대상은 다음과 같다.

- 상속당시의 재산

- 유언으로 증여한 상속재산

- 상속개시일 1년 전에 증여한 재산(10년 전의 것도 가능. 법률전문가의 확인을 요함)

결국, 상속세 합산과세와 유류분 청구대상이 되지 않기 위해서는 증여보다는 매매로 하는 것이 더 유리하다는 결론이 나온다. 다만, 특수관계인 간에 매매하는 경우에는 거래금액과 자금수수 등과 관련하여 다양한 문제가 발생하므로 사전에 이에 대해 검토하는 것이 좋다.

알 | 쏭 | 달 | 쏭 | 세 | 금 | 팁

상속개시 전후에 적용되는 제도들

① 상속개시 전

-6개월 : 매매사례가액 등으로 재산평가

-1년 : 상속추정제도 적용(1년 이내에 인출한 자금 등이 2억 원 초과 시)

-2년 : 상속추정제도 적용(2년 이내에 인출한 자금 등이 5억 원 초과 시)

-5년 : 비상속인에 대한 사전증여재산가액 합산기간

-10년 : 상속인에 대한 사전증여재산가액 합산기간

② 상속개시 후

-6개월 : 매매사례가액 등으로 재산평가

-5년 : 고액상속인에 대한 사후관리

-15년 : 상속세 탈세 등에 대한 국세부과 제척기간(10년은 무신고)

68

상속재산 배분에도 스킬이 필요하다

상속재산을 어떤 식으로 배분하느냐에 따라 세금이 달라진다.
그 이유를 대략 정리해 보자.

첫째, 배우자상속공제 액수가 달라진다.
둘째, 상속공제 한도가 달라진다.
셋째, 향후 양도소득세 관계가 달라진다.

초보자의 입장에서는 조금 어려운 내용이 될 수 있으므로 나중에 다시 보기 바란다.

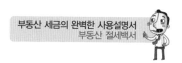

상속은 단 1회에 발생하는데 어떤 식으로 상속세 처리를 하는지에 따라 상속세 및 양도소득세의 내용이 달라진다. 사례를 통해 이 부분을 알아보자.

| 사례 |

서울에 살고 있는 K씨가 사망했다. 그가 남긴 재산에는 주택 1채와 토지가 있다. 상속인에는 배우자와 자녀 3명이 있다. 상속인들은 이 재산을 어떻게 배분하고 신고하는 것이 절세에 도움이 될까? K씨의 배우자는 K씨 명의의 주택에서 그와 평생을 같이 해왔다. 해당 토지는 임야로 현재 시세는 5억 원이나 공시지가는 1억 원에 불과하다.

위의 물음에 따라 주택과 토지로 나눠 세금측면에서 가장 도움이 되는 재산분배방법과 신고방법을 찾아보자.

1. 주택

K씨와 그의 배우자가 함께 거주한 상속주택은 배우자가 상속받는 것이 바람직하다. 세법은 배우자가 무주택상태에서 상속을 받으면 보유 및 거주기간을 당초 피상속인이 취득한 날로부터 따져 비과세를 적용하기 때문이다.
따라서 이처럼 비과세를 받을 수 있는 경우에는 상속세를 시가로 신고할 필요가 없다.

2. 토지

피상속인(K씨)이 남긴 토지는 향후 양도 시 양도소득세 과세가 예상되는 부동산에 해당한다. 따라서 향후 양도소득세 계산 시 취득가액 입증이 중요한데, 만일 신고하지 않으면 기준시가로 취득가액이 결정될 수 있다. 따라서 이러한 상황에서는 후일을 생각해 미리 시가로 신고해두는 것이 좋다. 위의 내용을 정리하면 다음과 같다.

신고를 하지 않는 경우	기준시가로 신고하는 경우	시가로 신고하는 경우
양도가액 5억 원	양도가액 5억 원	양도가액 5억 원
−취득가액 1억 원	−취득가액 1억 원	−취득가액 5억 원
=양도차익 4억 원	=양도차익 4억 원	=양도차익 0원

3. 결론

상속주택은 상속세 신고가 불필요해 보이나, 상속토지(임야)는 상속세 신고를 해두면 유리한 상황이다. 따라서 결론적으로 토지에 대해서는 신고가 필요하므로 주택도 포함하여 상속세 신고를 다음과 같이 해 두도록 한다.

구분	재산평가기준	비고
주택	기준시가*	향후 신고가격과 관계없이 양도소득세 비과세 가능
토지	시가*(1 이상의 감정평가)	취득가액을 시가로 하여 양도차익을 축소시킬 수 있음

* 자산별로 평가방법을 다르게 할 수 있는 것으로 판단됨.

상속재산의 양도소득세 절세법

- 상속 시 시가로 신고하면 좋을 부동산은 향후 처분 시 양도소득세가 나올 것으로 예상하는 부동산(예 : 상가 등)이다. 따라서 비과세나 감면이 예상되는 경우에는 굳이 시가로 신고하지 않아도 된다.
- 시가는 1(10억 원 초과는 2)군데 감정평가를 받아 이를 관할 세무서에 신고하는 방법으로 입증하면 된다.
- 상속부동산을 감정평가로 신고하면 상속재산가액이 커져 상속세 과세에 영향을 미칠 수 있다. 따라서 이 점을 고려하도록 한다.

Q 앞의 토지의 경우 시가는 어떻게 구하는가?

A 시가는 상속일 전후 6개월(유사매매사례가액은 6개월 전~신고 시까지)의 매매사례가액이나 감정평가액 등을 포함한다. 따라서 일반적으로 1 이상의 감정평가법인의 감정을 받아 입증하면 된다.

상속세 절세를 위해서는 재산분산이 필요하다!

상속세는 피상속인의 유산의 크기에 따라 세금의 크기가 달라진다. 따라서 세금을 줄이고 싶다면 미리 재산을 분산해두는 것이 좋다. 그런데 문제는 재산분산이 적절히 되지 않는 경우에는 연령대를 고려해 미리 재산분산을 시도하는 것이 나중을 위해 바람직하다. 나이가 많아진 상태에서 사전증여를 하면 '10년 합산과세제도'를 적용받게 되어 증여의 효과가 줄어들 가능성이 크기 때문이다. 만약 사전증여를 할 때는 배우자, 자녀, 손·자녀 등에게 골고루 하는 것이 세금부담이 줄어든다. 증여공제액을 늘릴 수 있고 증여세율도 낮은 세율이 적용되기 때문이다. 한편 할아버지의 재산을 손자·녀에게 바로 증여하는 경우 10년이 아닌 5년 합산과세제도가 적용되고, 세금부담 측면에서도 유리할 수 있다. 아래의 사례를 통해 이해해 보자.

| 사례 |

부동산을 세대를 생략하여 증여하는 경우에도 할증과세가 적용되는데 이에 대한 실익분석을 해보자. 예를 들어 부동산가액은 1억 원이고 취득세율은 1%라고 하자. 단, 수증자는 성년자에 해당한다.

① 할아버지가 손자에게 증여 시

증여세	취득세	계
650만 원	100만 원	750만 원
• 기본: (1억 원-5,000만 원)× 10%=500만 원 • 할증: 500만 원×130%=650 만 원	1억 원×1%=100만 원	

② 할아버지→아버지→손자에게 증여 시

구분	증여세	취득세	계
할아버지→아버지	500만 원*	100만 원	600만 원
아버지→손자	500만 원*	100만 원	600만 원
계	1,000만 원	200만 원	1,200만 원

* (1억 원-5,000만 원)×10%=500만 원

위에서 본 것처럼 세대생략 증여가 더 유리할 수 있다.

알|쏭|달|쏭|세|금|팁

상속 후 재산 분할을 다시 하는 경우

일반적으로 피상속인의 상속재산에 대하여 공동상속인 간의 협의분할에 의하여 상속등기한 경우에도 상속세 과세표준 신고기한(상속개시일이 속하는 달의 말일부터 6개월) 이내에 공동상속인간의 사실상의 재분할에 의하여 상속재산을 초과 취득하는 경우에는 「상증법」 제31조 제3항에 의하여 증여세가 과세되지 아니한다. 하지만 신고기한 후에 재분할이 되는 경우에는 이익을 얻은 자에 대해 증여세가 부과된다.

베테랑 세무사 신절세의
고급 절세노트 ⑭

부동산의 상속과 양도소득세의 관계

상속도 부동산의 취득방법 중 하나에 해당한다. 다만, 상속은 취득원인이 자발적이 아닌 부득이한 사유에 취득한 것에 해당하므로 일부항목에서는 일반적인 취득과는 다르게 세법을 적용한다. 이하에서는 주로 주택에 대해서만 살펴보자.

양도소득세 비과세 관련

상속도 하나의 취득에 해당하므로 일반취득과 동일하게 비과세 요건을 적용한다. 예를 들어 자녀가 주택을 상속받았을 시 상속개시일 이후 2년 이상 보유 및 거주하면 비과세를 적용한다. 또한, 일시적 2주택도 일반취득과 기본적으로 같은 원리가 적용된다. 하지만 상속은 부득이한 사유가 있으므로 몇 가지 특례가 있다.

• 무주택자인 동일 세대원이 상속을 받은 경우→2년 보유 및 거주기간을 피상속인이 취득한 날로부터 기산한다. 따라서 상속개시일 이후 언제든지 양도해도 1주택에 대한 비과세를 받을 수 있다.
• 동일 세대원이 아닌 상속인이 상속주택을 취득하여 2주택이 된 경우→상속주택이 아닌 일반주택(상속개시 전 2년 이내에 증여받은 주택은 제외. 2018년 개정세법)을 언제든지 처분해도 비과세를 받을 수 있다.

결국, 주택소유자 중 상속의 사유에 의해 주택을 취득한 경우라면 이러한 내용들을 이해해야 정확하게 세법을 적용할 수 있게 된다.

양도소득세 과세 관련

상속주택에 대해 비과세가 되지 않으면 과세가 된다. 이때에는 양도소득세 계산구조 속에서 일반취득과의 차이점을 비교할 수 있어야 한다.

구분	일반취득	상속취득
양도가액	실거래가액	좌동
−취득가액	실거래가액(없으면 환산가액 등)	상속개시일 당시의 시개(없으면 「상증법」상 평가액) →상속은 취득가액을 환산하는 것이 힘듦(1985.1.1. 전은 가능)
−기타필요경비	실제 경비, 환산 시는 개산공제	실제 경비(취득가액을 기준시가로 하는 경우에도 실제 경비를 사용함. 개산공제는 환산한 경우만 가능)
=양도차익		
−장기보유 특별공제	취득일로부터 3년 이상 보유	상속개시일로부터 3년 이상 보유
=양도소득금액		
−기본공제		
=과세표준		
×세율	• 취득일로부터 보유기간 산정 • 중과세율 적용	피상속인의 취득일로부터 보유기간 산정 • 상속개시일로부터 5년 이내 처분 시 중과세 제외
−누진공제		
=산출세액		
−감면세액	「조특법」상 요건에 부합해야 함	좌동 →피상속인이 감면요건을 갖춘 경우라도 이 부분은 상속인에게 승계가 되지 않음
=결정세액		
+가산세		
=납부할 세액		

앞의 내용 중 취득가액과 장기보유 특별공제 그리고 세율에 대해서만 정리하면 다음과 같다.

- 상속 시의 취득가액이 향후 양도 시의 취득가액이 된다. 따라서 상속 때 시가로 신고되지 않으면 대부분 기준시가가 취득가액이 될 가능성이 높다. 이렇게 되면 세금이 증가할 수밖에 없다.

- 장기보유 특별공제 기산일은 상속개시일이 된다. 따라서 피상속인(사망자)가 보유한 기간은 모두 소멸한다.

- 양도소득세율은 피상속인이 취득한 날로부터 보유기간을 산정하는 특례가 있으므로 대부분 누진세율(6~42% 등)이 적용된다. 참고로 다주택자의 경우 상속주택도 중과세의 가능성이 있으나 상속개시일로부터 5년 이내 양도하는 상속주택은 중과세를 적용하지 않는다.

 알 l 쏭 l 달 l 쏭 l 세 l 금 l 팁

상속 · 증여 · 이혼으로 취득한 주택의 보유기간 계산(양도소득세 집행기준 89-154-30)

취득 구분		보유 및 거주기간 계산
상속	같은 세대원 간 상속인 경우	같은 세대원으로 피상속인의 보유 및 거주기간과 상속인의 보유 및 거주기간 통산
	같은 세대원 간 상속이 아닌 경우	상속이 개시된 날부터 양도한 날까지 계산
증여	같은 세대원 간 증여인 경우	같은 세대원으로 증여자의 보유 및 거주기간과 증여 후 수증인의 보유 및 거주기간 통산
	같은 세대원 간 증여가 아닌 경우	증여받은 날부터 양도한 날까지 계산
이혼	재산분할로 취득 (「민법」 제839의 2)	재산분할 전 배우자가 해당 주택을 취득한 날부터 양도한 날까지 보유 및 거주기간 통산
	위자료로 취득	소유권이전 등기 접수일부터 양도한 날까지 계산

가족 간 양도거래와 세무상 쟁점

대한민국에서 다주택자들을 중심으로 특수관계인 간에 양도나 증여를 선택하는 일들이 많아지고 있다. 종부세나 양도소득세 중과세를 피하기 위해서다. 하지만 세법은 특수관계인 간에 양도나 증여를 편법으로 하는 경우 이를 규제하는 장치들이 많이 있으므로 주의할 필요가 있다.

지금부터는 가족 간에 양도거래를 할 때 세무상 주로 어떤 쟁점들이 있는지 점검해 보자.

시가에 맞춰 거래하는 경우

시가에 맞춰 거래하는 경우에는 세법에서 이를 제재할 이유가 없다. 가족 간에 거래도 가능할 뿐만 아니라 또 제3자와 거래하는 것과 동일하게 거래했으므로 세법이 이를 규제할 이유가 없기 때문이다.

시가보다 저렴하게 거래하는 경우

시가보다 저렴하게 거래하는 것은 세법의 관점에서 봤을 때 상당히 문제가 있다. 양도자의 입장에서는 양도소득세가 축소되는 한편 매수자는 이익을 보았기 때문이다. 그래서 다음과 같은 규정을 두어 과세한다.

양도자	매수자
양도소득세를 시가로 고쳐서 과세	이익에 대해 증여세 부과

양도자의 경우 시가로 고쳐서 과세하는 제도를 부당행위계산부인제도라고 하는데, 이는 특수관계인과의 거래를 통해 조세를 부당하게 감소시킨 것으로 인정되는 경우에 해당거래를 부인하고 세법에 맞게 세금을 부과한다. (「소득세법」제101조) 이 법에서는 부당행위 유형을 2가지로 규정하고 있다.

① 특수관계에 있는 자로부터 시가보다 높은 가격으로 자산을 매입하거나 낮은 가격으로 양도하는 경우

　시가와 거래액의 차액이 3억 원 이상이거나 시가의 100분의 5에 상당하는 금액 이상인 경우에 이 제도를 적용한다.

② 특수관계인에게 양도소득세 과세대상 자산(취득가액 이월과세를 적용받은 경우는 제외) 을 증여한 후 그 자산을 증여받은 자가 그 증여일로부터 5년 이내에 이를 타인에게 양도하는 경우

　증여자가 그 자산을 직접 양도한 것으로 본다. 이 경우 수증자가 낸 증여세와 양도소득세가 당초 증여자가 양도할 경우의 양도소득세보다 크면 위 제도가 적용되지 않는다. 이 거래로 인해 세금이 줄어들지 않았기 때문이다.

자금수수 없이 거래하는 경우

자금수수 없이 양도거래를 하는 경우가 있다. 이러한 상황이 적발되면 양도가 아닌 증여로 보아 증여세가 추징된다.

취득가액 이월과세제도와 부당행위계산부인제도의 비교

취득가액 이월과세제도는 주로 배우자 간 증여를 통해 향후 양도소득세를 줄일 때 취득
가액을 증여자의 것으로 하는 제도를, 부당행위계산부인제도는 특수관계인 간의 거래를
통해 조세회피가 있는 경우 적용되는 제도를 말한다.
실무적으로는 먼저 이월과세를 적용하고, 그 이후에 부당행위계산부인제도를 적용한다.
따라서 이 두 가지의 제도를 동시에 검토하는 것이 좋다.

구분	이월과세	부당행위계산부인
근거	「소득세법」 제97조	「소득세법」 제101조
내용	배우자/직계존비속에게 증여 → 5년 이내 양도 시 취득가액은 당초 증여자의 것으로 하는 제도(과세되는 경우에 적용됨)	• 시가의 5% 등 차이나게 거래 • 특수관계인에게 증여→5년 이내 타인에게 양도 시 증여자가 직접 양도한 것으로 봄
적용 배제	수증자가 1세대 1주택 비과세를 받는 경우 등	• 이월과세를 적용받는 경우 • 수증자의 소득으로 귀속되는 경우
적용자산	부동산 및 특정 시설물 이용권	모든 양도소득세 과세대상 자산
적용기간	5년	5년
조세회피	해당사항 없음	부당히 감소시키는 경우에 적용
증여세 환급	양도소득세 계산 시 필요경비에 해당	환급
둘의 관계	부동산과 시설물 이용권에 대해 먼저 적용함	이월과세제도를 적용하지 않는 경우에 한해 이 제도를 적용함

69

국내의 주택을 양도하면
비과세를 받을 수 있을까?

나는 미국 영주권자.
고국을 떠나온지도 벌써 10년이 넘었는데…
한국에 두고 온 주택에 세금이 많이 나오지
않을까?

이 영주권자는 한국 내의 주택에 대해 세금을 얼마나 내야 할까?

주로 외국에 생활근거지가 있는 사람들을 세법은 비거주자(183일 기준)라고 한다. 이러한 비거주자들은 국내 거주자들과 세법을 달리 적용하는데, 주택의 경우에는 아래와 같은 식으로 법을 적용한다.

• **비과세의 경우**→1주택 상태에서 출국한 경우 출국일로부터 2년 이내에 양도 시 비과세를 적용한다.
• **과세의 경우**→과세 시에는 양도차익에서 장기보유 특별공제(10~30%)와 기본공제를 적용한 과세표준에 양도소득세율을 곱해 과세한다.

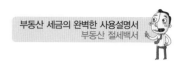

앞의 사례에서 제시된 영주권자의 주택에 대한 과세방법은 어떻게 될까?

일단 출국일이 2년이 넘었다면 비과세가 가능하지 않다. 처분기한을 넘겼기 때문이다. 그런데 여기서 쟁점은 '출국일'을 어느 날로 볼 것인지의 여부다. 출국일이 우리나라를 떠난 날을 말하는 것인지 아니면 영주권 등을 취득한 날 등을 말하는 것인지에 따라 비과세의 내용이 달라지기 때문이다.

이에 대해 「소득세법 시행령」 제154조에 제1항 제2호에서 아래와 같은 주택에 대해서는 비과세를 적용하도록 하고 있다.

> 나. 「해외이주법」에 따른 해외이주로 세대전원이 출국하는 경우. 다만, 출국일 현재 1주택을 보유하고 있는 경우로 출국일부터 2년 이내에 양도하는 경우에 한한다.
> 다. 1년 이상 계속하여 국외거주를 필요로 하는 취학 또는 근무상의 형편으로 세대전원이 출국하는 경우. 다만, 출국일 현재 1주택을 보유하고 있는 경우로 출국일부터 2년 이내에 양도하는 경우에 한한다.

사례의 경우 출국일로부터 10년이 지났기 때문에 위의 나 규정을 적용받지 못한 것으로 해석할 수 있다. 그런데 과세관청은 「해외이주법」에 따른 현지이주의 경우 출국일은 '영주권 또는 그에 준하는 장기체류 자격을 취득한 날(2009.4.14. 양도분부터 적용)'을 말한다고 한다. 즉, 「해외이주법」상 현지이주에 해당하는 경우에는 이 자격을 취득한 날부터 2년 이내에 양도하는 경우 비과세 적용을 받을 수 있다는 것이다. 따라서 사례의 경우 「해외이주법」에 따른 현지이주에 해당하는지의 여부를 확인하고 이에 해당한다면 현지이주확인서 또는 거주여권사본 등을 제출하여 비과세를 신청할 수 있다.

※ 관련예규 : 부동산거래-684, 2011.08.02.

1세대 1주택자가 출국하여 영주권을 취득한 경우 영주권 취득일부터 2년 이내에 소유하던 1주택을 양도하는 경우에는 1세대 1주택 비과세 특례가 적용되는 것임.

※ 「해외이주법」에 따른 이주 시 출국일(양도소득세 집행기준 89-154-43)

구분	「해외이주법」에 따른 이주 시 출국일
연고 · 무연고 이주	전세대원이 출국한 날
현지 이주	영주권 또는 그에 준하는 장기체류 자격을 취득한 날 (2009.4.14. 이후 양도분부터 적용)

비거주자가 국내 거주자가 된 경우의 비과세 적용법

외국에서 오래 살다가 국내에 들어온 경우 국내 거주자가 될 수 있다. 이때 입국 전에 국내에 보유하고 있는 주택이 있다면 이에 대한 양도소득세 비과세 요건은 어떻게 따질까?

이러한 상황에서 세법은 거주자로서의 보유기간 및 거주기간을 통산하여 이 요건을 따진다.

예를 들어 국내에서 1주택을 2년 이상 보유 및 거주한 상태에서 출국하여 다시 입국하여 거주자가 된 경우 거주자로서의 보유 및 거주기간을 합해 비과세를 판단한다는 것이다. 다만, 이러한 판단은 '양도일 현재'를 기준으로 하므로 양도일 현재 이러한 요건을 충족하고 있어야 한다.

참고로 비거주자에 대해 양도소득세가 과세되는 경우 국내 거주자와 동일하게 과세된다. 다만, 1세대 1주택자에 대한 장기보유 특별공제율은 24~80%를 적용하지 않고 10~30%를 적용한다.

Q 비거주자에 대해서도 주택 중과세제도가 적용될까?

A 그렇다. 거주자와 차별할 이유가 없기 때문이다.

알 | 쏭 | 달 | 쏭 | 세 | 금 | 팁

거주자와 비거주자의 판단

거주자와 비거주자의 판단은 국내에 주소를 두거나 국내에 183일(2018년 이후 1과세기간 기준) 이상 거소를 두고 있는지에 따라 판별하므로 원칙적으로 국적과는 관계가 없다.
위의 주소는 생활의 근거가 되는 곳을 말하며, 국내에서 생계를 같이하는 가족 및 국내에 소재하는 자산의 유무 등 생활 관계의 객관적 사실에 따라 판정한다.

국내에 주소 등을 가진 것으로 보는 경우
① 계속하여 183일 이상 국내에 거주할 것을 통상 필요로 하는 작업을 가진 때
② 국내에 생계를 같이하는 가족이 있고, 그 직업 및 자산상태에 비추어 계속하여 183일 이상 국내에 거주할 것으로 인정되는 때

70

유학생 자녀의 세대분리 요건은?

저 집을 미국에서 공부하고 있는 25세 된 자녀에게 증여하고 난 후에 나머지 주택을 양도하면 비과세를 받을 수 있을까?

압구정

1세대 2주택 보유 중

사례의 경우 비과세를 받으려면

유학생인 자녀가 세법상 독립세대원이 되어야 한다.

즉 세대분리가 되어 있어야 비과세를 적용받을 수 있다는 것이다.

그렇다면 사례의 유학생 자녀에 대한 동일 세대원 여부는 어떤 식으로 판단할까?

자녀에 대한 동일 세대원 여부 판정법

원래 1세대 1주택 비과세는 '양도일 현재' 동일 세대원의 주택 수에 의하여 적용 여부를 판단한다. 이때 '1세대'란 거주자 및 그 배우자가 그들과 동일한 주소 또는 거소에서 생계를 같이 하는 가족과 함께 구성하는 1세대를 말한다. 물론 여기서 '가족'이라 함은 거주자와 그 배우자의 직계존비속(그 배우자 포함) 및 형제자매를 말하며, 취학, 질병의 요양, 근무상 또는 사업상의 형편으로 본래의 주소 또는 거소를 일시 퇴거한 자를 포함한다.

이때 자녀의 경우 나이에 따라 세대요건이 달라진다.

① 나이가 30세 이상인 경우→독립세대로 인정한다.
② 나이가 30세가 안 된 경우→양도일 현재의 소득이 「국민기초생활 보장법」 제2조 제6호의 규정에 따른 최저생계비 수준 이상으로 소유하고 있는 주택 또는 토지를 관리·유지하면서 독립된 생계를 유지할 수 있는 경우에 한하여 별도 세대원으로 인정한다. 이외에도 결혼하여 분가한 경우에도 독립세대로 인정한다.

이 규정을 위 사례에 대해 적용하면 이 부부의 자녀가 취학상 사유로 일시 퇴거한 상태이므로 동일 세대원으로 보는 것이 타당하다. 30세 미만 미혼자의 경우에는 양도일 현재의 소득이 있어 독립된 생계를 유지할 수 있는 경우에 한하여 별도 세대원으로 인정되기 때문이다.

따라서 사례의 경우 외국에 나가 있는 자녀에게 주택을 증여한 후에 남아 있는 주택을 처분해도 비과세를 받을 수 없을 것으로 보인다.

Q 만일 유학 중인 자녀에게 '양도일 현재' 별도의 소득이 있고 그 소득으로 독립된 생계를 유지할 수 있는 경우에는 별도 세대원으로 인정될 수 있는가?

A 그렇다. 독립세대를 꾸릴 능력이 있기 때문이다.

해외 주재원의 경우에는 거주자로 본다

해외 주재원으로 파견된 경우로 거주자 또는 내국법인의 국외사업장 또는 해외현지법인(내국법인이 발행주식 총수 또는 출자지분의 100분의 100을 직접 또는 간접 출자한 경우에 한정한다) 등에 파견된 임원 또는 직원으로 생계를 같이 하는 가족이나 자산상태로 보아 파견기간의 종료 후 재입국할 것으로 인정되는 때에는 파견기간이나 외국의 국적 또는 영주권의 취득과는 관계없이 거주자로 본다.

| 사례 |

L씨네 가족은 국내기업에서 중국에서 파견되어 지낸 지 5년이 되었다. 이러한 상황에서 국내에서 보유한 주택을 양도하면 비과세를 받을 수 있을까?

해외 주재원은 해외 체류기간 등과 관계없이 무조건 국내 거주자에 해당하므로 해당 주택이 비과세 요건을 갖춘 경우라면 비과세를 받을 수 있다.

알 | 쏭 | 달 | 쏭 | 세 | 금 | 팁

비거주자의 임대소득세 과세

비거주자가 국내에서 부동산임대를 하여 소득이 발생한 경우 이 소득에 대해서는 거주자와 동일하게 국내세법에 의한 종합소득세 신고의무가 있다.

한편 미국의 영주권자나 시민권자는 국내에 부동산을 소유하고 있는 경우 미국 IRS(미국 국세청)에 신고할 의무가 있다. 그리고 국내 임대소득에 대해서는 매년 4월 15일까지 미국 내의 소득과 합산하여 신고해야 한다. 이때 국내에서 납부된 세금은 미국에서 공제가 된다.

비거주자인 배우자에게 증여하면 증여공제를 받을 수 있을까?

비거주자가 증여를 받으면 증여공제를 받을 수 없다.

왜냐하면, 증여공제는 국내 거주자를 대상으로 적용되기 때문이다.

따라서 증여 등을 할 때는 국내 거주자인지 비거주자인지에 대한 판단을 해야 한다.

「상증법」 제53조를 보면 증여공제에 대해 아래와 같이 정하고 있다.

거주자가 다음 각호의 어느 하나에 해당하는 사람으로부터 증여를 받은 경우에는 다음 각호의 구분에 따른 금액을 증여세 과세가액에서 공제한다. 이 경우 수증자를 기준으로 그 증여를 받기 전 10년 이내에 공제받은 금액과 해당 증여가액에서 공제받을 금액을 합친 금액이 다음 각 호의 구분에 따른 금액을 초과하는 경우에는 그 초과하는 부분은 공제하지 아니한다.

① 배우자로부터 증여를 받은 경우: 6억 원
② 직계존비속[수증자의 직계존속과 혼인(사실혼은 제외) 중인 배우자를 포함한다]으로부터 증여를 받은 경우: 5,000만 원. 다만, 미성년자가 직계존속으로부터 증여를 받은 경우에는 2,000만 원으로 한다.
③ 제2호 외에 6촌 이내의 혈족, 4촌 이내의 인척으로부터 증여를 받은 경우: 1,000만 원

위의 내용을 보면 '거주자'가 증여를 받은 경우에 한해 이 공제를 적용한다. 따라서 가족 중의 일부가 외국에 나가 있는 상태에서 재산을 이전하는 경우 수증자가 거주자인지 비거주자인지에 대해 정확히 판단해야 한다. 이에 따라 과세방식이 바뀌기 때문이다.
여기서 거주자란 「소득세법 시행령」 제3조의 규정에 따라 판단을 하며, 증여일 현재 183일 이상 국내에 주소나 거소를 둔 자를 말한다.

상속세 및 증여세 납세의무 범위

거주자와 비거주자가 가지고 있는 재산이 국내외에 걸쳐 있는 경우 상속세와 증여세 등의 납세의무의 범위를 정리할 필요가 있다.

① 상속세

일단 상속세 과세대상이 되는 상속재산의 범위는 피상속인(사망자)이 거주자인지, 비거주자인지에 따라 달라진다.

구분	상속재산의 범위
• 거주자가 사망한 경우 • 비거주자가 사망한 경우	• 거주자의 국내·외 모든 상속재산 • 국내에 소재한 비거주자의 모든 상속재산

② 증여세

증여세는 증여를 받은 사람(이를 수증자라고 한다)이 내는 세금이다. 따라서 수증자가 거주자인지 아닌지에 따라 다음과 같이 납세의무의 범위가 결정된다.

구분	상속재산의 범위
• 거주자가 수증자인 경우 • 비거주자가 수증자인 경우	• 거주자가 증여받은 국내·외의 재산 • 비거주자가 증여받은 재산 중 국내에 소재한 모든 재산

알 | 쏭 | 달 | 쏭 | 세 | 금 | 팁

거주자 · 비거주자의 상속세 과세방식 차이(상증세 집행기준 1-1-1)

구분		거주자	비거주자
신고기한		상속개시일이 속한 달의 말일부터 6개월 이내	상속개시일이 속한 달의 말일부터 9개월 이내
과세대상자산		국내 · 외의 모든 상속재산	국내에 소재한 상속재산
공제 금액	공과금	공제	국내소재 상속재산에 대한 공과금, 국내 사업장의 사업상 공과금
	장례비용	공제	공제 안 됨
	채무	공제	국내 소재 상속재산을 목적으로 유치권 · 질권 · 저당권으로 담보된 채무, 국내 사업장의 사업상 채무
과세 표준 계산	기초공제	공제	공제
	가업/영농상속공제	공제	공제 안 됨
	기타인적공제	공제	공제 안 됨
	배우자공제	공제	공제 안 됨
	일괄공제	공제	공제 안 됨
	금융재산상속공제	공제	공제 안 됨
	동거주택상속공제	공제	공제 안 됨
	감정평가수수료 공제	공제	공제

나 혼자 계산한다!

부동산 세금 계산방법

부동산과 관련된 세금의 종류는 매우 다양하다. 따라서 부동산 세금을 잘 다루기 위해서는 모든 세목에 대한 이해가 선행되어야 한다. 이하에서는 실무에서 중요하게 다루는 취득세, 보유세, 양도소득세, 종합소득세, 법인세에 대한 산출세액을 어떤 식으로 도출하는지 정리해 보자.

취득세

부동산을 취득하는 경우에는 취득세를 부담해야 한다. 이 경우 산출세액은 아래와 같이 계산한다.

과세표준		세율		산출세액
실거래가 원칙 (무상취득은 시가표준액)	×	1~4% 등	=	

(1) 과세표준

① 일반적인 경우의 과세표준

일반적인 취득세의 과세표준은 취득 당시의 신고가액(연부로 취득하는 경우에는 연부금액)으로 한다. (『지방세법』 제111조) 다만, 신고 또는 신고가액의 표시가 없거나 그 신고가액이 시가표준액에 미달할 때에는 시가표준액에 의한다.

※ 실제 취득가액의 범위

① 과세표준이 되는 취득가격은 과세대상물건의 취득시기를 기준으로 하여 그 이전에 당해 물건을 취득하기 위해 거래상대방 혹은 제3자에게 지급했거나 지급할 일체의 비용(소개수수료, 설계비, 연체료, 할부이자, 건설자금에 충당된 금액의 이자 등 취득에 소요된 직·간접비용(부가가치세를 제외)을 포함하되, 법인이 아닌 자가 취득하는 경우에는 연체료 및 할부이자를 제외한다)을 말한다. 다만, 매매계약서상의 약정금액을 일시급 등의 조건으로 할인한 경우에는 그 할인된 금액으로 한다.

②토지와 건축물 등을 일괄 취득함으로 인하여 토지 또는 건축물에 대한 취득가격이 구분되지 않는 경우에는 일괄취득가격을 「지방세법」상의 시가표준액 비율로 안분한 금액을 토지, 건축물, 기타물건의 취득가격으로 한다.

③ 제②의 경우에 시가표준액이 없는 기타물건이 포함되어 있는 경우에는 토지, 건축물 및 기타물건의 감정가액등을 고려하여 시장, 군수가 결정한 비율로 안분한 금액을 토지·건축물 및 기타물건의 취득가격으로 한다.

※ 시가표준액

구분	시가표준액
① 부동산 가격공시 및 감정평가에 관한 법률에 따라 가격이 공시되는 토지 및 주택	· 토지 : 개별공시지가 · 주택 : 개별주택가격 또는 공동주택가격
② 위 이외의 건축물과 선박/항공기/기타 과세대상	거래가격, 신축·제조가격 등을 참작하여 정한 기준가격에 과세대상별 특성을 고려하여 지방자치단체의 장이 결정한 가액 * 건물의 시가표준액=건물신축가격기준액×적용지수(구조지수×용도지수×위치지수)×경과연수별잔가율×면적(㎡)×가감산율

2) 사실상으로 결정되는 금액으로 하는 경우

다음의 경우는 취득가액에 대한 신뢰성이 높다고 판단되므로 취득자의 신고가액과 관계없이 그 사실상으로 결정되는 금액을 취득가액으로 한다.

- 국가·지방자치단체 및 지방자치단체조합으로부터 취득
- 외국으로부터의 수입에 의한 취득
- 민사소송 및 행정소송에 의하여 확정된 판결문에 의해 입증된 취득
- 법인의 장부에 의하여 입증된 취득

- 공매방법에 의한 취득
- 「부동산 거래신고 등에 관한 법률」 제3조에 따른 신고서를 제출하여 같은 법 제5조에 따라 검증이 이루어진 취득

(2) 세율

취득세율은 표준세율과 중과세율의 구조로 되어 있다.

1) 부동산 관련 표준세율

구분	세율
상속취득	2.8%(농지는 2.3%)
상속 외의 무상취득	3.5%(비영리사업자의 취득은 2.8%)
원시취득	2.8%
공유물의 분할	2.3%
신탁재산의 수탁자로부터 수익자로 이전	3%(비영리사업자의 취득은 2.5%)
합유물 및 총유물의 분할로 인한 취득	2.3%
그 밖의 원인으로 인한 취득	4%(농지는 3%, 주택은 1~3%)

☞ 주택의 유상취득가액이 6억 원 이하는 취득세율은 1%, 6~9억 원 이하는 2%, 9억 원 초과는 3%이다. 이외 농어촌특별세(국민주택 규모 이하는 비과세)와 지방교육세가 부과되면 총 취득관련 세율은 1.1~3.5%가 된다.

2) 부동산 관련 취득세 중과세율

① 사치성 재산을 승계취득하거나 신축하는 경우(개인, 법인 불문)

구분	세율	비고
사치성 재산을 승계취득(유상)하는 경우	12%	4%+중과기준세율* 2%×4배=4%+8%=12%
사치성 재산을 원시취득(신축)하는 경우	10.8%	2.8%+중과기준세율 2%×4배=2.8%+8%=10.8%

* 중과기준세율은 2%를 말한다. 현행 취득세 중과세는 이 기준세율을 가지고 중과세율을 적용하고 있다.

② 수도권 과밀억제권역 내에서 법인의 본점을 신·증축하거나 공장을 신·증설하는 경우(법인만 적용)

구분	세율	비고
수도권 과밀억제권역 내에서 본점을 신·증축하거나 공장을 신·증설하는 경우	6.8%	2.8%+중과기준세율 2%×2배=2.8%+4%=6.8%

이 규정은 수도권 과밀억제권역 내에서 본점(지점은 제외)을 신축 또는 증축(승계취득은 제외)하는 경우와 공장을 신설 또는 증설(승계취득은 제외)하는 경우에 적용된다. (「지방세법」 제13조 제1항) 여기서 주의할 것은 설립된 지 5년이 경과한 후에 본점을 신축 등을 하는 경우 취득세 중과세율이 적용될 수 있다는 것이다.

③ 설립된 지 5년 미만 된 법인이 부동산을 취득(승계 또는 원시취득)하는 경우(법인만 적용)

구분	세율	비고
해당 법인이 주택을 승계취득하는 경우	5%, 6%, 7%	1~3%+중과기준세율 2%×2배=5~7%
해당 법인이 주택 외 부동산을 승계취득하는 경우	8%	4%×3배−중과기준세율 2%×2배=12%−4%=8%
해당 법인이 부동산을 신축(원시취득)하는 경우	4.4%	2.8%×3배−중과기준세율 2%×2배=8.4%−4%=4.4%

☞ 수도권 과밀억제권역 내에서 설립된 지 5년이 미경과한 법인이 이 지역 내의 부동산을 승계 또는 원시취득한 경우 중과세율이 적용된다. (「지방세법」 제13조 제2항) 다만, 이 지역 내에서 설치가 불가피하다고 인정되는 업종*이라고 대통령령으로 정하는 업종은 중과세를 적용하지 않는다.

* 이에는 「민간임대주택에 관한 특별법」 제5조에 따라 등록을 한 주택임대업, 주택건설업 등이 해당한다. (「지방세법 시행령」 제26조)

보유세

보유세는 부동산을 보유했을 때 발생하는 세금을 말한다. 이의 계산구조 등은 아래와 같다.

구분	재산세	종부세
과세 대상	· 토지(분리과세, 별도합산, 종합합산토지) · 건물, 선박, 항공기	· 종합합산토지(나대지 등) · 별도합산토지(상가부속토지 등) · 주택(주거용 오피스텔 포함)
납세 의무자	6월 1일 현재 사실상 소유자	
과세 표준	공시가격×공정시장가액비율	· 주택 : (공시가격−6억 원−기초공제)×공정시장가액비율 · 나대지 등 : (공시가격−5억 원)×공정시장가액비율 · 상가부속토지 : (공시가격−80억 원)×공정시장가액비율
기초공제	−	1세대 1주택자에 한해 기초공제 3억원 적용
공정시장 가액비율	· 주택 : 60%±20% · 토지 및 건물 : 70%±20%	· 주택과 토지 : 80%±20%
세율	과세대상별로 다양(주택, 토지 등)	
세 부담 상한율	· 3억 원 이하 주택 : 105% · 3억~6억 원 이하 주택 : 110% · 6억 원 초과 : 130%	150%
세액 공제	−	1세대 1주택 단독명의자에 대해 · 장기보유공제 : 5년 20%, 10년 40% · 고령자공제 : 60세 이상 10%, 65세 이상 20%, 70세 이상 30%
납부방식	관할 시·군·구청에서 고지	관할 세무서에서 고지
납부 기한	· 7월 31일 : 주택의 1/2, 기타건물 등 · 9월 30일 : 주택의 1/2, 토지	12월 1일~15일

앞의 주택에 대한 종부세율은 다음과 같다.

과세표준	세율
6억 원 이하	1천분의 5
6억 원 초과 12억 원 이하	300만 원+ (6억 원을 초과하는 금액의 1천분의 7.5)
12억 원 초과 50억 원 이하	750만 원+ (12억 원을 초과하는 금액의 1천분의 10)
50억 원 초과 94억 원 이하	4,550만 원+ (50억 원을 초과하는 금액의 1천분의 15)
94억 원 초과	1억 1,150만 원+ (94억 원을 초과하는 금액의 1천분의 20)

참고로 주택에 대한 종부세 과세방식이 언제든지 바뀔 수 있음에 유의해야 한다. 국회 등에서 종부세에 적용되는 공정시장가액비율 폐지, 종부세 세율인상, 종부세 기초공제 3억 원 상향조정 등이 거론되고 있다.

알|쏭|달|쏭|세|금|팁

9.13 대책 중 종부세 관련 세제개편안

2018.9.13.에 발표된 부동산대책 중 종부세 관련 내용은 다음과 같다. 연말에 국회에서 확정한다.

① **세율 인상** : 현행 0.5~2%인 종부세율을 0.5~2.7%로 변경하며, 3주택 이상자 및 조정지역 2주택자에 대해서는 0.6~3.2%를 적용한다.
② **공정시장가액비율 인상** : 과세표준을 올리기 위해 (기준시가-6억 원)에 2019년은 85%를 곱하며, 그 이후는 해마다 5%씩 상향 조정한다.
③ **세부담 상한율 인상** : 전년도의 재산세와 종부세의 150%까지 종부세를 올릴 수 있는 것을 300%까지 올릴 수 있도록 한다. 다만, 이 300%는 3주택 이상자 및 조정지역 2주택에만 적용한다.

양도소득세

부동산 등을 처분했을 때 발생하는 세금을 말한다. 이의 계산방법은 아래와 같다.

양도가액	… 실거래가액(2007년 이후부터 무조건 실거래가로 함)
취득가액	… 실거래가액(계약서분실 등의 경우 취득가액을 환산할 수 있음)
필요경비	… 양도비 등 실제경비(실무적으로 공제되는 필요경비의 범위를 확인해야 함)
양도차익	… 동일한 해에 발생한 양도차손과 통산할 수 있음.
장기보유 특별공제	… (토지·건물의 양도차익)×공제율(원칙 : 10~30%, 예외 : 24~80%)
양도소득금액	… 실거래가액(2007년 이후부터 무조건 실거래가로 함)
양도소득기본공제	… 250만 원(미등기 양도자산은 적용 배제), 단 이 공제는 양도 시 1회만 적용
양도소득과세표준	… 실거래가액(2007년 이후부터 무조건 실거래가로 함)
세 율	…보유기간에 따른 세율(50%, 40%, 6~42%, 중과세율 10~20%p 가산)
산출세액	… 실거래가액(2007년 이후부터 무조건 실거래가로 함)
감면세액	… 「조특법」상 감면세액 등
자진납부할 세액*	… 양도일이 속한 달의 말일로부터 2월 내 신고 및 납부(주소지 관할 세무서)

* 양도소득세 신고는 양도일(보통 잔금청산일)이 속하는 달의 말일로부터 2개월 이내에 주소지 관할 세무서와 관할 시·군·구청에 소득세와 지방소득세를 각각 신고 및 납부해야 한다. 국세청 홈택스를 이용하거나 우편을 통해 접수할 수 있고 세무사를 통해 신고할 수도 있다.

참고로 저자가 운영하고 있는 카페에 양도소득세를 포함한 모든 세금을 실시간으로 자동계산할 수 있는 서식이 게시되어 있으므로 이를 활용하면 실무에서 많은 도움을 받을 수 있을 것이다.

※ 양도가액과 취득가액 (양도소득세 집행기준 96-162의2-1)

구 분	납세자의 신고	정부의 결정 · 경정
양도가액	실지거래가액	• 원칙 : 실지거래가액 • 실지거래가액이 불분명한 경우 : 매매사례가액, 감정가액 • 실지거래가액이 없는 경우 : 기준시가
취득가액	• 원칙 : 실지거래가액, • 실지거래가액이 불분명한 경우 : 매매사례가액, 감정가액, 환산가액*	• 원칙 : 실지거래가액 • 실질거래가액이 불분명한 경우 : 매매사례가액, 감정가액, 환산가액* • 실지거래가액이 없는 경우 : 기준시가

* 환산가액 : 양도가액×(취득 시 기준시가/양도 시 기준시가)

참고로 위의 양도소득세 세율을 토지와 건물, 분양권, 주식 등으로 나눠 살펴보면 다음과 같다.

구분		세율
토지, 건물		• 원칙 : 보유기간에 따른 세율 –1년 미만 보유 : 50%(주택은 40%) –1~2년 미만 보유 : 40% –2년 이상 보유 : 기본세율(6~42%) • 예외 : 중과세 세율 –비사업용 토지 : 기본세율+10%p(2017.1.1.~) –3주택(투기지역) : 기본세율+10%p(2017.8.3.~2018.3.31.) –3주택(조정지역) : 기본세율+20%p(2018.4.1.~) –2주택(조정지역) : 기본세율+10%p(2018.4.1.~)
분양권		• 원칙 : 위 보유기간에 따른 세율 • 예외 : 50%(조정지역 내의 분양권전매. 2018.1.1. 이후 양도분)
주식	비사업용 토지 과다 보유법인의 주식	중과세 세율 : 기본세율+10%p(법인의 자산총액 중 비사업용 토지의 가액이 차지하는 비율이 100분의 50 이상인 법인의 주식 등)
	일반주식	· 중소기업 : 10%(단, 대주주는 20%) · 이외 : 20~30%
기타자산*		기본세율(6~42%)

* 위의 기타자산은 다음을 말한다.
가. 사업용 고정자산과 함께 양도하는 영업권
나. 이용권·회원권 및 시설물 이용권
다. 법인의 자산 중에서 아래 1)과 2)의 합계액이 차지하는 비율이 100분의 50 이상인 법인의 과점주주가 그 법인의 주식 100분의 50 이상을 해당 과점주주 외의 자에게 양도하는 경우의 해당 주식
　1) 부동산 등의 가액
　2) 해당 법인이 보유한 다른 법인의 주식가액에 그 다른 법인의 부동산 등 보유비율을 곱하여 산출한 가액
라. 대통령령으로 정하는 사업을 하는 법인으로 자산총액 중 다목 1) 및 2)의 합계액이 차지하는 비율이 100분의 80 이상인 법인의 주식 등

종합소득세

개인사업자가 임대나 부동산을 매매하는 경우에 발생하는 세금을 말한다. 이의 계산방법은 아래와 같다.

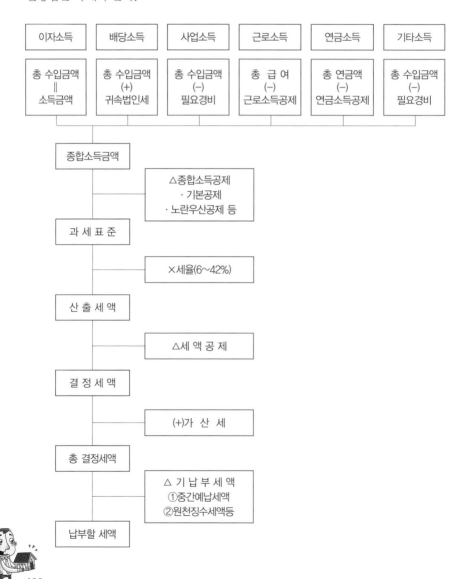

앞의 종합소득세율은 다음과 같은 구조로 되어 있다.

과세표준	세율	누진공제
1,200만 원 이하	6%	–
4,600만 원 이하	15%	108만 원
8,800만 원 이하	24%	522만 원
1억 5,000만 원 이하	35%	1,490만 원
3억 원 이하	38%	1,940만 원
5억 원 이하	40%	2,540만 원
5억 원 초과	42%	3,540만 원

위의 세율은 주로 개인에게 발생하는 종합소득에 적용된다. 개인이 사업을 하는 경우 사업소득에 다른 종합소득(근로소득·연금소득·이자소득·배당소득·기타소득)을 합산하여 과세하게 된다.

한편 양도소득세 중과세 대상 부동산을 사업자가 매매하는 경우 종합소득세와 양도소득세 중 많은 세액을 납부해야 한다. 이를 비교과세제도라고 한다. 주로 부동산매매사업자와 관련이 있다.

법인세

법인사업자가 임대나 부동산을 매매하는 경우에 발생하는 세금을 말한다. 이의 계산방법은 아래와 같다.

구분		내용
결산서상 당기순손익		기업회계기준에 의해 도출
소득금액 조정	익금산입	과세소득을 늘리는 세무조정
	손금산입	과세소득을 줄이는 세무조정
(=) 차가감소득금액 (+) 기부금한도초과액 (−) 기부금한도초과이월액손금산입		기부금 한도 초과분은 이월손금산입됨
(=) 각 사업연도 소득금액 (−) 이월결손금 등		과거 10년 이내에 발생한 세무상의 이월결손금(단, 일반 법인은 한도가 있음. 2018년 60%, 2019년 50%)
(=) 과세표준		
(×) 세율		10~25%
(=) 산출세액		
(−) 공제감면세액		세액공제나 세액감면
(+) 가산세액		신고불성실가산세 등
(=) 총 부담세액* (−) 기납부세액		중간예납세액 등
(=) 차가감 납부할 세액		

* 총 부담세액의 10%가 지방소득세로 부과된다.

법인세율은 다음과 같은 구조로 되어 있다.

과세표준	세율
2억 원 이하	10%
2억~200억 원 이하	20%
200억~3,000억 원 이하	22%
3,000억 원 초과	25%

한편 법인이 주택이나 토지를 양도하는 경우 주택 등의 양도차익에 대해 일반법인세 외에 10% 추가법인세가 과세될 수 있다.

부동산 절세백서

초판 1쇄 발행 2018년 4월 5일
초판 2쇄 발행 2018년 10월 10일

지은이 | 신방수
발행인 | 홍경숙
발행처 | 위너스북

경영총괄 | 안경찬
기획편집 | 김효단, 박단비

출판등록 | 2008년 5월 2일 제 2008-000221 호
주   소 | 서울 마포구 토정로 222, 201호(신수동, 한국출판콘텐츠센터)
주문전화 | 02-325-8901
팩   스 | 02-325-8902

표   지 | 김보형
본   문 | 정현옥
제지사 | 한솔 PNS
인   쇄 | 영신문화사

ISBN 978-89-94747-89-7 03320

위너스북에서는 출판을 원하시는 분, 좋은 출판 아이디어를 갖고 계신 분들의 문의를
기다리고 있습니다.
winnersbook@naver.com / 02)325-8901

이 도서의 국립중앙도서관 출판예정도서목록(CIP)은 서지정보유통지원시스템 홈페이지(http://seoji.nl.go.kr)와
국가자료공동목록시스템(http://www.nl.go.kr/kolisnet)에서 이용하실 수 있습니다.
(CIP제어번호: CIP2018007891)